خديعة القرن

الجيل الرابع من الحروب

د. ماهر عربيات
٢٠١٧

المملكة الأردنية الهاشمية
رقم الإيداع لدى دائرة المكتبة الوطنية
(٢٠١٧/٧/٣٨٢١)

إهداء

هذا الكتاب هو طليعة إصداراتي
الذي امتلك الكثير من جهدي، واستغرق سنوات من عمري
أتمنى أن يضيف ما هو جديد للقارئ
فإلى جميع أحرار العالم أقدم الكثير من جهدي...
وبعض عمري

"ناران لا تنطفئان

نار الحب ونار الحرب"

المحتويات

مقدمة

لا يمكن للذئاب أن تتحول إلى بشر، بينما يمكن لبعض البشر أن ينسلخوا في بعض الأحيان أو كثيرها إلى ذئاب، وهنا تغدو الذئاب البشرية أشد فتكاً وشراسة من الذئاب الحقيقية، بغرائزها الطائشة ورذائلها الرعناء، وإمعانها في القتل وسفك الدماء، وتماديها في التجرد من المدنية، وتنصلها من الأخلاق والإنسانية، وهم من ملئوا العالم فرقعة وضجيجاً بدفاعهم المزيف عن الحرية والديمقراطية وحقوق الإنسان وشعاراته، ويزعمون حماية العالم وهم يسرقونه ويمزقونه، وعمليا هم الأشد خطورة عبر العصور في انتهاكاتهم لحقوق الإنسان، وما تلك الفرقعات والضجيج الذي نشهده حول الديمقراطية وحقوق الإنسان سوى شعارات، تتوارى خلفها نزعة الهيمنة والسيطرة التي طبعت الإمبراطورية الأمريكية، منذ قيام أركانها فوق جثث وجماجم الملايين من الشعب الأحمر أو الهنود الحمر.

ربما يتحتم على البشرية الانتظار طويلاً، حتى تسترد عافيتها من تداعيات وآثار المحن والنكبات التي خلفتها الحروب، ابتداءً من الحربين العالميتين الأولى والثانية اللتين أزهقتا أرواح عشرات الملايين من البشر، مروراً بغزو لبنان وحرب الخليج وحرب

أفغانستان وغزو العراق، وصولاً إلى الحروب بالوكالة ونكبات الربيع العربي، التي اجتاحت عدداً من الدول العربية، بأدوات محلية ودعم وتمويل خارجي، لتقسيم الدول العربية وتفكيك جيوشها للحفاظ على أمن إسرائيل.

بعد سقوط جدار برلين عام ١٩٨٩، وانهيار الاتحاد السوفييتي عام ١٩٩١، ونهاية عهد الحرب الباردة، وانصرام القرن العشرين بحروبه التي غيرت شكل العالم، اعتقد المجتمع الدولي أنه قد دخل عصراً جديدا لا حروب فيه، لكن تبين فيما بعد أن التوازن المطلوب الذي غاب ولم يعد حاضراً، قد نجم عنه خلخلة مركز العالم، وحلّ نظام القطب الواحد مكان النظام الدولي السابق، الذي شهد الثنائية القطبية، وأن الحروب لم تنته تماما، لا بل أدى غياب توازن القوى إلى استئثار الولايات المتحدة بالمجتمع الدولي، وصناعة بؤر التوتر في العالم، بالشكل الذي ينسجم مع مصالحها وأطماعها، خارج حسابات منظمة الأمم المتحدة والقوانين والأعراف الدولية.

غير أن القرن الجديد، عصر التكنولوجيا والاختراعات المذهلة، أعاد من جديد مشاهد الحروب والدمار، لكن بكيفية وصور مختلفة تماماً عن الحروب السابقة، وربما تجاوزت البعد الأخلاقي والحواجز الإنسانية، وخرجت عن قواعدها وأعرافها، فجعلت ما يجري من قتل وسفك دماء شأناً مستساغا، طالما أن جحيمها يستعر بعيدا عن الدول المؤججة لها، والتي تتقنع بالديمقراطية وتتستر خلف أكذوبة حقوق الإنسان.

إن أخطر ما في تلك الحروب، التي نشبت في عدد من دول العالم لاسيما العربية، استناداً إلى إملاءات الدول الغربية وعلى رأسها الولايات المتحدة، أنها لم تجعل من القتل والهدم والدمار جرائم حرب، إنما جراحةٌ تجميلية أريد منها إنتاج وجه جديد لشرق أوسط جديد.

أحداث جسيمة هزت العالم مع حلول القرن الجديد، حملت الرعب والكوارث الإقليمية، وتتزايد وتيرتها عاماً بعد عام، حتى أصبحنا أمام عالم يسير بلا إيقاع، تسوده الاضطرابات والتصدع والغموض أكثر من أي وقت سبق.

أعتقد أن الملايين من سكان هذا الكوكب يشاركوني الإحساس بعدم الطمأنينة والأمان إزاء ما يشهده كوكبنا، من صراع وفوضى عارمة دشنها القرن الحادي والعشرين، ويثيرون تساؤلات حائرة حول ما يمكن أن يكون عليه مستقبل هذه المعمورة، التي تحولت إلى مسرحا لأكبر وأضخم فوضى أمنية عبر التاريخ، تجلت فيها الصراعات الدموية والاضطرابات والخوف والحيرة والقلق، مما جعل الأفراد والمجتمعات تعيش حالة من الازدواجية والمفارقة. فعلى الرغم من أن انطلاقة هذا القرن أفرزت طفرة واسعة للإنسان في المجالات العلمية والتقنية والإعلامية وكذا الاتصال والتواصل، غير أنها في نفس الوقت أفقدته الأمن والأمل والاستقرار، واتسعت الفجوة بين الأغنياء والفقراء، وأصبحت الفوضى قاعدة والاستقرار استثناء على سطح كوكب بدأ فعلاً يفقد بوصلته.

بعد رياح الفوضى الدموية التي اجتاحت مجموعة من الدول العربية، وتعرض سكانها إلى أبشع مجازر القتل والتشريد والتهجير والتصفيات الجسدية، التي ستبقى وصمة عار للفكر الإنساني في الألفية الثالثة، بتخطيط من الذئاب البشرية، وتنفيذ الضباع الآدمية، التي استُحدثت ووُظفت للتلذذ في سفك الدماء، وإزهاق الأرواح ونشر الرعب والهمجية؛ التي لم يشهد التاريخ لها مثيل، وطال الدمار الحجر والشجر بصور تدمي الضمير الإنساني، ولم يسلم من انتقامهم ونقمتهم مراقد الأنبياء والمساجد والكنائس ؛ وعبق التاريخ والحضارة. كل هذه الجرائم والمجازر ترتكب برعاية القوى المتورطة في دعم وتسليح شياطين الكهوف المهجورة، لتنفيذ المشروع الأمريكي الجهنمي لإيجاد المناخ المرعب والملائم لخلق الدول الفاشلة عبر استثمار الاختلافات المذهبية والعرقية والقومية، وتحريك عوامل التجزئة والتقسيم؛ واستحداث مبررات الفتن والاقتتال الداخلي، والإيحاء بأن عوامل متعددة داخل الدولة ذاتها، هي التي أدت إلى هذا الفشل؛ الذي سيفتح المجال أمام الدول الكبرى للتدخل لفرض سياساتها وتحقيق مصالحها.

إنه ابتلاء عظيم حلّ على المنطقة العربية، على مرأى ومسمع العالم المتمدن، وأمام أبناء المتعة، الذين أتقنوا أكذوبة الحرية والديمقراطية، وتفننوا في أناشيد حقوق الإنسان وكرامته، تلك الأكذوبة التي استثمرت لقتل ما يزيد عن نصف مليون مواطن من العراق، ووظفت لاحتلال هذه الدولة، علماً بأن الاحتلال هو أكثر أنواع الإرهاب خطورة.

لقد عُرف القرن السادس عشر بعصر النهضة، والقرن الثامن عشر شهد عصر التنوير، وإذا كان القرن العشرين قد وصف بعصر الحروب الاستعمارية، فان القرن الحادي والعشرين هو عصر الفوضى والحروب الدينية والطائفية، والأكثر دموية فيما عرف بمواجهة الإرهاب، التي بدأت مع أحداث الحادي عشر من أيلول / سبتمبر، ومعها تغير العالم، بانطلاق حرب على الإرهاب أفرزت معارك طاحنة ونكبات متعددة، لا يعلم أحد كيف ومتى تتوقف.

يعتقد الكثيرون أنه مع تقدم الزمن، يصبح المجتمع الدولي أكثر أمناً وإدراكاً وتحضراً، وتجنباً للحروب الطاحنة والقتل وسفك الدماء، التي انتفخ بها تاريخ الإنسانية، غير أن الواقع برهن على عدم صحة تلك الفرضية، بل ربما تقدم البشرية يقود إلى مزيد من الصراعات والحروب والمجازر، فخلال العقد الأول من الألفية الثالثة، شهد العالم عددًا لا يستهان به من الأحداث والنزاعات الدموية.

أحوال كوكبنا تبدلت وتغيرت، ولم تعد كما ألفناها، وعدم القدرة على فهم الواقع الحالي جريمة، والقرن الجديد يحمل الكثير من الخفايا، التي يتحتم علينا قراءتها وإدراكها، قبل الوقوع في المستنقع الذي أعدته القوى التي تهيمن على مستقبل الدول والشعوب.

إن حال كوكبنا اليوم يشبه إلى حد كبير السفينة (تايتنك)، المتجهة في مياه الأطلسي بسرعة هائلة نحو الجبال الجليدية، ولا سبيل للسيطرة على السفينة وتجاوز المصير المحتوم، والكارثة الرهيبة

المنتظرة، نتيجة غطرسة قيادتها، وجهل ركابها واستغراقهم في المرح والسمر، دون تدارك وإيقاف الخطر القاتل الذي يداهم السفينة. فالمرحلة لا تحتمل المزيد من التخبط والتراخي والتهاون، ولا بديل أمام البشرية سوى العمل على مواجهة المرحلة الحاسمة والمفصلية التي تشهدها بتغيير مسار السفينة، وإرغام ربانها بالعدول عن مجازفاتهم الحمقاء، وأن تطلع النخب في الشرق والغرب بمسؤولياتها، إن أرادت أن تتلافى مخاطر الأمواج الهادرة التي تحيط بالسفينة وتتقاذفها من مختلف الاتجاهات.

والله ولي التوفيق

الكاتب

الـفـصـل الأول

الحرب الناعمة

المتابع لما يجري على الخريطة العالمية في هذا العصر يغشاه الشعور بالقلق من تنامي الحروب، والصراعات الدموية المستمرة التي تعصف بالعالم بصفة عامة والمنطقة العربية على وجه التحديد، والتي لا يستطيع أحد التنبؤ بموعد توقفها. وشهدت الحروب عبر التاريخ تطورا هاما وملحوظا، وعرفت أشكالا وأنماطا متنوعة من حيث أدواتها وطبيعتها وأهدافها وطرق إدارتها من جيل إلى آخر، حالها حال أي تطور يصيب الحياة البشرية، فهي قدر البشرية الجائر منذ سالف الزمان، تارة تكون أمرا محتوما وواجبا للدفاع عن السيادة وحوزة التراب الوطني، أو لإحراز مبتغى وحق استحال الوصول إليه بالطرق الودية، وتارة أخرى تكون نزاع بين قوى أو دولتين أو أكثر للاستحواذ على مكاسب معينة اقتصادية أو سياسية، أو لأهداف وغايات توسعية وبسط النفوذ، لكنها تبقى في النهاية أعمال وحشية لا يفلت أحد من عواقبها العنيفة

والجسيمة، في حين أنها تعتبر آخر وسيلة من وسائل فض النزاعات.

الحروب لها جوانب سلبية كبيرة، وآثار كارثية هائلة على الناس، نتيجة لما تخلفه من تشوهات جسدية ونفسية تدمي القلوب وتولد الحقد والبغضاء، وتجرد الناس قيمة السلم والتعايش السلمي والأخلاق، وغير ذلك من القيم التي تعطي للحياة وزنا وقيمة. ونتائج الحروب وآثارها متماثلة ومتشابهة إلى حد كبير في كل مكان، وذلك لأن الحرب تنتج ثقافة خاصة تطغى على مختلف الثقافات، وتترك أثرا بالغا على السلوك البشري قد يصل إلى درجة الانحطاط بين طرفي الحرب.

وبالرغم مما توصل إليه العقل البشري من فكر متحضر، لبناء أنظمة تهدف إلى تحقيق الطمأنينة والرفاهية للإنسان والمجتمع على حد سواء، والتأكيد على مكانته ووحدة وطنه، ونبذ الحروب لتحقيق مستويات أفضل من الأمن والأمان ضمن القيم والمعايير الأخلاقية التي تحفظ للإنسان حقوقه، إلا أن الإهمال والتقاعس البشري في إدراك وتوظيف تلك القيم هو الذي يستحضر المواجهات العنيفة ليجعل بذلك دول العالم ساحات للحروب والدمار، وما زلنا نشهد أحداثا مروعة من الحروب الشرسة في أنحاء مختلفة من كوكبنا هذا، فما أن تخمد نيران حرب في منطقة حتى تنتشر في أخرى تحرق وتقتل وتدمر البشر والحجر، وهي تطرح نفسها كواقع اجتماعي يستلهم مفرداته من أخلاق الشعوب نفسها، وتترك أثرا على نشاط وسلوك أفراد المجتمع،

فما تخلفه من عداء وبغض وخوف يجعلها قائمة ومتواصلة في الخفاء مدة من الزمن، تجعل كل جهة تترقب الأخرى إلى أن تتاح لها الفرصة، وهكذا تتواصل وتستمر الحروب، والتاريخ يذكر أحداث وحروب قامت وامتدت واستمرت لفترات من الزمن في صراع دموي ملتهب، ولم تتوقف فعليا إلا بالتسوية الودية وهناك أخرى لا تزال نيرانها مشتعلة.

ولعل فوضى الحروب ومخاطرها واستمرارها، هو ما دفع بالخبراء العسكريون للعمل على تطوير أدواتها وآلياتها وخصائصها بما يتلائم مع الزمان والمكان والمستجدات التكنولوجية والتقنية التي باتت تطرح ذاتها على أشكال الحروب، ومن ثم برزت فكرة تنوع وتطور أجيال الحروب التي اختلفت أدواتها وأسلحتها من حرب إلى أخرى، وتباينت تلك الأدوات والأسلحة على ضوء الإستراتيجية المتبعة وطبيعة المنطقة وطبائع الشعوب المستهدفة.

بعد هزيمة الولايات المتحدة في حرب فيتنام، اكتشفت الإدارة الأمريكية أن نموذج الحرب المعتمدة على الأجهزة الضخمة المزودة بالآليات الحربية المتطورة، غير مؤثر أمام قوة العصابات المدعومة من قبل الأهالي، الأمر الذي استوجب البحث عن نموذج آخر يقوم على عدم توريط الجيش الأمريكي في اشتباكات عسكرية مباشرة، والابتعاد عن المخاطر والخسائر البشرية والاقتصادية التي قد تنجم عن تدخل مباشر للجيش الأمريكي.

ولهذا لاحظ صناع القرار الأمريكي، أنه في بعض الظروف المناسبة قد تتمكن العصابات من التفوق على الجيش النظامي، بالرغم من

امتلاك الأخير لقدرات عسكرية غير عادية، وعليه فإن الارتكاز على التباين في الإمكانيات والقدرات النوعية خلال الحروب لا يكفي، إنما ينبغي الأخذ بعين الاعتبار وجود حالات ومزايا عسكرية مختلفة إجمالا عن بعضها البعض، والتي قد تضع حدا لما يعرف بمعادلة التكافؤ والتماثل في الصراعات العسكرية.

استنادا إلى ذلك بدأت تظهر خلال العقود المنصرمة أفكار ورؤى جديدة، لجعل القوات الأمريكية أكثر تطورا وأعظم سرعة وحيوية في الميادين القتالية، وقد عرف هذا التطور بالتحول من أجيال الحروب السابقة إلى حروب (الجيل الرابع)، والهدف من ذلك هو إعداد وتهيئة الجيش الأمريكي ليكون أكثر كفاءة في مواجهة الجماعات القتالية، كتلك التي قادها ماو تسي تونج، وفيديل كاسترو، والمقاتلين الفيتناميين وغيرهم.

لقد تعرضت مكانة وسمعة الولايات المتحدة الأمريكية إلى هزة كبيرة، في مختلف دول العالم وبصفة خاصة العربي والإسلامي، نتيجة استخدامها للقوة العسكرية المفرطة في العراق وأفغانستان، ولم تحقق الأهداف والغايات التي من أجلها خاضت تلك الحروب تحت شعار نشر الديمقراطية والتعددية وحقوق الإنسان، وتحملت تكاليف باهظة جعلتها في حالة اقتصادية حرجة، نتيجة تراكم الدين العام الذي كاد أن يعصف بالمستوى المعيشي للشعب الأمريكي، إلى جانب الخسائر البشرية الكبيرة التي تكبدتها في الحروب العسكرية. لذلك اتجهت نحو خيار استراتيجي جديد، يغني عن استخدام الجيوش في الحروب، ويجنبها الكثير من التضحيات

البشرية والمالية، لأنه يقوم على تسخير إرادات الشعوب المستهدفة في تنفيذ مخططات العدو، فلا حاجة للانخراط فيها من جهة، ويجعلها بعيدة عن النقد والاستعداء من قبل شعوب العالم التي باتت تستنكر النمط الأمريكي في قيادة النظام العالمي من جهة ثانية.

وبناء عليه شهدت الحروب تحولا جذريا عبر العقود الماضية، وانتقلت من أجيال إلى أخرى في تطور واضح حمل تطلعات وأفكار أدت إلى خلق صياغة جديدة لنظريات الحروب وخططها العسكرية، ومن هنا اتجه الخبراء الإستراتيجيون إلى تصنيف دقيق للمراحل التي نشبت فيها وحسب الأدوات والآليات التي استخدمت فيها، وحملت تسمية أجيال الحروب ابتداء من حروب الجيل الأول وصولا إلى الجيل الرابع، وانفرد كل جيل من الحروب بتكتيك معين، وعمليات متنوعة، وأسلحة ومعدات مختلفة.

لكن ينبغي الإشارة إلى أن أجيال الحروب لم تنحصر بزمن معين أو سنوات محددة، بل كانت تخضع لطبيعة كل حرب وتطورها وغالبا ما كانت تلتقي مع التطور الفكري والتكنولوجي للأمم والشعوب، وبذلك قسمت الحروب إلى أجيال محددة كان آخرها الجيل الرابع، والذي انتشر على نطاق واسع، لاسيما بعد الأحداث التي اجتاحت العالم العربي وسميت (بالربيع العربي).

ولإلقاء الضوء على أجيال الحروب، سنتحدث عن سمات كل منها ليتسنى للقارئ معرفة مراحل تطورها عبر أجيالها المتعاقبة، ابتداء من الجيل الأول مرورا بحروب الجيل الثاني والثالث، وصولا إلى

حروب الجيل الرابع التي شهدتها الدول العربية منذ غزو العراق. ويمكن القول أن الجيل الأول منها عرف بالحروب التقليدية بين جيشين نظاميين على أرض محددة، تقوم على استخدام القوة العسكرية، وتكون المواجهة مباشرة بين طرفي الصراع، وتستخدم فيه مختلف أنواع الأسلحة والذخائر التقليدية المعروفة، ويشهد هذا النوع من الحروب ارتفاع الخسائر في الأرواح والمعدات العسكرية، وربما السيطرة أو احتلال أجزاء من أرض الخصم، ولعل الحربين العالميتين الأولى والثانية هما خير مثال على هذا الجيل من الحروب.

وعرفت حقبة الأربعينات من القرن الماضي بداية حروب الجيل الثاني، والتي حملت مشاهد الحرب الباردة بين الولايات المتحدة الأمريكية والاتحاد السوفييتي السابق، وبدأت هذه الحرب قبل أن تخمد نيران الحرب العالمية الثانية، وحدثت فيها مواجهات غير مباشرة بين الطرفين في ألمانيا وكوريا وكوبا وفيتنام وأفغانستان والشرق الأوسط، وانتهت حروب الجيل الثاني بسقوط الإتحاد السوفييتي مع نهاية القرن المنصرم.

وفيما يتعلق بحروب الجيل الثالث، فهي تلك التي عرفت بالحرب على الإرهاب، والذي أوجدته الولايات المتحدة، ومهدت له من خلال افتعال أحداث الحادي عشر من أيلول / سبتمبر ٢٠٠١، وهي نظرية سياسية تعني عمليا الضربة الإستباقية، وشن الحرب ضد كل ما من شأنه أن يهدد الأمن القومي الأمريكي أو السلم العالمي، على حد تعبير الإدارة الأمريكية. وكان الرئيس جورج بوش

أول من تبنى وخاض هذا النوع من الحروب، وهو الأسلوب الذي انتهجته الإدارة الأمريكية لمحاربة أعدائها ودول محور الشر كما كانت تطلق عليها، ومنها أفغانستان وبعد ذلك حرب تدمير العراق التي قامت بمباركة دولية وموافقة مجلس الأمن الدولي ودعم الاتحاد الأوروبي، بدعوى أن العراق يمتلك أسلحة ذات دمار شامل تشكل تهديدا للعالم.

وقد أدركت الولايات المتحدة التكلفة الباهظة لهذا النوع من الحروب، لاسيما تلك التي تتعدد أطرافها والمتمثلة بجماعات الإرهاب، حيث وجد الجيش الأمريكي نفسه يحارب لا دوله، بل يحارب تنظيمات منتشرة حول العالم تملك إمكانيات كبيرة، ولديها القدرة على ضرب مصالح حيوية للدول، كالمرافق الاقتصادية وخطوط المواصلات بهدف إحراجها وإضعافها أمام الرأي العام الداخلي. لهذا أيقنت الإدارة الأمريكية أن عليها تغيير شكل وأنماط الحروب والخروج من هذا المستنقع.

أما بالنسبة إلى (حروب الجيل الرابع)، فقد استخدم هذا المفهوم للمرة الأولى عام ١٩٨٩ من قبل نخبة من الخبراء والمحللين الأمريكيين، وشاع استخدامه في مختلف وسائل الإعلام وعبر مواقع التواصل الاجتماعي في أعقاب ما اصطلح على تسميته بثورات (الربيع العربي)، وهي حروب تختلف بنيويا عن الحروب السابقة فلا تستهدف تحطيم القدرات العسكرية للدولة أو القضاء على قدرة امة، وإنما نشر الفتن والقلاقل وزعزعة الاستقرار وإثارة الاقتتال الداخلي. وكان الباحث بمعهد الدراسات الإستراتيجية في

الجيش الأمريكي البروفيسور (ماكس مانوارينج) أول من قام بالكشف عن أسرار الجيل الرابع من الحروب، خلال المحاضرة التي ألقاها بمعهد دراسات الأمن القومي الإسرائيلي في آب / أغسطس ٢٠١٢، بمناسبة المؤتمر السنوي لأمن نصف الأرض الغربي، وقدم تعريفا مختصرا للحرب الجديدة (الحرب بالإكراه، إفشال الدولة، زعزعة استقرارها، ثم فرض واقع جديد للدولة يراعي المصالح الأمريكية).

إن مجمل الحروب التي خاضتها الولايات المتحدة أكسبتها الدروس والعبر، ودفعتها إلى إعادة النظر في إستراتيجيتها الحربية، لتتبنى نوع جديد من أنواع الحروب يجنبها الخسائر البشرية والمادية واستعداء الشعب الأمريكي، ويشكل قفزة كبيرة في عالم الصراع والتدمير وإخضاع العدو، فالحرب تعني الإكراه، والإكراه يعني مصادرة إرادة الخصم بصرف النظر عن أدوات التنفيذ المستخدمة.

ويصف (مانوارينج) حروب الجيل الرابع بقوله، إنها لا تستهدف تحطيم الجيوش المعادية أو القضاء على قدرات الدولة عبر مواجهات عسكرية نظامية، إنما تسعى لإنهاك واستنزاف قدرات مؤسسات الدولة المستهدفة، لإرغامها على تنفيذ السياسات الأمريكية، وذلك من خلال إثارة الفتن الطائفية وزعزعة استقرارها، وإطلاق الاقتتال الداخلي وتفخيخ وتفكيك المجتمع، وإشعال الحروب الدينية والمذهبية، وضرب الاستقرار الأمني والاقتصادي، دون الحاجة إلى عدوان خارجي عليها، لأنها حروب لا تستخدم فيها

الأسلحة التقليدية ولا يطلق فيها الرصاص، إنما السلاح المستخدم فيها هو القدرات العقلية والذهنية والإعلام، وتكنولوجيا المعلومات والاتصالات، والمظاهرات والاعتصام والمسيرات والإضرابات والاحتجاجات المطالبة بالحرية والعدالة والديمقراطية، بهدف ضرب الاستقرار وإنهاك الأمن الوطني للوصول إلى حالة إفشال الدولة ومن ثم تصنيفها (كدولة فاشلة)، وهي كلمة السر في حروب الجيل الرابع أو الحروب اللا متماثلة، إلى أن تفقد الدولة القدرة على بسط نفوذها وسيطرتها على أجزاء من ترابها الوطني، وتعجز عن تطبيق القوانين، وصولا للانفلات الأمني وترويع المجتمع من خلال استخدام مواطني الدولة، واستثمار الاختلافات الدينية والمذهبية، والاختلاف في العرق والأصول والمنابت لإشعال شرارة التعصب.

وهذا ما برز داخل بلدان عربية في إطار ما يعرف بمشروع (الشرق الأوسط الجديد) من خلال ما يسمى بالفوضى الخلاقة، والتي تهدف إلى تحويل أجزاء من الدولة إلى (إقليم غير محكوم)، وخلق (دولة فاشلة) تعجز عن ضبط مواطنيها والسيطرة على حدودها أو مواردها، مما يشكل ذريعة للتدخل في شأنها الداخلي من قبل الدولة العدو وفرض سيطرتها وإحكام شروطها، ومن ثم اختطاف الدولة عبر التحكم الفكري للقائمين على النظام السياسي، بحيث تصدر قرارات لا تعبر عن إرادة الشعب، وإنما عن إرادة الدولة التي قامت ببسط نفوذها وإحكام سيطرتها، والهدف هو إنهاك الدولة المستهدفة وتآكل مؤسساتها ببطء ولكن بثبات، والقاسم المشترك هو زعزعة الاستقرار، ويكون في الغالب بوسائل حميدة

ينفذها مواطنون من الدولة المستهدفة، وأول ملامح إفشال الدولة هو إيجاد مناطق داخل حدودها لا سيادة لها عليها، من خلال تقديم الدعم لمجموعات محاربة للسيطرة على هذه المناطق من اجل خلق إقليم غير محكوم، أو بالأحرى هو إقليم محكوم من قبل مجموعات خارج الدولة، وصولا إلى دولة فاشلة يستطيع الأعداء التدخل في شؤونها وفرض السيطرة عليها.

وتعتمد حروب الجيل الرابع أساسا، على خوض الصراع بمفهومه الشامل داخل الدولة المستهدفة، ومن ثم فهي تقوم على استخدام وسائل الكفاح السلمي، من أجل هدم مؤسسات الدولة، وهي وسائل ليست جديدة، فقد استخدمت لمواجهة الاستعمار في قرون سابقة، حيث مارس هذه الوسائل الزعيم الهندي غاندي ضد الاحتلال البريطاني لبلاده، كما مارسها مارتن لوثر كينج الذي كان يرفض وسائل العنف، ولكن الأمر بات أكثر تطورا وتدريبا، فقد أصبحت هناك مؤسسات مهتمة ومتخصصة في تدريب الشباب على مثل هذه الوسائل السلمية في الاحتجاج والاعتصام والتظاهر، وربما في إسقاط أنظمة حكم من خلال تلك الوسائل، القائمة على استهداف الدول والشعوب على المستوى الأخلاقي والاجتماعي والفكري، بحيث يبدو النظام في وضع الطاغية المستبد، وبذلك يصبح فاقدا للشرعية، وبالتالي يبدأ تضييق الخناق الدولي عليه سياسيا واقتصاديا، وبعد ذلك المطالبة برحيله لإغراق المجتمع في فوضى عارمة.

الفصل الثاني

شرق أوسط جديد

ظهر مصطلح الشرق الأوسط مع ظهور الحركة الصهيونية العالمية، وأطلق هذا المفهوم على المنطقة العربية ليكون بديلا لتسمية العالم العربي، ثم اتسع ليشمل الدول الإسلامية المتاخمة للدول العربية ليحل كذلك محل مصطلح العالم الإسلامي. وقد شهد هذا المصطلح مراحل متعددة من حيث المؤشرات والأهداف، ويحتوي على الكثير من التفسير والتحليل، ليس من قبل الباحثين والسياسيين العرب فحسب، بل من قبل المفكرين الاستراتيجيين أيضا، ويبدو كأنه مفهوم مضطرب وغير ثابت، وربما لم يحظى بالاستقرار بالمعنى التاريخي ولا حتى بالمدلول اللفظي أو المكاني، وتداعياته فوق الخارطة الجغرافية الآسيو - أفريقية.

ولهذا المصطلح طبيعة جغرافية سياسية أكثر منها تاريخية، فهو يشير إلى خليط من دول ذات هويات ثقافية دينية لغوية متنوعة، وإلى حجم كبير من الدول، ففي أوروبا تركيا، وفي آسيا إيران وأفغانستان وباكستان بالإضافة إلى الدول العربية، وفي أفريقيا مصر وليبيا والسودان، كما أن هذه التسمية لا ترتبط بخصائص

المنطقة الطبيعية أو البشرية أو الحضارية أو الثقافية وإنما تشير إلى علاقة الغير بالمنطقة.

لقد تنوعت وتعددت المبادرات التي استهدف هذه المنطقة ابتداء من (الشرق الأوسط) إلى (الشرق الأوسط الكبير) ثم بعد ذلك (الجديد)، وتتقلب وتتبدل المفاهيم السياسية والجغرافية، وتنسجم أو تختلف الأفكار والرؤى المطروحة لمنطقة الشرق الأوسط، وكأن قدر هذه المنطقة متاح لاستقبال واستيعاب المخططات والمبادرات، فنجدها تمتد لتشمل الدول العربية وتركيا وإيران، و(إسرائيل) ودول أخرى من آسيا الوسطى أحيانا، و تنحصر لتقتصر على مجموعة محددة من هذه الدول أحيانا أخرى. وليس أفصح من وصف الأمين العام الأسبق لجامعة الدول العربية عمرو موسى حينما قال أن (السماء تمطر مبادرات) تعبيراً عن الحال الراهن للمنطقة العربية بعد الغزو الأمريكي للعراق.

استهلت الولايات المتحدة القرن الحادي والعشرين، بحروب طاحنة لا هوادة فيها، كان العرب والمسلمين ضحاياها، لم يتجلى فيها سوى الخضوع والإذعان للإرادة الأميركية والامتثال الصريح لما يخطط للعرب والمسلمين. ومن هنا بدأنا نشهد ظهور صدع وخلل حقيقي في بعض دول المنطقة، يتزايد ويحتد بين أنظمة الدول العربية وشعوبها، تخشع الحكومات لواشنطن، في حين تأبى الشعوب كلا الطرفين، وتظهر مختلف الدول كقطع من الأحجار

تتحرك فوق رقعة شطرنج أرادت واشنطن تسميتها (الشرق الأوسط الكبير).

كان للغزو الأمريكي المروع للعراق عام ٢٠٠٣ نتائج مفزعة زلزلت العالم العربي، وأدت إلى انطواء الأنظمة العربية على نفسها، تبحث عن النهج الذي يضمن استمرارها في السلطة، سواء من خلال تحالفاتها الخارجية، أو عبر تعزيز سياساتها الداخلية بتأكيد القبضة الأمنية، مع التلويح كلما سنحت الفرصة بالإصلاح السياسي والاقتصادي.

يزعم مشروع (الشرق الأوسط الكبير) أن المنطقة تعاني من مشاكل مزمنة، والأمر يتطلب الدفع باتجاه إصلاح حقيقي، وقد تجاوبت بعض الدول العربية مع هذا الطرح، لكن البعض الآخر رفض ذلك على اعتبار أن أي مبادرة للإصلاح ينبغي أن تنطلق من الداخل، فيما ساندت مجموعة الدول الصناعية الثمانية هذا المشروع، مشيدة (بالشراكة الأوروبية المتوسطية)، و(مبادرة الشراكة بين الولايات المتحدة والشرق الأوسط)، وجهود إعادة الإعمار المتعددة الأطراف في العراق وأفغانستان.

استند المشروع على عدد من المحاور لتحقيق الأهداف المطلوبة، من ضمنها التدخل في الشؤون الداخلية للدول تحت ذرائع نشر الديمقراطية، وحقوق الإنسان، ودعم التنمية الاقتصادية، والتدخل في شؤون الانتخابات وتنظيمها، وتغيير سياسي على المدى البعيد والمقصود هنا هو تغيير أنظمة الحكم في عدد من الدول، وإدارة

شؤونها حسب الرؤية الأمريكية لمنطقة مترامية الأطراف ذات سمات مشتركة وطبيعة واحدة.

في قراءة سريعة لمشروع الشرق الأوسط (الكبير)، الذي طرح في عهد إدارة الرئيس الأمريكي جورج بوش الابن، تجدر الإشارة إلى أن المشروع استند بصفة أساسية على تقرير التنمية البشرية التابع للأمم المتحدة، الذي أعده مجموعة من الخبراء والمثقفين العرب كمصدر للوقوف على واقع الحال الذي يشهده الشرق الأوسط، وكمنطلق لتحديد المناهج والحلول.

وكان التقرير قد بين أن واحد وخمسون بالمائة من الشباب العرب، يسعون للهجرة إلى المجتمع الغربي، وأوضح أن في ذلك تهديدا مباشرا لاستقرار المنطقة، ويهدد استقرار مجموعة الثماني الصناعية الكبرى، مما أوجد المبررات الكافية والضرورية للتحرك نحو (الشرق الأوسط الكبير)، وقد نتج عن التقرير مجموعة من الأهداف مثل: تشجيع الديمقراطية والحكم الصالح في المنطقة، وبناء مجتمع معرفي، إضافة إلى تعظيم الفرص الاقتصادية. وانبثق عن تلك الأهداف عناوين فرعية، ففي مجال (تشجيع الديمقراطية)، أشار المشروع إلى دعم الانتخابات الحرة في الشرق الأوسط، وفيما يخص بناء المجتمع المعرفي، تم اعتماد مجموعة من المبادرات لدعم التعليم الأساسي وإصلاح برامج التعليم ونشر الإنترنت.

وفي مجال تعظيم الفرص الاقتصادية، فقد طرح المشروع تأسيس صناديق لتمويل ما أطلق عليه (تجسير الهوة الاقتصادية للشرق الأوسط الكبير) ، والشراكة من أجل نظام مالي أفضل، وبطبيعة الحال يتم تطويع الدول من خلال تلك الأهداف والعناوين، وإرغامها للسير في الركب الأمريكي، وتسهيل انضمام دول الشرق الأوسط إلى منظمة التجارة العالمية، وإنشاء مناطق التجارة الحرة لتشجيع إقامة المشاريع المشتركة.

كان المقصود من هذا المشروع البلدان العربية على وجه الخصوص، رغم أنه يشمل دول أخرى مثل إسرائيل وإيران وأفغانستان وباكستان وتركيا، ونوقشت بنود هذا المشروع خلال اجتماع الدول الثمانية الصناعية الكبرى عام ٢٠٠٤، وكان أبرز ما تضمنه آنذاك، هو الدعوة إلى الديمقراطية، والتغيير الثقافي، وحقوق الإنسان، والتأكيد على حقوق المرأة، وأشارت مقدمته إلى أن منطقة الشرق الأوسط مقبلة على مشكلات اقتصادية وديمغرافية ودينية ومذهبية، تهدد الاستقرار الاقتصادي للولايات المتحدة الأمريكية وأوروبا وإسرائيل، كما بينت أن الناتج القومي للدول العربية مجتمعة، أقل من الناتج القومي لدولة اسبانيا، إضافة إلى محدودية دور المرأة العربية، التي تساهم بنسبة لا تتجاوز ستة في المائة من النشاط الاجتماعي والثقافي والاقتصادي، كما اظهر نص المشروع حالات تركز الثروة في أيادي فئة قليلة لا تفكر ولا تنوي المشاركة في مشاريع تنموية وطنية.

تضمن مشروع الشرق الأوسط الكبير، إجراء إصلاحات أساسية، وإحداث نقلة نوعية في المنطقة للتحول من عصر الاستبداد والطغيان، إلى عالم الديمقراطية والحرية، وتمكين الشعوب من التحكم في ثروات بلادها، وتمهيدا لتنفيذ المشروع، باشرت الإدارة الأمريكية في طرح مجموعة من الأفكار، من ضمنها خلق تغييرات جذرية في المنطقة، وتأهيلها للإسهام في بناء الحضارة المعاصرة، مما يقتضي الاتجاه نحو تغيير الأنظمة المستبدة في بعض البلدان العربية، وتفعيل الحياة الديمقراطية، وتحقيق الرخاء الاقتصادي، من خلال إجراء إصلاحات سياسية واقتصادية في البعض الآخر من الدول التي عانت شعوبها من التهميش والفساد.

على هذا الأساس، سارعت الإدارة الأمريكية في التخطيط، وتوفير المناخ الملائم لإقناع الدول الصناعية الكبرى بتغيير خريطة المنطقة، والإعلان عن المولود الجديد، حيث عبر جورج بوش صراحة عن رغبة بلاده في إقامة ما يسمى (الشرق الأوسط الكبير)، وهو الحلم الأمريكي الإسرائيلي المشترك، معتمدا على التقرير السنوي الصادر عن الأمم المتحدة حول التنمية البشرية لعامي ٢٠٠٢، ٢٠٠٣ والمتعلق بالبلدان العربية. لكنه اكتفى ببعض الحقائق التي وردت في التقرير، والتي تناسب وتدعم المخطط، رغم أن تقرير الأمم المتحدة حول التنمية، يشير إلى أن الاحتلال الإسرائيلي هو العامل الرئيسي والمباشر في عرقلة وتعطيل التنمية في الدول العربية، وهو ما أغفلته عن قصد الإدارة الأمريكية في طرحها للمخطط.

والملفت للنظر في المشروع الأمريكي انه لم يتناول القضية الفلسطينية، ولم يشير لا من قريب أو بعيد إلى حقوق الشعب الفلسطيني، ولم يشترط إيجاد حل لهذه القضية وهي المعروفة أساسا بقضية الشرق الأوسط، بمعنى أن على الدول العربية قبول المشروع والمشاركة في تنفيذه قبل تسوية القضية الفلسطينية.

بعد احتلالِ العراق عام ٢٠٠٣، اعتقدت الولايات المتحدة، أن ما تم تحقيقه في هذه الدولة عبر استخدام القوة الصلبة، بات من السهل قطف ثماره سياسيا واقتصاديا[1]، ورغم محاولات تسويق فكرة الشرق الأوسط الكبير عربيا، إلا أنها دفنت لعدم تمكن الإدارة الأمريكية من ترسيخ ما تم تحقيقه عسكريا في العراق. ومن هذا المشروع يمكن استنتاج مجوعة من المغالطات، أبرزها أنه اكتفى بتقديم إحصائيات تتعلق بالبلدان العربية فقط، ولم يذكر أية إحصائيات تتعلق بالدول الأخرى المنوي شمولها بالشرق الأوسط الكبير، وما يمكن ملاحظته أيضا، انه يعتبر تدخلا خارجيا مباشرا في شؤون ومستقبل المنطقة، دون اعتبار لإرادة هذه الدول ومواقفها منه، إلى جانب حرصه على مخاطبة شعوب الدول لا حكوماتها، وهذا ما يثير علامات استفهام كبيرة حول مصداقية وجدية الإدارة الأمريكية في نشر الحرية والديمقراطية في هذا الجزء من العالم.

---

[1] المثير للدهشة أن هذا المشروع طرح قبل فترة وجيزة من الحرب على العراق، حيث أثير المشروع بصيغة تدل على أنه بصيص أمل للدول العربية، واعتبرت وزارة الدفاع (البنتاغون) أن تلك الحرب ما هي إلا خطوة نحو ولادة الشرق الأوسط الكبير.

فور الإعلان عن قيام دولة إسرائيل في أيار/ مايو عام ١٩٤٨ على ارض فلسطين، أعلن الزعيم الصهيوني ديفيد بن غوريون، أن أمن إسرائيل يتحقق فقط حينما تكون أقوى عسكريا من أي تحالف عربي محتمل، وأصبحت هذه النظرية عقيدة إسرائيل، واستمرت لعدة عقود من الزمن، غير أن مجموعة من الخبراء اتفقوا لاحقا على أن هذه الرؤية لا تكفي وحدها لضمان أمن إسرائيل، مؤكدين أن أمن الكيان وقوته واستقراره يتوقف على ضعف المجتمعات العربية وتصدعها وتفكيكها. وأوضحت عدة دراسات لمختلف الأجهزة الإسرائيلية، أن اتفاقية سايكس بيكو عام ١٩١٦ التي كانت تفاهما سريا بين بريطانيا وفرنسا لاقتسام منطقة الهلال الخصيب لتحديد مناطق النفوذ في غرب آسيا، لم تكن كافية لتأكيد الهيمنة الإسرائيلية والسيطرة الغربية على هذه المنطقة الاستراتيجية الهامة سياسيا واقتصاديا وعسكريا، وعليه فان الأمر يقتضي حسب تلك الدراسات إعادة رسم حدود المنطقة الممتدة من باكستان وأفغانستان شرقا، مرورا بسوريا ومصر إلى سواحل المحيط الأطلسي غربا. فمتى ظهر مصطلح الشرق الأوسط؟ وما المقصود بهذا المصطلح؟ وما هي دلالاته وأبعاده؟

ظهر مفهوم الشرق الأوسط كما ذكرنا سابقا، مع ظهور الصهيونية العالمية منذ أواخر القرن التاسع عشر، ويعتبر المؤرخ العسكري الأمريكي (الفرد ماهان)٢ أول من أطلق هذا المصطلح على

---

٢ الفريد ماهان ١٨٤٠ – ١٩١٤، كان أحد ضباط البحرية الأمريكية، صاحب نظرية القوة البحرية أساس قوة الدولة، وأن أي دولة تسعى للسيطرة العالمية يجب أن تمتلك قوة بحرية

المنطقة الممتدة من الجزيرة العربية وشواطئها على البحر الأحمر إلى الهند مرورا بالخليج العربي. هذا التحديد في مفهوم ماهان يختلف عن التحديد الراهن للشرق الأوسط، الذي اختلفت جغرافيته وتبدلت معالمه لمرات عديدة، إلى أن استقر الرأي في المجتمعات الغربية على شكله الجغرافي الحالي، وحسب المعهد الملكي للشؤون الدولية الذي تأسس في لندن عام ١٩١٩، فان هذا المفهوم ضم منطقة الهلال الخصيب، وتركيا وقبرص واليونان وإيران، ثم اتسع استخدامه إبان الحرب العالمية الثانية ١٩٣٩ـ ١٩٤٥ ليشمل دول المشرق العربي ومصر والسودان وتركيا وإيران وأفغانستان.

مع نهاية الحرب العالمية الثانية، أصبح هذا المصطلح يضم إلى جانب هذه الدول كل من باكستان وآسيا الوسطى والبلدان العربية في شمال أفريقيا، ومنذ ذلك الحين أطلقت الولايات المتحدة الأمريكية مصطلح الشرق الأوسط على تلك المنطقة، وعلى الكثير من مراكز الدراسات والمعاهد والجامعات. وللتأكيد فان إصرار الغرب على استخدام هذا المفهوم يأتي فقط للإشارة إلى المنطقة العربية على وجه التحديد، وهذه التسمية تنطوي على عدة اعتبارات ذات دلالات، أبرزها أن المنطقة لم تحمل الاسم النابع من طبيعتها وخصائصها، بل إن تسميتها دائما ما كانت

هائلة، أطلق مفهوم الشرق الأوسط عام ١٩٠٢، بهدف إعادة صياغة جديدة للوطن العربي تفقده وحدته السياسية، وتلغي هويته العربية من خلال ضم بعض دول الجوار الجغرافي ضمن هذا المفهوم، وهو مؤرخ كبير وحائز على لقب المؤرخ الاستراتيجي الأكثر أهمية في القرن التاسع عشر.

تستند إلى ارتباطها بالآخرين، إضافة إلى أن مصطلح الشرق الأوسط ليس من المناطق الجغرافية المتعارف عليها، كما لا يشير إلى وحدة جغرافية قائمة بذاتها، إنما هو مفهوم سياسي يراد منه ضم دول غير عربية إلى المنطقة لتشكل خليطا من القوميات واللغات والأديان.

ومع قيام دولة إسرائيل على الأراضي الفلسطينية، بدأ العديد من الخبراء والسياسيين الغربيين الترويج لهذا المصطلح بهدف دمج الكيان الإسرائيلي في المنطقة، وتعزيز وجوده فيها، مما يؤكد أن مصطلح الشرق الأوسط ليس مجرد مفهوم جغرافي فحسب، وإنما سياسي واقتصادي يقطنه سكان من أجناس عربية وتركية وفارسية، وأديان مختلفة إسلامية ومسيحية ويهودية، ويشكل ملتقى قارات آسيا وأفريقيا وأوروبا، ويضم مجموعة من البحار كالمتوسط والأحمر والأسود، وبحر العرب وبحر قزوين والخليج العربي والمحيط الهندي، إلى جانب تحكمه بأهم الممرات والمضائق العالمية، إضافة إلى الأنهار المتعددة، ويحتوي على الثروة النفطية الهائلة، وانفراده كموطن للحضارات القديمة، ومهد الديانات السماوية، وهذا ما يفسر حجم الصراع على منطقة تعتبر في مقدمة مناطق العالم توترا واضطرابا عبر تاريخها الطويل، الذي شهد الكثير من الحروب والصراعات، منها الحروب العربية الإسرائيلية، والحرب العراقية الإيرانية، والحرب الإسرائيلية على لبنان، والحرب الأمريكية على العراق وأفغانستان.

يتضح مما سبق أن الغاية الأساسية من فرض هذا المصطلح، هو تفكيك وتجزئة الوطن العربي، والحيلولة دون قيام مشروع نهضوي عربي، ودمج إسرائيل في المنطقة، وتحويل المنطقة إلى كتلة اقتصادية سياسية بقيادة إسرائيل، بديلا لقيام وطن عربي يقطنه شعب واحد وأمة واحدة، لاسيما أنه يشكل ملتقى القارات الثلاث ويشرف على أهم الممرات المائية كقناة السويس، ومضيق باب المندب، والخليج العربي، وخليج العقبة ومضيق هرمز، ويحتوي على أكثر من ثلثي احتياطي النفط العالمي. وتخشى إسرائيل والدول الاستعمارية من قيام دولة اتحادية عربية قوية وغنية ومسلحة بالثروة النفطية والقومية العربية والعقيدة الإسلامية.

من المعلوم أن مؤسس الحركة الصهيونية (تيودور هرتزل) كان أول من دعا إلى قيام كومنولث شرق أوسطي، يكون لدولة اليهود فيه دور قيادي كبير، وهو الذي خطط لقيام دولة يهودية كبيرة تسيطر على المنطقة بأكملها، لكن أول من أفصح عن مشروع (الشرق الأوسط الجديد) هو (زبيجنيو بريجنسكي) مستشار الأمن القومي في عهد الرئيس الأمريكي الأسبق جيمي كارتر، ويعتبر (برنارد لويس)٣ المنظر الأيديولوجي الأول لهذا المخطط.

---

٣ مستشرق بريطاني الأصل، يهودي الديانة، صهيوني الانتماء، أمريكي الجنسية، مواليد عام ١٩١٦، تخرج من جامعة لندن عام ١٩٣٦، وعمل فيها مدرس في قسم التاريخ للدراسات الشرقية الإفريقية. كتب حول تاريخ الإسلام والمسلمين، واعتبر مرجعا فيه، تناول كل ما يسيء للتاريخ الإسلامي متعمدا، فكتب عن الحشاشين، وأصول الإسماعيلية، والناطقة والقرامطة. وفر الكثير من الذخيرة الأيديولوجية لإدارة بوش في قضايا الشرق الأوسط والحرب على الإرهاب، حتى إنه يعتبر بحق منظرا لسياسة التدخل والهيمنة الأمريكية على المنطقة.

بعد حرب الخليج الأولى واتفاقية أوسلو المبرمة ما بين إسرائيل ومنظمة التحرير الفلسطينية عام ١٩٩٣، تجدد الحديث عن مشروع الشرق الأوسط الجديد، من خلال رئيس وزراء إسرائيل الأسبق شيمون بيريز في كتابه الصادر عام ١٩٩٣ بعنوان (الشرق الأوسط الجديد)، وطرح من خلاله فلسفة تستند في ظاهرها إلى قيام وحدة اقتصادية يمكن تحقيقها بين المجتمعات العربية وإسرائيل، ضمن تصور مستقبلي للمنطقة متكامل وتفصيلي لما أطلق عليه البنى الفوقية (القوانين والتشريعات والأنظمة)، والبنى التحتية (الصناعة والزراعة والخدمات)، في مختلف القطاعات الاقتصادية والاجتماعية والسياسية. وتعتمد هذه الوحدة في تأسيسها حسب (بيريز) على العبقرية الإسرائيلية، والأموال العربية الهائلة المتوفرة من النفط، والأيدي العاملة العربية الرخيصة، مؤكدا على أن هذا المشروع سيعمل على تحقيق الأمن والاستقرار في المنطقة وفق نظام امني، وترتيبات إقليمية مشتركة واسعة وتحالفات سياسية لكافة دول المنطقة.

لكن في أواسط عام ٢٠٠٦ بشرت وزيرة خارجية الولايات المتحدة آنذاك (كونداليزا رايس) بولادة (شرق أوسط جديد)، سينشأ ويزدهر على حد قولها ليقدم علاجا سريعا لمشاكل المنطقة المستعصية، وكانت تعلن عن هذا المشروع كبديل لمشروع (الشرق الأوسط الكبير). حيث بدأت بالتنسيق مع إسرائيل في تسويق المصطلح الجديد، أثناء الحصار الإسرائيلي على لبنان،

والذي حظي برعاية أنجلو- أمريكية. وكان هذا الإعلان بمثابة تأكيد (لخارطة الطريق العسكرية)٤ في المنطقة بالتنسيق ما بين الولايات المتحدة وبريطانيا وإسرائيل، ويهدف المشروع الجديد إلى خلق حالة من الفوضى وعدم الاستقرار، تمتد من لبنان وفلسطين وسوريا إلى العراق والخليج وإيران وحتى أفغانستان.

اعتقد البعض أن الربيع العربي وما شهدته المنطقة منذ أواخر عام ٢٠١٠، كان بداية لتحقيق الأمل الذي انتظرته الشعوب العربية من محيطها إلى خليجها. غير أن الرياح لم تأتِ كما اشتهت السفن، فالأحداث التي عرفتها المنطقة كانت شأنا مدرجا على الأجندة الدولية، حيث تبين للكثير من المراقبين أن تلك الأحداث تتصل بمشروع (تيودور هرتزل) المتعلق بالسيطرة على العالم، وتحقيق الحلم الصهيوني المتعلق بإقامة دولة إسرائيل الكبرى الممتدة من النيل إلى الفرات، بعد إعادة رسم خارطة المنطقة من جديد، ضمن مشروع عالمي أطلق عليه (الشرق الأوسط الجديد).

إن هذا المخطط الذي بدأت الولايات المتحدة الأمريكية في تنفيذه، بالتعاون والتنسيق مع إسرائيل عبر إعادة تشكيل دول الشرق الأوسط، يعتبر مخططا مضادا لمشروع وحدة الدول العربية، حيث

---

٤ أبرز ملامح خارطة الطريق العسكرية تتلخص في إعادة انتشار القوات العسكرية الأمريكية في مختلف أنحاء العالم، بحيث تشمل أكثر من مائة وعشرين دولة، ولا تقتصر على عدد محدود من القواعد العسكرية التقليدية، وإقامة قواعد جوية في الدول العربية والإسلامية، حتى تستطيع القوات الأمريكية تنفيذ ضربات هجومية استباقية وقائية وحاسمة للقوى المستهدفة، دون اللجوء إلى المواجهة المباشرة.

تسعى الولايات المتحدة إلى جانب الدول الغربية لعرقلة أي خطوة في اتجاه هذا المشروع بكافة السبل الممكنة، لأنه لا يمكن أن يدخل مشروع الشرق الأوسط الجديد حيز التنفيذ، إلا في ظل دويلات عربية صغيرة تقوم على أسس طائفية، من خلال نشر الفوضى الخلاقة التي تؤدي إلى استنزاف الدول العربية ماديا وبشريا، فوجود عالم عربي يمتاز بنسبة من الترابط سيشكل ثقلا إستراتيجيا واقتصاديا وعسكريا، وعائقا أمام الأطماع الاستعمارية الغربية، وإذا ما قدر لمخطط الشرق الأوسط الجديد أن يصبح أمرا واقعا، فإنه سيكون بكل تأكيد على حساب مشروع الوطن العربي الكبير.

في ظل التعقيدات والتناقضات والفوضى التي عمت أرجاء المنطقة، والتي تصب في مصلحة الكيان الصهيوني، قام موقع ويكيليكس بتسريب وثائق هامة صادرة عن وكالة الأمن القومي الأمريكي، تؤكد تورط الولايات المتحدة وتركيا ودول أخرى في الأزمة السورية، ووثائق أخرى تتعلق بالحرب الأمريكية على العراق وأفغانستان، وكذلك الوثائق التي كانت تخرج بين الحين والآخر خلال ثورات "الربيع العربي"، فقد ظهرت مجموعة من الوثائق تتعلق بالرئيس التونسي السابق زين العابدين بن علي وأسرته، والفساد الذي شاع في الدولة، في الوقت الذي كانت فيه البلاد تشهد احتجاجات شعبية كبيرة وضخمة ضد النظام. كما ظهرت وثائق أخرى خلال ما يسمى بالربيع العربي في مصر، أزاحت الستار عن دور الولايات المتحدة في تجهيز (أحد الشاب القياديين) لقيادة ثورة تطيح بنظام حسني مبارك، والغريب أن الوثائق كشفت عن

موعد الثورة التي انطلقت شرارتها في الخامس والعشرين من كانون ثاني / يناير عام ٢٠١١. وغير ذلك من الوثائق التي سربت وأفصحت عن التأييد الأمريكي للرئيس المصري السابق حسني مبارك في العلن، في حين كانت تقدم دعما سريا للمعارضة المصرية.

من الواضح أن الأحداث المأساوية التي عرفتها المنطقة، برزت لتؤكد على أن تنفيذ مخطط الشرق الأوسط الجديد، يتطلب تحقيق الكثير من التطورات، وربما حالات إسقاط الأنظمة في بعض الدول هي إحدى أهم هذه التطورات. والولايات المتحدة كانت تسعى خلال "الربيع العربي" إلى إيجاد حكومات ذات قبول جماهيري وفي نفس الوقت متعطشة للسلطة، وليس حكومات وطنية حقيقية تمثل إرادة الشعب تمثيلا واقعيا، لكي تضمن ولاء هذه القيادات الجديدة بعد وصولها إلى السلطة، ومن ثم تأكيد وترسيخ معاهدات السلام بين العرب وإسرائيل.

فالولايات المتحدة تعمل دائما على تسويق نفسها إعلاميا على أنها صديقة للشعوب، لاسيما تلك القابعة تحت سطوة الطغيان والاستبداد في مختلف دول العالم الثالث، لهذا نجدها تتظاهر في دعم وتشجيع الديمقراطية ونشر الحرية، والإطاحة بالأنظمة المستبدة وتمكين الجماهير، لكن القضية لا تتعلق بحرية الشعوب واحترامها، ولو كان الأمر على هذا النحو لتجاوبت مع مشاعر ومطالب الشعوب التي تظاهرت واحتشدت في كل دول العالم لتعلن رفضها لحرب تدمير العراق. ولعل هذا هو السبب الحقيقي

في تناقض تصريحات الإدارة الأمريكية أثناء الرياح التي اجتاحت مصر، وكانت الغاية منها تشتيت الرأي العام. وهذا بطبيعة الحال لا يسري على الأعداد الكبيرة من الشباب الذين خرجوا إلى الميادين والساحات بصورة عفوية لأهداف نبيلة، غير أنه يشمل كافة قوى المعارضة المصرية، التي كانت على تواصل مستمر مع الإدارة الأمريكية قبل سنوات من الربيع العربي للتحضير له. وقد أشار الكثيرون إلى (وائل غنيم) باعتباره المحرك الرئيسي للثورة المصرية، وهو الشاب الذي تحدثت عنه الوثائق الأمريكية التي نشرها موقع (ويكيليكس)، رغم أن الوثائق لم تفصح عن شخصيته خوفا عليه.

أمام زحمة المخططات التي تستهدف الأمة العربية، لم تكن هناك أي محاولة لبلورة مشروع عربي، بل بات كل من العراق وسوريا ومصر واليمن وليبيا ميادين للصراع الدموي والإرهاب. ولا شك أن صناعة الإرهاب هي إحدى مراحل تنفيذ مشروع الشرق الأوسط الجديد، حيث يتم توظيفه في السير نحو تأكيد هذا الواقع. ويكثر الحديث في الأوساط العالمية عن مكافحة الإرهاب الذي أخذ ينتشر في العديد من دول العالم، خاصة في الدول الإسلامية.

فهل من الممكن مجابهة تلك الآفة الخطيرة والتصدي لذلك السيناريو الدنيء أو الحد من تبعاته؟ في الحقيقة أن الأمر يتطلب حدوث تغيرات جوهرية وغير تقليدية في المشهد، ولهذا أراني لست من المتفائلين في إمكانية سرعة القضاء على الإرهاب الذي استفحل في المنطقة العربية، فالقضية أكبر بكثير مما يتصورها

البعض، وهذه المخططات الإجرامية لا تنتهي بين ليلة وضحاها، ونعتقد أن الوقت لا زال مبكرا للحديث حول مستقبل المنطقة، لأن القوى المتربصة بالأمة كبيرة، وهي تخدم مشروع له أدوات ومؤازرين في المنطقة، يعملون على توظيف علاقاتهم بالقوى الدولية لإنجاز الهدف المطلوب، وهو تقطيع أوصال الأمة انطلاقا من فكرة تقويض الدولة الوطنية، ومن يعتقد أن (داعش) هي تنظيم مؤقت وعابر في تاريخ المنطقة، لا يدرك أبعاد تلك المؤامرة الفاجرة التي جرى تهيئتها للدول العربية والإسلامية. وللتذكير فان الذين يسعون إلى تفكيك الأمة العربية، إنما ينفذون ذلك مستخدمين رايات الإسلام، معتقدين أنهم يستعيدون أمجاد دولته الكبرى! لكنهم في الحقيقة يوجهون طعنات مباشرة للدين الإسلامي، وينالون من مكانته وتاريخه، ويقدمون الأوطان على طبق من فضة لأعداء الأمة.

لقد عرفت الدول العربية في العقود الأخيرة تغييرات مذهلة ومثيرة للجدل، حتى أصبحت الأكثر عنفا وغموضا واضطرابا، وهي تتعرض اليوم لعملية استنزاف خطيرة، ومخاض عسير مصدره الفوضى والدماء والهدم، وكان لتلك المتغيرات أثرا سلبيا على القضية الفلسطينية، ففي ظل تردي وتفاقم الأوضاع الداخلية للدول العربية التي اجتاحتها موجة الاحتجاجات، تراجعت مكانة القضية الفلسطينية، ليس فقط على الصعيد العربي، بل حتى على المستوى الدولي لإعادة إحياء المفاوضات الفلسطينية الإسرائيلية من أجل الوصول إلى حل سلمي طال انتظاره.

إن انشغال المجتمع الدولي في محاربة الإرهاب، وتقديمه على مختلف القضايا الإقليمية والدولية، والسعي لإيجاد مخرج للأزمات المستعصية في المنطقة لاسيما في سوريا والعراق، والتصدي للتدخل الإيراني في المنطقة، جعل من إعادة تحريك المفاوضات أمرا صعبا، خاصة أن إسرائيل تعتبر اليوم فاعلا رئيسيا في أزمات المنطقة الملتهبة، وتعمل على استغلال الأوضاع الراهنة والقلق المتزايد من خطر الجماعات الإرهابية والعنف والتطرف بشكل واضح وصريح أحياناً ومخفي ومستتر أحيانا أخرى، وهي المحرك الرئيسي لما يجري في سوريا والعراق، ومختلف الصراعات الدموية التي تشهدها المنطقة.

أحداث ومتغيرات جسيمة ومؤسفة شهدتها الدول العربية منذ أواخر عام ٢٠١٠، الأمر الذي يثبت أن مخطط الشرق الأوسط الجديد الذي تتبناه الولايات المتحدة وإسرائيل قائم ولم يدفن، ووجود إسرائيل في قلب المنطقة من أجل تنفيذ هذا المشروع، فبعد أن كان الصراع عربياً إسرائيلياً أصبح عربياً – عربياً، رغم المذابح الإسرائيلية المستمرة ضد الشعب العربي الفلسطيني.

الحديث عن الأزمات العربية الراهنة واسع وبالغ التعقيد، والوطن العربي في محيطه الإقليمي يشهد حرج شديد ومأزق عميق يسوده الاضطراب والخوف، وتراجع الحال العربي عن مشروع الوحدة العربية، الهادف إلى جمع الضاحيتين الشرقية والغربية ضمن مدينة عربية، لتغدو كتلة واحدة رائدة لها شأنها في المجتمع الدولي، وذات مساهمات كبيرة في الحضارة الإنسانية، وحل مكانه وضع

ساد فيه الانقسام والتعصب والانشقاق، وتشظت فرق ومجموعات من كل طيف وصوب، لتمزيق وتقطيع وبعثرة ما تبقى من النسيج الاجتماعي العربي، وتأذن بمزيد من الهواجس والأوجاع العربية.

التحديات والأحداث المحدقة بالمنطقة منذ مطلع القرن الحادي والعشرين كبيرة، والأمة العربية مقبلة على مرحلة تحمل مخاطر مصيرية، تهدد وجودها ومستقبلها وهويتها الحضارية، لأن القوى المتربصة بالمنطقة، ليست في عجلة من أمرها طالما أن آلة الموت لن تطال من طرف دخيل سعى للنيل منها، وتواطأ لإشعال جحيم الفتن الداخلية.

الفـصـل الـثـالث

أدوات حروب الجيل الرابع

بعد سنوات على انطلاق رياح التغيير التي اجتاحت بعض الدول العربية، فان المشهد الذي استقر فيها لا يبدوورديا، لما أفرزته من تغيرات بنيوية وسياسية واجتماعية وثقافية، تجلت فيما بدأنا نشهده من مساس لهيبة الدولة وتحطيم للمنظومة القيمية والوطنية، وحالات من العنف والفوضى وصراعات دموية فرضتها جماعات دول الربيع العربي، ورسمت صورة قاتمة لمستقبل شعوب اعتقدت بأنها ستنعم بالسلام والرفاهية والحرية التي حرمت منها على مدى عقود، غير أن العنف استمر وتصاعد مخلفا الدمار والخراب وهدم دول وخسائر اقتصادية هائلة وخطوات للخلف في عصر سباق التقنية والمعلوماتية.

في أعقاب الحرب العالمية الثانية، أخذت الرأسمالية العالمية بقيادة الولايات المتحدة الأمريكية تتجه نحو الإعداد لإستراتيجية جديدة، تهدف إلى إعادة إنتاج السيطرة والاستعمار للهيمنة الاقتصادية والاجتماعية والثقافية، من خلال ما يعرف بالقوة

الناعمة عبر استخدام المنظمات الدولية كصندوق النقد الدولي، والبنك الدولي، ووكالة التنمية الدولية، تحت شعار تنمية الدول الفقيرة، والوقوف إلى جانب الدول التي تضررت من الحرب في إعادة بناء مؤسساتها، ومن جانب آخر التأسيس لفرض إرادتها الثقافية والاجتماعية عبر منظمات المجتمع المدني، والتي تعتبر إحدى أدوات الهيمنة الأمريكية على الدول.

على هذا الأساس دخلت النزاعات والصراعات الدولية مرحلة جديدة، وعرفت أساليب الغزو الأمريكي للدول خلال السنوات الأخيرة شكلا مغايرا لما هو مألوف، بعد أن ثبت فشل الحروب التقليدية التي استخدمت فيها الجيوش، وبعد التطورات المتسارعة التي عرفتها قطاعات مختلفة، لاسيما الإعلام وتكنولوجيا المعلومات، وساهمت في خلق وسائط اتصال جديدة عابرة للحدود، متجاوزة كل أشكال الرقابة، ومختزلة لبعدي المكان والزمان، وظهرت فكرة الجيل الرابع من الحروب أو الحروب غير المتماثلة، وهي حرب ناعمة كما يقول (ماكس مانوارينج) أحد أبرز منظريها: " سلاحها ليس المدافع والدبابات والطائرات، بل قوة المال والقدرات العقلية، وهذا أهون واقل تكلفة لان منفذوها مواطنون من الدولة المستهدفة ".

ويؤكد خبراء هذه الحروب، أن أدواتها هي فوضى المعلومات والشائعات التي تعمل على إرباك مؤسسات الدولة، وتؤدي إلى عجز القيادة عن اتخاذ القرارات السليمة، وتهدف إلى إفساد وتضليل الرأي العام والسيطرة عليه، من خلال وسائل الإعلام

ومواقع التواصل الاجتماعي على الشبكة العنكبوتية، التي تستخدم للتجسس وتجنيد العملاء، باعتبار تلك المواقع هي البيئة المناسبة لمعرفة حقيقة الشعور الشعبي العام، ومكامن الضعف، والاطلاع على واقع المناخ الاجتماعي السائد في الدولة المستهدفة.

المجتمع المدني والتمويل الخارجي

مصطلح المجتمع المدني من المفاهيم القديمة جدا، ففي الماضي كان من يطرح أو يتناول هذا المفهوم لا بد أن يكون من الدارسين أو الباحثين في فكر لوك وهيجل وهوبز، غير أنه اكتسب مدلولات جديدة مع تطور الدولة الحديثة، والتحولات المتسارعة في النظام الدولي، والتأثيرات المتلاحقة لتيار العولمة الجارف في شتى تجلياتها، بعد أن كان هذا المفهوم مغمورا لا يحتل أي مساحة في الإدراك الجماهيري، لكنه اليوم انكشف وشاع حتى بات مصطلحاً بارزا، لا يحمل في طياته إلا تفسيرا واحدا لا يقبل إثبات العكس (الاختراق الناعم).

اعتمدت الدول والمجتمعات الإنسانية قديما، أنماط متعددة من التعاون والمساعدات، فمنها التعاون العيني، والعسكري، والمالي، لكن هذا الشكل من التعاون والمساعدات بين مختلف المجتمعات كان في إطار المصالح المشتركة فيما بينها، ومع ذلك لم تختفِ رغبات الهيمنة والتحكم، وحالات فرض الشروط والخضوع والإذعان، ومنذ بداية القرن التاسع عشر وظهور الأطماع الاستعمارية، اختلفت الصورة إلى حد كبير وأصبحت أشكال الهيمنة

المباشرة الاقتصادية والعسكرية هي السائدة في مجال العلاقات الدولية.

ومع بداية تصاعد موجات التحرر الوطني ضد القوى الاستعمارية في كل من آسيا وأفريقيا وأمريكا اللاتينية بعد الحرب العالمية الثانية، ونيل العديد من الدول لاستقلالها السياسي وطرد الوجود العسكري الغربي في نهاية عقد الخمسينات وحتى منتصف الستينات من القرن الماضي، اتضح أن المجتمع الدولي بدأ بصياغة وابتداع وسائل جديدة للعلاقات السياسية والاقتصادية، استندت إلى أدوات ومحددات لم تكن دول وشعوب العالم مدركة لأبعادها ومخاطرها، ومن أهم تلك الأدوات دعم وتمويل ما عرف بمنظمات المجتمع المدني، وحقوق الإنسان. وابتدع الفكر الغربي مفاهيم في غاية الدهاء والخبث، مثل تحرير الاقتصاد، ترشيد الدعم، الإصلاح الاقتصادي والمالي، الإصلاح السياسي، وغيرها من المصطلحات الهدامة في الميدان السياسي والاقتصادي.

ومنذ ثمانينات القرن الماضي، بدأت عملية التمويل الأجنبي تخضع للجدل باعتبارها إحدى أدوات الهيمنة الأمريكية، بعد أن كانت سابقا ترتبط بالبحث العلمي ومراكز البحوث والدراسات، التي تتلقى تمويلا خارجيا، حيث أصبح النظر إليها من قبل البعض بوصفها عمل سياسي، يهدف إلى الكشف عن التفاصيل الدقيقة للمجتمعات العربية التي تشهد نشاطا للتمويل الخارجي، وجرى التعاطي معها باعتبارها تمس بالأمن القومي. غير أن التطورات المتسارعة التي عرفها العالم مؤخرا، ساهمت في إهمال الجدل

القائم حول هذه القضية، خاصة مع تنامي حالة الاهتمام الدولي والإقليمي بالمجتمع المدني من جهة، وانطلاق نشاط العشرات من المنظمات الحقوقية التي ظهرت في الدول العربية خلال فترة التسعينات من جهة ثانية (مصر، الأردن، لبنان، تونس، المغرب، اليمن) . وفي إحدى التقارير التي صدرت عن الشبكة العربية للمنظمات الأهلية، تم إلقاء الضوء على مسألة التمويل الخارجي، والاعتماد الكامل عليه من قبل المنظمات الحقوقية، والعديد من التحديات التي واجهتها، ومن بينها فقدان الثقة ما بين هذه المنظمات والحكومات العربية، وغياب الخطاب الوطني المناسب للمجتمع، ولكونها منظمات نخبوية فهي غالبا ما تجنح للاستقواء بالخارج كلما نشب خلاف أو صراع فيما بينها وبين الحكومات العربية.

ومن المؤكد أن هذا الوصف لا يشمل كافة منظمات المجتمع المدني، فهناك منظمات خيرية تنشط في فعل الخير، فلا يصح إغفال دورها وفاعليتها داخل المجتمعات العربية، وتأثيرها في عدة مجالات اجتماعية واقتصادية وسياسية وتنموية. ولكن ينبغي مراعاة التباين والاختلاف بين المنظمات التي تنشط في ميدان العمل التطوعي الخيري، والتي تقدم معونات مالية وغذائية للطبقات الفقيرة، وبين المنظمات الحقوقية والسياسية المدنية التي تسعى وتهدف إلى نشر الثقافة السياسية والديمقراطية والمشاركة السياسية، فالنوع الأول يقدم مساعدات للأسر الفقيرة من المجتمع، وتعامله محصور على شرائح محددة من الجمهور، بينما الصنف الآخر من المنظمات، فهي المنظمات الفكرية

والحقوقية، التي تنشط مع مختلف فئات المجتمع، وتحاول نشر ثقافاتها وسياساتها وأهدافها، لتغدو شجرة مثمرة للوطن، لكن ثمارها لا يخلو من السموم.

ارتفعت في السنوات الأخيرة، الأصوات المعارضة لقضية التمويل الأجنبي لمنظمات المجتمع المدني، نظرا لفقدان هذه الأخيرة استقلاليتها تجاه الدول المانحة مثل الولايات المتحدة الأمريكية والاتحاد الأوروبي، وللمخاطر التي تنشأ نتيجة هذا التمويل، والتي من بينها انعدام استقلالية هذه المنظمات، واستغلالها من قبل الدول الممولة لتحقيق أهدافها السياسية والاقتصادية والأمنية داخل الدول العربية، والقضاء على روح العمل التطوعي الذي شكل عبر التاريخ جوهر التنظيمات المجتمعية في المنطقة العربية. وكيفما كان حجم الاستفادة من التمويل ومهما كان مصدره فانه يشوه استقلاليتها، فأينما يوجد تمويل أجنبي توجد شروط يفرضها الممولون، وأهداف غير معلنة يسعون إلى تحقيقها، وكثيرا ما تخضع هذه المنظمات العربية لتلك الشروط بهدف الحصول على التمويل لممارسة أنشطة تتعلق في مجال حقوق المرأة والأسرة، والتنمية الريفية، وتنمية الأحزاب السياسية، ورعاية الانتخابات والأشراف عليها، وتنمية المشاريع الصغيرة، وحقوق الأقليات، والقوميات، والإثنيات، والتعليم ...وغير ذلك. وهو ما يجعل المنظمات غير الحكومية مجرد أدوات لتنفيذ المخططات الإستراتيجية للدول الغربية، ناهيك عن أن التمويل الدولي يعتبر إحدى وسائل التجسس، وتتبع مواقف الأطراف المؤثرة والفاعلة داخل الدول من سياسات الدول الغربية، ذلك أن غايات الدول

الممولة وإن كانت تتقاطع مع أهداف المنظمات المحلية، كما تقول المنظمات المستفيدة من التمويل، غير أنها تنطوي على مخاطر إستراتيجية كبيرة، من أبرزها استغلال الممولين للأنشطة التي تقوم بتمويلها، بغية تتبع تطور الأوضاع الاقتصادية والاجتماعية للدول واستغلالها اقتصاديا وسياسيا، وبشكل يضر بمصلحة الدول التي تستفيد منظماتها من التمويل الخارجي.

ورغم الوظيفة التي تؤديها منظمات المجتمع المدني وحقوق الإنسان، كوسيط بين المجتمع والدولة، غير أنها لازالت تثير العديد من التساؤلات والشكوك حول الدور الذي تضطلع به من قبل المؤسسات الوطنية على اختلافها، وذلك نتيجة علاقاتها الغريبة والمشبوهة مع هيئات التمويل الأجنبي. وهي شكوك ليست جديدة بل قديمة، لكنها في السنوات الأخيرة أخذت تنحرف عن أهدافها، حينما أصبحت تعمل على تنفيذ أجندات الممولين، وتقوم بدور جديد من العمالة السرية، وتمرير التقارير الأمنية، حفاظا على استمرارية ضخ الأموال، حتى أصبحت تشكل هاجسا للدول والحكومات، بسبب جهود تلك المنظمات الرامية إلى تغيير البيئة الاجتماعية والسياسية والثقافية من خلال منهج يبدو في ظاهره إنساني.

وتخضع منظمات المجتمع المدني لدورات تدريبية مكثفة، من أجل تطوير عملها ورفع مستوى جدارتها، وتعزيز إمكانياتها التنظيمية، وقدرة العاملين المهنية والفنية، وتعميق وعي الناشطين بقضايا الشأن العام، وإدراكهم للمعايير القانونية وآليات

العمل على المستويين المحلي والدولي، ولمنظمات المجتمع المدني مظاهر متنوعة من للتدريب في الهيئات النقابية المهنية والعمالية، والمؤسسات الإعلامية، والهيئات غير الحكومية لاسيما المعنية بمجال حقوق الإنسان، والبيئة، وحقوق المرأة، والطفل، إلى جانب العديد من الأنشطة المشابهة، ويعتبر التدريب الذاتي داخل منظمات حقوق الإنسان، أحد الوسائل الهامة المعتمدة للتدريب، وذلك بتعزيز خبرة الناشطين الجدد عبر الاتصال والتفاعل مع الناشطين القدامى، والممارسة اليومية المباشرة للعمل، والدورات التدريبية من خلال مؤسسات ومعاهد متخصصة.

لهذا أصبحت تلك المنظمات بعد تلقيها التمويل الأجنبي، تساهم إلى حد بعيد في تحقيق أهداف الدول الغربية، لاسيما في ظل ما تشهده المنطقة من "فوضى" أريد لها أن تكون "خلاقة"، الأمر الذي يعيد إلى الأذهان المثل الإنجليزي القائل " من يدفع للزمار يقرر النغمة ".

الإعلام وصناعة الكذب

القاعدة الثابتة، أن للإعلام رسالة سامية تهدف إلى تنوير وتوجيه الرأي العام، بالشكل الذي يؤدي إلى خدمة الصالح العام للمجتمع، عبر الإحساس بالمسؤولية، والالتزام بالدقة والأمانة والمهنية. والحقيقة الراسخة أن للإعلام وظيفة اجتماعية وسياسية ووطنية، ولهذه الوظيفة محددات وضوابط تحكم عملها وسلوكها من ضمنها: الالتزام الصادق والتجرد من المصالح والأهواء، وتجنب كل

ما هو مجانب للواقع والحقيقة ومثير للفتن الداخلية، والمحافظة على الإحساس بالمسؤولية والمزايا المهنية والأخلاقية، ومراعاة القاعدة القائلة: (إذا كان الرأي حرا فالوقائع مقدسة) . واجتاح الإعلام اليوم مختلف جوانب الحياة، وتطورت الآلة الإعلامية وأصبحت حاضرة في قلب الحدث، وقادرة على الوصول وبسرعة فائقة إلى مسرح الأحداث اليومية في مختلف أرجاء العالم، وذلك بفعل ثورة الاتصالات وتكنولوجيا المعلومات، مما ساهم في جعل العالم قرية صغيرة، وأصبحت الأخبار والأحداث مختزلة للحدود السيادية للدول، واقتحمت الشاشات الصغيرة المنازل والبيوت، عبر القنوات الفضائية المثيرة لعقول البشر، والمحركة للشعور العام، من خلال ما يضخ من أفكار واتجاهات، الغاية منها التمكن من سلوك الرأي العام، والعبث به وبعثرته عبر التأثير النفسي والتحكم بالقدرة الذهنية، ومن ثم الاستحواذ على العقول وتلقينها بالأفكار والاتجاهات المطلوبة، لاسيما لدى المشاهدين العرب في ظل المتغيرات الملتهبة التي عرفتها المنطقة العربية.

ومع انتشار القنوات الفضائية الجديدة، ظهر غياب واضح للقدرات الإعلامية والمهنية، فلجأت تلك القنوات إلى عناصر غير محترفة في محاولة لسد الثغرات وتعبئة الفراغ، مما دعا الكثير من الهواة والمبتدئين وغير المؤهلين للقفز إلى عالم الإعلام، وانتشرت الفوضى الإعلامية، وشاعت فوضى الأجور دون الالتفات إلى حجم العمل والمهارة والمؤهلات العلمية وقيمة المضمون وأهميته وقدسيته، وبدأنا نشهد ضبابية الصورة الإعلامية، والاستهانة بالمهنة، وحشود من الدخلاء على الميدان الإعلامي، ولاسيما

القنوات الفضائية ممن يفتقدون للحد الأدنى من الإمكانيات المطلوبة، وهي فئة جديدة ستعاني من البطالة حينما تختفي بعض الفضائيات حال انتهاء أجنداتها السياسية.

والمتابع لبعض الفضائيات والصحف والمواقع الإخبارية وشبكات التواصل الاجتماعي، سرعان ما يكتشف مدى مساهماتها في إذكاء نار الفتنة، ودورها في تشويه الحقائق، والعبث باستقرار الأوطان، ونشر تقارير وصور كاذبة لما سيكون عليه مستقبل الأجيال القادمة بفعل الخطاب الإعلامي المضلل.

والمتابع للنهج والممارسات الإعلامية لبعض القنوات الفضائية، التي تناولت الأحداث في الساحة العربية، يدرك مدى خطورة الإعلام في التأثير على مجريات الأحداث بصورة أو بأخرى، وفي تشكيل الرأي العام المجتمعي، ومهمتها في إشعال نار الفتنة بين مكونات المجتمع العربي، ويكتشف أنها تسقط أهداف سياسية واجتماعية على الرأي العام العربي، لدفعه إلى مآلات خادمة لسياسة هذه الأهداف، بإرادة سلبت طواعية لصالح قوى خارجية تخطط لاستهداف المنطقة العربية، من خلال نخب عربية أريد لها القيام بتلك المهمة، تحقيقا لفلسفة سياسية في عالم

القطبية الأحادية ومشروعها السياسي والثقافي والاقتصادي. وإزاء ما عرفته بعض الأقطار العربية من أزمات وتحولات، لم يرتقي الإعلام إلى درجة الموضوعية والحياد أثناء التعامل معها، لكنه انتقل من ثورة النقل إلى ثورة الهدف، ليصبح أداة بارزة من أدوات

تأجيج الصراعات الداخلية، بلغت ذروتها خلال الأحداث التي اجتاحت سوريا على مدى عدة سنوات، وثورتي مصر الأولى والثانية لاسيما بعد فض اعتصامي رابعة والنهضة وما رافق ذلك من أحداث.

مع بداية الأحداث الدامية في سوريا، سارع الإعلام المهتم في تغطية تلك الأحداث وغيرها في بث سمومه بين أفراد الشعب العربي وإثارة الفتن، وتصعيد الخلافات إلى أن باتت مصدرا للاصطفاف والتخندق مع فئة ضد أخرى، ومع استمرار الأزمة وتطورها اجتاحت الخلافات الناجمة عن هذه الأزمة مجال الأسرة الواحدة، بناء على ما تبثه القنوات الإعلامية من أخبار وبرامج حوارية يتقن أقطابها السياسيون والمثقفون معارك العنف اللفظي والتحريض الطائفي، ولعل برنامج (الاتجاه المعاكس) الذي تبثه قناة الجزيرة خير مثال لما يمكن أن يكون عليه الحوار من تلاسن حاد وتراشق بالألفاظ واستخفاف واستحقار. وتجلت هذه الحالة بصورة واضحة بعد ما أطاح الشعب المصري بحكم جماعة الإخوان المسلمين في ثورة ٣٠ يونيو / حزيران ٢٠١٣، ناهيك عن إفرازات إعلامية باتت تطفح بالتلفيق والأكاذيب وفبركة الأحداث، لاسيما في المشهد المصري الذي تتصدى له قناة الجزيرة وهي تمارس دورا مكشوفا لهدم مصر، باعتبار تلك القناة إحدى أبرز أدوات الفوضى الخلاقة والجيل الرابع من الحروب، وأخطر أدوات مشروع الشرق الأوسط الجديد، مستفيدة من التغييب الإعلامي الذي تعيشه الشعوب العربية. فلم يعد ممكنا تجاهل دور هذه القناة وما تؤديه بذرائع الشرعية في مصر، والدعوة إلى الإصلاح هنا، والديمقراطية هناك،

وتجتهد لإظهار ضعف الأنظمة العربية وعدم قدرتها على دعم القضايا العربية والإسلامية، وضرب استقرار الدول العربية من خلال تناول فساد الأنظمة، والترويج لمعاناة الشعوب كالفقر والبطالة والاضطهاد وغير ذلك.

ونحن هنا لا ندافع عن فساد تلك الأنظمة، إنما نسعى إلى إبراز الأجندة الخاصة بقناة الجزيرة في تنفيذ المشروع الرامي إلى تغيير الأنظمة العربية التي تقف حائط صد أمام مخطط الشرق الأوسط الجديد، مستغلة في سبيل تحقيق هذا الهدف تناولها لهموم البشر، وتسليط الضوء على معاناتهم، وتهميشهم من قبل الأنظمة، وصولا إلى إثارتهم لإسقاط تلك الأنظمة وإغراق الدول العربية في مستنقع الفوضى، تمهيدا لتقسيمها إلى دويلات على أساس عرقي وطائفي ومذهبي، واستئثار الغرب بثرواتها.

وعليه فإننا اليوم أمام مشروع خطير، ينبغي علينا التصدي له ومواجهته بالتعاون والحكمة والاصطفاف الوطني، والحذر من الانسياق خلف الإعلام الكاذب وما ينقله من تغطية انتقائية وأحداث مفبركة، وتزييف للحقائق وتضليل للرأي العام، قبل أن يدق آخر مسمار في نعش النسيج الاجتماعي العربي.

أكاديمية التغيير

تعتبر أكاديمية التغيير أول هيئة عربية تتبنى مخطط الفوضى الخلاقة، وإحدى أدوات حروب الجيل الرابع، وهي عبارة عن نسخة عربية لثورات مستوردة من الخارج، تعمل على استهداف عقل

الإنسان في كل مكان بصرف النظر عن أيديولوجيته وديانته و جنسيته، وتقوم بتدريب الشباب على حرب اللاعنف، وتستهدف رجال الأمن لتغيير الأنظمة العربية.

تزايد حجم المؤامرات التي تنسج لهذه الأمة في جنح الظلام، ولكن الأمر الغريب هو إيجاد وإنشاء هيئة أو أكاديمية تعنى بتفاصيل تلك المؤامرات. هذه الأكاديمية القطرية الأصل والأمريكية الهوى احترفت حياكة المؤامرات تحت ذريعة التغيير ومجابهة الأنظمة المستبدة في البلدان العربية، وتمكنت من تنفيذ العديد من المؤامرات على أرض الواقع.

انطلقت أكاديمية التغيير في مزاولة المخططات المشبوهة مع بداية عام ٢٠٠٥، ولم تحصد ثمار هذه المهام إلا في مطلع عام ٢٠١١ مع بداية ما يسمى بثورات الربيع العربي، التي جرى توظيفها لاستمرار سيناريو الفوضى الخلاقة الذي سعت الولايات المتحدة إلى تطبيقه عسكريا، وعندما فشلت وتجنبا لفقدان الكثير من الخسائر المادية، لجأت إلي استخدام القوة الناعمة، والتي توصف في غرف الاستخبارات الأمريكية بالقتل اللذيذ.

تقدم أكاديمية التغيير نفسها على أنها مؤسسة علمية بحثية غير ربحية، وقد تأسست في لندن عام ٢٠٠٦، ثم أنشأت فرعا في قطر عام ٢٠٠٩ وفي فيينا عام ٢٠١٠، مهمتها التثقيف والتدريب على التغيير السياسي في ضوء مفهوم حرب اللاعنف، عملت على تدريب مجموعات من الشباب العرب على وسائل وأساليب صراع اللاعنف، وأصدرت الكتب والمطبوعات حول علوم وفنون هذا

الصراع، وعملت على تدريب وتهيئة العديد من حركات التغيير في مصر، وتونس، وليبيا، وسوريا، ودول أخرى، وطرحت برامج لاستهداف الجاليات العربية في أوروبا والولايات المتحدة، واستغلالهم كأدوات لفرض الضغط الدولي على الأنظمة العربية للاستجابة لمطالب الشعوب العربية باسم الحرية والديمقراطية. انطلقت في صياغة المؤامرات تحت مسمى التغيير ومواجهة الأنظمة المستبدة في دول المنطقة، ساهمت في انجاز العديد من المخططات وبدأت تحقق نتائج ملموسة مع انطلاق رياح التغيير التي اجتاحت العالم العربي.

الأهداف الرئيسية

للأكاديمية مجموعة من الأهداف تسعى إلى تحقيقها من اجل إنجاح مخططاتها وهي:

- تحرير أنماط التفكير المعيقة للتعامل مع قضايا التغيير ونشر ثقافة التغيير ومنهجياته.
- توفير الأدوات العلمية اللازمة لتحقيق ثورات حضارية في عالم الفعل السياسي والاجتماعي.
- تدريب الناشطين وكوادر مؤسسات المجتمع المدني، والأحزاب على استراتيجيات ووسائل التغيير.
- تقديم الاستشارات المتعلقة بالتنمية للحكومات والمؤسسات لتنمية مجتمعاتها.

وفي سياق تقديمها لنفسها، تقول الأكاديمية أنها بدأت كحلم لثلاثة أفراد، ثم غدت حلما للملايين، وتذكر أن تمويلها ذاتي ونشاطاتها تطوعية، في محاولة لنفي شبهة تلقيها لتمويل من دول بعينها، أما إنتاجها الأكاديمي فهو ينحصر في أدبيات اللاعنف، والنضال السلمي، والاحتجاج الشعبي، وتقوم بتوزيع نشاطها على ثلاث مجموعات تحمل عناوين، ثورة العقول، أدوات التغيير، ثورة المشاريع. ويتولى إدارة الأكاديمية في قطر زوج ابنة الشيخ يوسف القرضاوي الدكتور هشام مرسي، الذي كان يقيم في لندن، واعتقل من قبل المخابرات المصرية بعد الثورة التي أطاحت بنظام حسني مبارك، وتم الإفراج عنه استجابة لضغوط كبيرة من السفارة البريطانية.

في مطلع شباط / فبراير ٢٠٠٦ استضافت العاصمة القطرية ما يسمى (منتدى المستقبل) الذي أثير حوله الكثير من اللغط وعلامات الاستفهام، مما اضطر بعض المشاركين إلى الانسحاب من المنتدى باعتباره لقاء مؤامراتي فاضح بعد انتشار مفردات داخل الغرف المغلقة مثل التغيير، والتحفيز، والتدريب، ودعم الراغبين في تغيير الأنظمة، وقد تمخض عن المنتدى توصيات أعدت مسبقا مثل (مشروع مستقبل التغيير في العالم العربي). ولمؤازرة المشروع اختارت واشنطن حشد القوى الليبرالية، فيما تولت قطر العمل بجانب القوى الإسلامية وتحديدا (جماعة الإخوان المسلمين)، وجرى الاتفاق على تأسيس ما يسمى (أكاديمية التغيير) التي بدأت في تدريب مجموعات من الشباب العرب في الدوحة وعواصم أوروبية أخرى، على أساليب تغيير أنظمة الحكم

في الدول العربية من خلال سلسلة من الثورات المتتابعة، وهدم المؤسسات الوطنية، وفق خطة إستراتيجية أقرت في واشنطن منذ مطلع ثمانينات القرن الماضي، تهدف إلى تجزئة وتقسيم الدول العربية إلى دويلات صغيرة، على أسس دينية وعرقية ومذهبية، تحقيقا لمشروع الفوضى الخلاقة التي أعادت كونداليزا رايس طرحه قبل عامين فقط من تأسيس أكاديمية التغيير إحدى أدوات الجيل الرابع من الحروب.

وشهد عام ٢٠٠٦ أول نشاط للأكاديمية، حيث تمثلت البداية في إضراب عشرين ألف عامل نسيج لمدة ستة أيام في مدينة المحلة بجمهورية مصر العربية، وتبع ذلك الإسراع في توفير الرعاية الإعلامية والقدرات التمويلية التي تحتاجها، إلى جانب العناية القطرية ومؤازرة الإخواني الشيخ (يوسف القرضاوي). وتعتمد الأكاديمية أساليب متعددة للتغيير تبدأ بالاحتجاج وتنتقل إلى المقاومة ثم كسر القيود، لكنها تؤكد على العصيان المدني على اعتبار انه أقوى الممارسات السلمية الذي يمكن من خلاله مواجهة الأنظمة المستبدة، ويؤدي إلى إرباك الدولة على كافة المستويات.

ويعتقد بعض المراقبين بوجود رابطة قوية مابين الأكاديمية وحركة (٦ أبريل) المصرية، نظرا لدور الأكاديمية في دعم الحركة لاسيما في علاقة هذه الأخيرة بواشنطن، الأمر الذي سمح لها بمشاركة وفد من الحركة في اجتماع عقد في نيويورك عام ٢٠٠٨، إضافة إلى مشاركات أخرى في مؤتمرات عالمية للشباب في عدة دول.

وتسخر أكاديمية التغيير من مفهوم الأمن القومي في منشوراتها، وتعتبره مجرد شماعة تستغلها الأنظمة المستبدة لتعليق أخطائها عليه. وللتحريض على صناعة الانفلات في المجتمعات واستمرارها تطالب المتدربين عدم المبالغة بالخوف من الأنظمة لكونها لا تستند إلى مشروع وطني، بل تقوم على مشروع السرقات الاحترافية، وتدعو إلى التخطيط الجيد والمحكم عند ممارسة الاحتجاجات لكي ينجم عنها اعتقالات ينبغي استثمارها إعلاميا، لاسيما ما يتعلق بالجوانب الإنسانية، وتحويل الشخص المعتقل إلى رمز وطني عبر تمرير حالات القمع والاعتقال إلى وسائل الإعلام والاتصال، ومؤسسات المجتمع المدني، والهيئات الدولية، لفضح النظام والضغط عليه، وبالتالي يتحول المعتقلين إلى أبطال ونجوم في عيون الرأي العام. من جانب آخر تهتم الأكاديمية بالتدريب على مواجهة حالات الاعتقال والتحقيق، وكيفية استغلال الصور والأفلام المصورة حتى وإن كانت كاذبة وذلك لكسب الرأي العام لصالح أنشطتها، لاسيما في حال سقوط قتلى خلال الاحتجاج والاعتصام حتى وإن كان القاتلون هم المتدربون أنفسهم، مما يؤدي إلى كسب مشاعر وعواطف الناس، ومن ثم مضاعفة الحشود الجماهيرية وتأجيج الصراع.

وتعمل الأكاديمية على تأهيل الشباب لمواجهة رجال الأمن بقوة وبلا خوف، من خلال تكوين ما يسمى (فرق الأبطال)، وهم مجموعات من الشباب تلقوا تدريبات مكثفة على فنون القتال، ومهمة هذه الفرق التواجد في الخطوط الأمامية لمواجهة عناصر الأمن، كما أن هنالك برنامج أو مشروع خاص للمتدربين يطلق

عليه (مشروع التعبئة)، تنحصر مهمته في إعداد جماعات لمواجهة رجال الأمن والمواطنين والاشتباك معهم، وتنفيذ جرائم قتل إن اقتضى الحال. وتؤكد الأكاديمية على ضرورة التضحية بالنفس في سبيل التغيير، على اعتبار أن النضال يتطلب تقديم قتلى وجرحى مما سيعزز التعاطف الشعبي مع أنصار اللاعنف من ناحية، وتعاظم السخط الشعبي ضد النظام حتى وإن كان يتصدى للمتظاهرين دفاعا عن مواطني الدولة وسيادتها. وتحرص الأكاديمية على تحميل النظام المسؤولية عن كافة الخسائر التي وقعت نتيجة أعمال الجماعات الفوضوية، إلى جانب بذل الجهود الرامية إلى التغرير بالرأي العام حتى لا يتعاطف مع النظام، وأهمية التهويل والمبالغة في استثمار الدماء والقتلى والمصابين، وتقديم تفسيرات مغايرة للحقيقة وبالشكل والأسلوب الذي يخدم المتظاهرين.

الـفصـل الـرابع

رياح وفوضى

بعد زوال الاتحاد السوفييتي عام ١٩٩١ وانتهاء الحرب الباردة، شهد العالم تغيرا واضحا في السياسة الأمريكية، بفعل الوضع الدولي الجديد الذي فرضته المتغيرات الدولية كواقع سياسي، اعتبره المفكرون والخبراء السياسيون في الولايات المتحدة بمثابة الفرصة السانحة لصياغة نظام عالمي جديد، يتجسد بضمان التفوق والانفراد الأمريكي بمقومات القوة والهيمنة العالمية، وأخذت الولايات المتحدة تعتمد سياسة الفوضى الخلاقة في سياستها الدولية إزاء المنطقة العربية بصفة خاصة.

والفوضى الخلاقة في الإستراتيجية الأمريكية الجديدة، هي مشروع سياسي استند إلى هندسة الفتن، والصراعات الطائفية، والحروب الأهلية، لإعادة تقسيم المقسم وتجزئة المجزأ في الوطن العربي، على أسس مذهبية وطائفية وقبلية، وتهدف إلى تمكين إسرائيل من البقاء كدولة قوية متماسكة في المنطقة، وشرعنة وجودها كدولة طائفية في محيط دويلات عربية طائفية ومذهبية، بعد تنفيذ

ما يعرف بمشروع الشرق الأوسط الكبير الذي يعتبر مشروعا أمريكيا لرسم نظام إقليمي في المنطقة وفق رؤى أمريكية، عبر نشر الفوضى الخلاقة التي تشكل الأداة والوسيلة الأكثر فتكا ببقايا عناصر الوحدة في مجتمعات المنطقة، أو هكذا أريد لها منذ مطلع القرن الحالي، لاسيما مع وصول المحافظين الجدد إلى سدة الحكم في الولايات المتحدة، ونجاح القوى الصهيونية في الإمساك بمقاليد القرار في الكونغرس والبيت الأبيض.

تستدعي الفوضى الخلاقة رصد واستمالة تناقضات البنى الاجتماعية والسياسية في البلدان العربية، للإعلان الصريح عن وجودها، بعيدا عن وصاية الدولة والنظام السياسي، من اجل استخراج تفاعل جمعي جديد وتوازنات جديدة، واعتمادها من قبل مهندسي الفوضى الخلاقة، بوصفها الحالة والصورة المطابقة لحقيقة الواقع الاجتماعي والسياسي، الذي تجتهد الدولة لإخفائه، أو بوصفها الركائز الأساسية التي يمكن استغلالها لإعادة إنتاج نظام سياسي جديد.

يعتقد أصحاب فكرة (الفوضى الخلاقة) أنها الصيغة المناسبة والممر الوحيد الذي يسمح بإبراز التوازنات السياسية المحجوبة في المجتمعات العربية نتيجة الاستبداد والقمع، وهم لا يكتمون سرا في أن شيوعها أمر لا يمكن تحقيقه إلا إذا ما أصيبت هيبة الدولة في مقتل، وانتشرت الفتن والنزاعات الطائفية، وعمت الفوضى أركان المجتمع. أما التوازنات السياسية المراد إبرازها، من بين ركام الفوضى الخلاقة، فهي ما تلبث أن تعلن عن وجودها بصيغة

توازنات فرعية انفصالية، تطيح بتماسك النسيج الاجتماعي والوطني للدولة، وهو اللانظام المجتمعي الذي تبتغيه الفوضى الخلاقة وتعيد إنتاج النزعات الطائفية والمذهبية والقَبلية، وتمكينها للإعراب عن نفسها في شكل مشروع سياسي ومشروع كياني، يهدف إلى هدم الدولة وتفكيك مؤسساتها الوطنية.

اجتاحت الفوضى الخلاقة منذ عام ٢٠٠٣ البلدان العربية والإسلامية مستهدفة تفكيك المنطقة جغرافيا وتمزيق كياناتها السياسية، والسيطرة على ثرواتها النفطية، وتقسيمها إلى دويلات صغيرة، وجمهوريات عاجزة غارقة في الديون والأزمات، خاضعة لإدارة النظام العالمي الجديد.

وسخرت الولايات المتحدة إمكاناتها الهائلة تقنيا وثقافيا وسياسيا، لتحقيق مصالحها في البلدان العربية، عبر استغلال التناقضات المحلية للمجتمعات، وتوظيفها من اجل تأجيج الصراعات العرقية والطائفية، وخلخلة الاستقرار الأمني والاقتصادي، وتقسيم الدول بدعوى نشر الديمقراطية، ورعاية حقوق الأقليات. وبدأت نتائج الفوضى الخلاقة، أو التدمير البناء بالظهور في بعض المجتمعات العربية، كانفصال جنوب السودان عن الحكومة المركزية في الخرطوم، واختفاء العلم العراقي من إقليم كردستان، تمهيدا لانفصالها النهائي عن جسم العراق.

بدأت الولايات المتحدة في تطبيق إستراتيجيتها الجديدة في البلاد العربية والإسلامية بعد ما تبنتها في أوروبا الشرقية، وأمريكا الجنوبية، وحتى آسيا الوسطى، وهي تبدو في ظل الوضع الذي

شهدته المنطقة العربية أكثر عزما وتصميما على الاستمرار في تنفيذها، بدافع أن تلك الفوضى أخذت تنتج آثارها الخلاقة. وعلى الرغم من تناول هذا المصطلح في الكثير من المراجع من خلال مجموعة من الباحثين، غير أن تداوله على مستوى واسع لم يبرز في العالم العربي إلا بعد رياح التغيير التي اجتاحت المنطقة، على اثر الغزو الأمريكي للعراق عام ٢٠٠٣ وسط ترقب لولادة جديدة للمنطقة، وهو ما تنبأ به زبيغنيو بريجنسكي٥ حيث قال: (إن تغيير الشرق الأوسط سيكون مهمة أكثر تعقيداً بكثير من ترميم أوروبا بعد الحربين العالميتين، فالترميم الاجتماعي يبقى أسهل من التغيير الاجتماعي، ولذلك لابد من التعامل مع التقاليد الإسلامية، والمعتقدات الدينية، والعادات الثقافية بصبر واحترام، قبل القول بأن أوان الديمقراطية قد آن في الشرق الأوسط) .

فلسفة الفوضى الخلاقة

ظهر تعبير الفوضى الخلاقة كمصطلح سياسي بعد حرب تدمير العراق، واحتلال بغداد في نيسان / ابريل ٢٠٠٣ من خلال

المحافظين الجدد، وتحديدا على لسان وزير الدفاع الأمريكي الأسبق (دونالد رامسفيلد) إثر احتجاج العراقيين على الصمت الأمريكي إزاء انتشار عمليات السلب والنهب وحرق وتدمير مؤسسات الدولة، والمرافق الخاصة والعامة حينما أعلن رامسفيلد في معرض رده على تلك الأحداث بأنها (إيجابية وخلاقة وواعدة بعراق جديد). لكن بداية انتشار هذا المصطلح كان عقب أحداث الحادي عشر من أيلول / سبتمبر ٢٠٠١، وبعد الحديث الذي أدلت به مهندسة فكرة الفوضى الخلاقة (كونداليزا رايس) وزيرة الخارجية الأمريكية سابقا لصحيفة (الواشنطن بوست)، وأعلنت عن نية الإدارة الأمريكية نشر الديمقراطية في العالم العربي لإطلاق ما يسمى (الشرق الأوسط الجديد).

مرحلة فوضى مقصودة الأحداث، وهي إستراتيجية جديدة تبنتها الولايات المتحدة الأمريكية، تقوم على أساس التدمير والهدم ثم إعادة البناء، وبدأت بتنفيذها في بعض الدول العربية، لإحداث تغيير جذري، وإنتاج أوضاع سياسية، اقتصادية، اجتماعية، ثقافية جديدة بعد فوضى كبيرة. وتحقيق هذا المخطط مرتبط بشكل أساسي بصراعات واقتتال وحروب داخلية، تشمل مختلف مناطق الدولة المستهدفة.

يشير بعض الباحثين إلى أن تعبير الفوضى الخلاقة وجد في الماسونيه وعقائد الإلحاد والشرك، وسعت الحركة الماسونية إلى ترسيخه انطلاقا من معتقداتهم التي تعتبر أن الفوضى الخلاقة مفهوم قام على نظرية الانفجار الكوني، على اعتبار أن الكون خلق في

من الفوضى، ومن ثم فان الفوضى التي يمكن أن تولد في العالم ستؤدي حتما إلى إيجاد نظام عالمي موحد! ويعتقد الكاتب والباحث الأمريكي دان براون أن هذا المصطلح ورد في أدبيات الماسونية القديمة، وقد نسب براون إلى الأب (ديف فليمنج) بكنيسة المجتمع المسيحي بمدينة بتيسبرج في بنسلفانيا قوله (الإنجيل يؤكد لنا أن الكون خلق من فوضى، وان الرب قد اختار الفوضى ليخلق منها الكون، وعلى الرغم من عدم معرفتنا لكيفية هذا الأمر، إلا أننا متيقنون أن الفوضى كانت خطوة مهمة في عملية الخلق).

وحسب مجموعة من الباحثين والمهتمين بنظرية الفوضى الخلاقة، أن هذا المصطلح ورد في بروتوكولات حكماء صهيون على النحو التالي: (كنا قديما أول من صاح في الناس " الحرية والمساواة والإخاء " كلمات ما انفكت ترددها منذ ذلك الحين ببغاوات جاهلة متجمهرة من كل مكان حول هذه الشعائر، وقد حرمت بترددها العالم من نجاحه، وحرمت الفرد من حريته الشخصية الحقيقية التي كانت من قبل في حمى يحفظها من أن يخنقها السفلة، إن أدعياء الحكمة والذكاء من الأمميين غير اليهود لم يتبينوا كيف كانت عواقب الكلمات التي يلوكونها، ولم يلاحظوا كيف يقل الاتفاق بين بعضها، وقد يناقض بعضها بعضا، ولم يروا أنه لا مساواة في الطبيعة، وأن الطبيعة قد خلقت أنماطا غير متساوية في العقل والشخصية والأخلاق والطاقة) .

ويعد (مايكل ليدن)٦ أول من صاغ مفهوم الفوضى الخلاقة، أو (الفوضى البناءة) أو (التدمير البناء) في معناه السياسي الحالي، وهو ما عبر عنه في مشروع (التغيير الكامل في الشرق الأوسط)، وارتكز المشروع على منظومة من الإصلاحات السياسية والاقتصادية والاجتماعية الشاملة لكافة دول المنطقة، وفقًا لإستراتيجية جديدة تقوم على أساس الهدم ثم إعادة البناء.

يؤكد منظرو الفوضى الخلاقة، أن إنتاج حالة من الفوضى وزعزعة الاستقرار سيؤدي إلى بناء نظام سياسي جديد، يحقق الأمن والرخاء، وهي حالة تشبه العلاج بالصدمة الكهربائية لإعادة الحياة من جديد. ويقول (مارتن كروزرز) مؤسس المذهب الجديد في علم العلاج النفسي: (الفوضى هي إحدى العوامل المهمة في التدريب والعلاج النفسي، فعند الوصول بالنفس إلى حافة الفوضى يفقد الإنسان جميع ضوابطه وقوانينه، وعندها من الممكن أن تحدث المعجزات، فيصبح قادرا على خلق هوية جديدة، بقيم مبتكرة ومفاهيم حديثة، تساعده على تطوير البيئة المحيطة به).

وقد طور نظرية الفوضى الخلاقة، البروفيسور (توماس بارنيت) الذي كان احد ابرز المحاضرين في وزارة الدفاع الأمريكية، حيث قسم العالم إلى دول القلب أو المركز (أمريكا وحلفائها) وصنف دول العالم الأخرى تحت مسمى دول (الفجوة) أو (الثقب)

---

٦ مؤرخ وفيلسوف وكاتب أمريكي، وصاحب نفوذ في دائرة المحافظين الجدد، وارتبط اسمه بعد أحداث الحادي عشر من أيلول / سبتمبر ٢٠٠١ بنظرية الفوضى الخلاقة.

وشبهها بثقب الأوزون الذي لم يكن ظاهرا قبل أحداث ١١ أيلول / سبتمبر ٢٠٠١. ويذهب بارنيت إلى أن دول الثقب هي الدول المصابة بالحكم الاستبدادي، والأمراض والفقر المنتشر، والقتل الجماعي والروتيني، والنزاعات المزمنة، وهذه الدول تصبح بمثابة مزارع لتفريخ الجيل القادم من الإرهابيين، ومن ثم فإن على دول القلب ردع أسوأ صادرات دول الثقب، والعمل على انكماش الثقب من داخل الثقب ذاته. فالعلاقات الدبلوماسية مع دول الشرق الأوسط لم تعد مجدية، ذلك أن الأنظمة العربية بعد سقوط العراق لم تعد تهدد أمن أمريكا، وأن التهديدات الحقيقية تكمن وتتسع داخل الدول ذاتها، بفعل العلاقة غير السوية بين الحكام والمحكومين. ويخلص بارنيت إلى أن تلك الفوضى البناءة ستصل إلى الدرجة التي يصبح فيها من الضروري تدخل قوة خارجية للسيطرة على الوضع وإعادة بنائه من الداخل، على نحو يعجل من انكماش الثقوب وليس مجرد احتوائها من الخارج، منتهيا بتخويل الولايات المتحدة القيام بالتدخل بقوله (ونحن الدولة الوحيدة التي يمكنها ذلك).

والفوضى الخلاقة حسب الباحث الأمريكي وصاحب نظرية (صدام الحضارات) صموئيل هنتنغتون هي (فجوة الاستقرار)، فقد وصفها بالفجوة التي يشعر بها المواطن بين ما هو كائن وما ينبغي أن يكون، فتنعكس بضيقها أو اتساعها على الاستقرار بشكل أو بآخر، فاتساعها يولد إحباطا ونقمة في أوساط المجتمع، مما يعمل على زعزعة الاستقرار السياسي، لاسيما إذا ما انعدمت الحرية الاجتماعية والاقتصادية، وافتقدت مؤسسات النظام إلى القابلية

والقدرة على التكييف الايجابي، ذلك أن مشاعر الاحتقان قد تتحول في أية لحظة إلى مطالب ليست سهلة للوهلة الأولى، وأحيانا غير متوقعة، مما يفرض على مؤسسات النظام ضرورة التكيف من خلال الإصلاح السياسي، وتوسيع المشاركة السياسية، واستيعاب تلك المطالب، أما إذا كانت تلك المؤسسات محكومة بالنظرة الأحادية، فانه سيكون من الصعب الاستجابة لأي مطالب، إلا بالمزيد من الفوضى التي يرى هنتنغتون أنها ستقود في نهاية الأمر، إلى استبدال قواعد اللعبة واللاعبين.

الفوضى الخلاقة والمحافظين الجدد

الجيل الرابع من الحروب كما ورد سابقا، مصطلح ظهر مع نهاية ثمانينات القرن المنصرم، وشاع استخدامه في مختلف وسائل الإعلام، وعبر مواقع التواصل الاجتماعي في أعقاب ما اصطلح على تسميته بثورات الربيع العربي، وقد أطلقت ليزا كوندا رايس على الجيل الرابع من الحروب تلطفا تسمية الفوضى الخلاقة، والمعروف أن حروب الجيل الرابع تبدأ بفرض فوضى خلاقة داخل الدولة المستهدفة، والطريق نحو تحقيقها هو استخدام أسلوب التدمير الذاتي للشعوب. والفوضى الخلاقة نظرية، ابتكرها المحافظون الجدد، وهم مجموعة سياسية يمينية تؤمن بقوة أمريكا وهيمنتها على العالم، وتتألف هذه المجموعة من سياسيين ومفكرين استراتيجيين ومحاربين قدامى ومثقفين، وترسخ دورهم في صنع السياسة الأمريكية عقب أحداث الحادي عشر من أيلول/سبتمبر ٢٠٠١، وميولهم صهيونية معروفة بعدائها الشديد

للعرب والمسلمين، نجحوا في بلورة سياسة أمريكية تجيز استعمال القوة العسكرية للوصول إلى أهدافها، دون النظر إلى أية اعتراضات، ويصنف تيار المحافظين الجدد بأنه شديد الصلة بإسرائيل، حيث أن معظم قادة ومنظري هذا التيار من المثقفين اليهود.

ترتبط نشأة هذا التيار (بأفكار ليو شتراوس)، وهو مفكر يهودي ألماني هاجر إلى الولايات المتحدة عام ١٩٣٨، وعمل أستاذا لمادة العلوم السياسية في إحدى الجامعات الأمريكية، حيث بدأت أفكاره تنتشر وتتبلور في المجال السياسي والاجتماعي، فيما عرف لاحقا بالليبرالية الشتراوسية، وهي ذات الأفكار التي اعتبرت المنطلقات الأساسية الفكرية للمحافظين الجدد، وهو صاحب مقولة: (إن أولئك المؤهلين والمختارين للحكم هم أولئك المتيقنون من عدم وجود مكان للأخلاق، وإن هناك حقا طبيعيا واحدا، وهو حق المتفوقين في حكم المهمشين) .

ويسعى المحافظون الجدد من خلال نظريتهم (الفوضى الخلاقة) إلى إغراق الجميع بالفوضى حتى تتمكن الصفوة من ضمان وتأكيد استقرار وضعها، ولعل مخططهم المعروف بمشروع القرن الأمريكي الجديد هو أحد ابرز الأمثلة التي تكشف أيديولوجيتهم الهادفة إلى فرض الهيمنة الأمريكية على العالم، بعد أن غدت الدولة الأكثر تأثيرا فيه على اثر انهيار الاتحاد السوفييتي. ويشرف المحافظون الجدد على هذا المشروع، الذي تأسس عام ١٩٩٧

وارتبط بمؤسسة (أمريكان إنتربرايز)٧، ويتحدث المشروع عن الهيمنة الأمريكية على العالم اقتصاديا واجتماعيا وعسكريا، من خلال السيطرة على كافة الدول، وفرض نظام عالمي جديد تتحكم فيه الولايات المتحدة وإسرائيل.

والمشروع هو دمج للمصالح الأمريكية - الإسرائيلية المشتركة، وغالبية المشاركين في المشروع أعضاء في منظمة فريدوم هاوس٨ (Freedom House)، وغيرها من المنظمات الديمقراطية للعالم العربي ودول شرق آسيا، ويهدف المشروع إلى السيطرة على منابع النفط، والهيمنة الإسرائيلية على المنطقة، واعتبار إسرائيل الدولة المحورية في مشروع الشرق الأوسط الكبير، وسيادة الثقافة الغربية في مواجهة الدين والقومية، مثلما صرح (وليم كريستول) ٩ في تبريره للحرب على العراق بقوله (إن الحرب قامت من اجل تغيير الثقافة السياسية للمنطقة لبناء شرق أوسط جديد) ، وفي عام ١٩٩٧ وقع على وثيقة المشروع ديك تشيني، ودونالد رامسفيلد، وبول وولفوفيتز وغيرهم.

---

٧ مؤسسة أو معهد غير حزبي وغير ربحي، يهتم بالدراسة والبحث في المجالات السياسية والاقتصادية والاجتماعية، تأُسس عام ١٩٣٨، ويضم مجموعة من الخبراء السياسيين في أميركا، ويهدف إلى خدمة القادة من خلال الدراسات والأبحاث حول القضايا الساخنة، ويتلقى التمويل من أفراد ومؤسسات وشركات وغيرها، بلغت عائداته عام ٢٠١٣ (٤٦) مليون دولار مقابل نفقات بلغت حوالي (٣٢) مليون دولار.

٨ منظمة غير حكومية تأسست عام ١٩٤١ في الولايات المتحدة الأمريكية، تهتم بالدراسات والبحوث حول الديمقراطية والحرية السياسية وحقوق الإنسان، ذات صلة وثيقة بجهاز المخابرات الأمريكية.

٩ كاتب صحفي، عضو في الحزب الجمهوري، وأحد أبرز تيار المحافظين الجدد.

وحسب مشروع القرن الأمريكي الجديد (PNAC) إن ما كانت تحتاجه الولايات المتحدة لفرض هيمنتها على معظم الدول والسيطرة على موارد الشعوب، هو حدوث كارثة كبيرة مدمر ومحفزة في نفس الوقت، كأن يحدث (بيرل هاربر جديد)، على غرار الهجوم الياباني على هذا الميناء الأمريكي خلال الحرب العالمية الثانية، الذي نتج عنه دخول الولايات المتحدة الحرب، وقد هيأت هجمات الحادي عشر من أيلول / سبتمبر ٢٠٠١ الفرصة المناسبة لذلك.

ويقول الخبير الاستراتيجي الأمريكي، ووزير الخارجية الأسبق هنري كيسنجر: (إن إشاعة الفوضى الخلاقة على نطاق واسع وعالمي، يمثل المرحلة الثانية من الإستراتيجية العالمية التي تحولت إلى خطة تم تنفيذها على أرض الواقع في الشرق الأوسط، وهذا الأمر يمهد إلى إعادة تشكيل التوازن الاستراتيجي العالمي، وإذا كانت المرحلة الأولى من هذه الإستراتيجية قد جرت تحت شعار الحرب على الإرهاب، واستهدفت إسقاط نظامي طالبان في أفغانستان، وصدام حسين في العراق، فإن المرحلة الثانية بدأت تحت شعار الحرب على الاستبداد، مع إبقاء فكرة توظيف الديمقراطية كبوابة للولوج إلى خلق الفوضى التي تستهدف إسقاط ألأنظمة الفاسدة، وإجراء إصلاحات سياسية بعيدة المدى على العالم العربي). والفرق ما بين هاتين المرحلتين يكمن في أن الأولى اقتضت استخداماً للعنف العسكري واحتلالاً فعلياً للدول المستهدفة، بينما الثانية استخدمت وسيلة اللاعنف، مع بقاء احتمال اللجوء للقوة العسكرية أمرا واردا. ويبدو أن احتلال الأرض أصبح مستبعداً

في هذه المرحلة بسبب الصعوبات والدروس المستفادة مما جرى في أفغانستان والعراق.

ويصف البعض الفوضى الخلاقة كما لو أنها كرة ثلج يصنعها طفل ويقوم بدحرجتها، وقد ينتج عنها كارثة من كوارث الطبيعة لا يمكن السيطرة عليها، ومن هنا فان أي تغير طفيف يلحق بنظام سياسي مفتوح ومعقد قد يتحول إلى اضطراب هائل يغير ملامح ذلك النظام، لكن أمريكا لن توقف كرة الثلج ولن تخفف من هول الاضطراب حتى وإن كانت قادرة على ذلك، طالما أن النتائج ستكون حميدة في النهاية.

وتهدف الفوضى إلى خلخلة حالة الجمود والتصلب غير المرغوب في الدولة المستهدفة، وخلق حالة من عدم الاستقرار والثبات المربك والمقلق لنظام تلك الدولة، وتوجيه الفوضى وإدارتها للوصول إلى الحالة المطلوبة داخل النظام المستهدف، ومن ثم استخدام المدخلات التي أشعلت الفوضى من أجل إخمادها وترسيخ الحالة الجديدة التي ولدت بصورتها النهائية.

وتقوم نظرية الفوضى الخلاقة على مجموعة من الركائز الأساسية، مثل إثارة الصراع العرقي، حيث تقوم على إذاعة ونشر وتأجيج التوتر العرقي في الدول التي تشهد توازنا بسبب تركيبها العرقي، والمشكلة القبرصية تعبر عن هذه الحالة حيث يدور صراع سياسي بين المكونين الرئيسيين لسكان الجزيرة، وهما القبارصة ذوو الأصول اليونانية والقبارصة ذوو الأصول التركية. وتستند نظرية الفوضى على تعميق مدى الاضطراب الأمني، بحيث يعتقد

الشعب أن لا مجال للعودة إلى الوضع الذي كان سائدا قبل الفوضى، ومن أبرز الأمثلة على تلك الحالة،

السيارات المفخخة التي كانت تضرب الدولة اللبنانية، أثناء الحرب الداخلية التي عاشتها ما بين ١٩٧٥ و١٩٨٩، وما شهده العراق أيضا لاسيما بعد الانسحاب الأمريكي التدريجي من الساحة، وبعد الاطمئنان على استفحال الفوضى، ومن ثم إنهاك الحكومات ودفعها لطلب الدعم والمساعدة الأمريكية.

لقد سعت الولايات المتحدة إلى فرض مفاهيم جديدة على العالم، في ظل سياسة العولمة والحرب على الإرهاب، عبر رفع شعار نشر الديمقراطية والحرية وحقوق الإنسان، متخذة من الشرق الأوسط مسرحا لتجاربها في تطبيق نظرية الفوضى، وتغيير نظم الحكم في معظم دول المنطقة. إن فكر الفوضى الخلاقة الذي أنتجه العقل الإستراتيجي الأمريكي من خلال الحرب على الإرهاب، كان من نتائجه إدخال المنطقة العربية في حالة اضطراب وغليان وإغراقها في حمامات الدم، فلا يكاد يمر يوم دون أن يشهد العالم إراقة دماء وسقوط ضحايا، ورغم أننا من أشد الناس استياء وتأثرا لما يقع من أعمال إرهابية في كل بقاع الأرض، لكننا ندرك أن ما يمارسه البشر من جرائم ومؤامرات عائد إليه مهما طال الزمن، حيث أخذت جماعات الإرهاب بالانتشار في مختلف أرجاء المعمورة كالفيروسات، التي لن يسلم منها أحد، ولو تأملنا المراحل الأولى لظهور تلك الجماعات، لأدركنا أن بعض القوى الغربية هي التي ساهمت في ولادتها ورعايتها بشكل سري وعلني على مدى

سنوات، وهذا الأمر مؤكد بالوثائق المنتشرة في مختلف أنحاء العالم، ورغم أن القوى الغربية لم تساهم جميعها في خلق تلك الجماعات، لكنها ساهمت في خلق المكان والمناخ الملائم لنموها وتضخيمها والمبالغة والإفراط في دعمها، والمساهمة في إسقاط الحكومات وهدم الدول وخاصة في المنطقة العربية، ونشر الفوضى الخلاقة وتشجيعها، ثم تقديم هذه الدول لقمة سائغة للجماعات الإرهابية.

وعلى مستوى مجلس الأمن الذي يقع على عاتقه حفظ الأمن والسلم الدوليين، فقد صوت بالموافقة على التدخل العسكري في دول أخرى وإسقاط حكوماتها الشرعية، حتى أن بعض الدول أرسلت مقاتلاتها الجوية الحديثة وجيوشها لهذا الهدف، وبعد أن نجحت في تحقيق مرادها انسحبت لمصلحة المنظمات الإرهابية، لتنفيذ دورها في سفك الدماء والقتل والتهجير وانتهاك الحرمات والتخريب. إن المراقب لما يحدث في البلاد العربية ينتابه الأسى والقلق نتيجة تفشي الجرائم الإرهابية، وتنامي جماعات العنف بمختلف مسمياتها، والجميع يدرك أن هناك قوى خارجية تعبث في المنطقة، وهذا الأمر بات واضحا لا لبس فيه.

لقد أحدث اضطراب التوازن الدولي عقب الحرب الباردة ظهور منطلقات فكرية تؤمن بالقوة والهيمنة برزت لدى المحافظين الجدد، ساعدت في صياغة مشروع استراتيجي أمريكي يتمحور حول سياسة عالمية هجومية، الغاية منها استمرار السيطرة الأمريكية، وبدا واضحا بان نظرية الفوضى تنسجم مع العقلية

الأمريكية، التي تعتقد بان القوي قادر على خلق نظام من رحم الفوضى، بل إن الفوضى هي مراد القوي حتى يحافظ على السيطرة والهيمنة، ووصول المحافظون الجدد إلى الإدارة الأمريكية والمعروفين بتوجهاتهم الفكرية المتطرفة، ساهم في الترويج لنظرية الفوضى الخلاقة داخل أروقة صنع القرار الأمريكي، لتكون محورا للسياسة الأمريكية لاسيما إزاء البلدان العربية. وتقوم تلك السياسة أساسا على الترويج لمبادئ الإصلاح الديمقراطي، بهدف تغيير أنظمة الحكم بفوضى تستطيع من خلالها تأكيد وترسيخ مصالحها في المنطقة العربية، انطلاقا من تأجيج الصراعات العرقية والطائفية، وتقسيم الدول بدعوى حقوق الأقليات، بعد زعزعة الاستقرار الأمني والاقتصادي لها.

الـفـصـل الـخـامـس

نظرية المؤامرة

كان المفكر الأستاذ محمد حسنين هيكل يقول: (ليس كل التاريخ مؤامرة ولكن المؤامرة موجودة في التاريخ، ويضيف إن من لا يجد في كل ما فعله الغرب في المنطقة العربية منذ بدايات القرن الماضي من وعد بلفور، وسايكس – بيكو، إلى إقامة دولة إسرائيل على أرض فلسطين، وما فعله كذلك منذ بدايات هذا القرن، فمن لا يجد في ذلك مؤامرة، فإنه لا يفرق بين التمرة والجمرة).

بعد اندلاع الحرب العراقية الإيرانية عام 1980، أعلن (زبيغنيو بريجنسكي) مستشار الأمن القومي الأميركي في عهد الرئيس جيمي كارتر (أن المعضلة التي ستعاني منها الولايات المتحدة، هي كيف يمكن تنشيط حرب خليجية ثانية تقوم على هامش حرب الخليج الأولى، تستطيع أميركا من خلالها تصحيح حدود سايكس-بيكو). وقد سبق لبريجنسكي أن حث في كتابه (بين عصرين) الصادر عام ١٩٧٠، للاعتماد على الأصوليات الدينية في مواجهة الخطر الشيوعي، ودعا لهيمنة رجال الدين، وإشعال حروب الأديان

والطوائف، وتقوية التيارات الدينية التي لا ترى العالم إلا من زاوية الدين والخلافات الدينية.

وحينما اعتمدت الولايات المتحدة في النصف الثاني من السبعينات مشروع بريجنسكي، القائم على دعم التطرف الديني لمختلف الأديان وليس في الدين الإسلامي فحسب، كانت تهدف إلى إخراج موقف الغرب بقيادة أمريكا من وضعية الدفاع المنهك أمام قوة الشيوعية والاشتراكية المثيرة، وهزيمة الايدولوجيا الرأسمالية، إلى حالة الهجوم المذهل والشديد، وفي كتابه المذكور يرى بريجنسكي أن الرأسمالية تواجه هزيمة أيدولوجية وفكرية محدقة، والمخرج الوحيد للغرب هو إعادة تنشيط (الأصوليات الدينية)، وتأييدها ودعمها، ومن ثم دفعها للصدام مع الشيوعية والاشتراكية وحركات التحرر، الأمر الذي سينجم عنه إلحاق الهزيمة بالشيوعية والاشتراكية بقوة الأصوليات الدينية، وزيادة حظوظ الرأسمالية الأمريكية لإعادة تنظيم العالم تحت قيادتها. وبناء على ذلك اعتمدت الإستراتيجية الأمريكية منذ عهد الرئيس الأمريكي (جيمي كارتر) مشروع دعم الأصوليات الدينية ليس من أجل الدين، وإنما للإطاحة بالشيوعية وحركات التحرر وحماية المصالح الإستراتيجية للغرب، ونتج عن تنشيط وتعاظم الأصوليات الدينية تحقيق ابرز المراحل الأولى للسيطرة على العالم وهي إزالة العقبة الشيوعية، واستنزاف وتعطيل حركات التحرر العربية لاسيما في فلسطين، وضمان حالة الاستسلام للصهيونية، وغزو العراق وهو الهدف الاستراتيجي للقوى الغربية وعلى رأسها الولايات المتحدة، للسيطرة على النفط وتحقيق أمن الكيان الصهيوني.

ومع نهاية عقد السبعينات شهد العالم أبرز تحول جذري في التاريخ الحديث، وهو الانتقال من مرحلة الصراع الشيوعي - الرأسمالي إلى الصراعات الدينية والطائفية والحضارية، وشكل ذلك التحول بداية الانطلاق لصعود التطرف الطائفي الشيعي والسني، وما أن تغير جوهر الصراع وبدأ يأخذ شكلا دينيا بدعم من الصهيونية العالمية، وبزغت ملامح اندثار إستراتيجية محاربة الاستعمار والاستغلال الرأسمالي التي سادت القرن العشرين، حتى انطلقت مرحلة تفتيت وتمزيق الأمة العربية والإسلامية من خلال الفتن الطائفية المقيتة، التي أخذت تحرق الأخضر واليابس بسبب التطرف الشيعي - السني، وتنفيذ المشروع الأمريكي الصهيوني الذي ينسجم مع الحلم الفارسي الرامي إلى استبدال التوازن الطائفي، عبر نشر التشيع بشتى الوسائل ليصبح عدد الشيعة أكثر من السنة أو مقاربا له، ومن ثم إشعال الفتن وفرض الحروب الطائفية على الطرفين، من أجل تمزيق العالم الإسلامي وتقسيم الدول العربية وإنهاء الوجود العربي، وتلك هي أنسب مؤامرة لبداية حروب طائفية طويلة لا يمكن لأحد أن يعلم متى تنتهي.

من الواضح أن مصالح وأهداف الولايات المتحدة الكبيرة في الشرق الأوسط لا تحتاج إلى دليل، فهذه الرقعة الجغرافية تمتاز بموقع استراتيجي فريد، وتحتوي على الكثير من الموارد والثروات الاقتصادية الهائلة، وعلى رأسها النفط ثم (الغاز) الذي أصبح يعتبر الطاقة الرئيسية الهامة في القرن الحادي والعشرين، إلى جانب وجود دولة الكيان الصهيوني الغاصب في فلسطين المحتلة، وهي

الدولة التي وصفها أحد وزراء الدفاع الأمريكيين السابقين بأنها (حاملة الطائرات الأمريكية التي لا تغرق) ، في إشارة إلى عمق العلاقة ومتانة التحالف الذي يربط الكيان الصهيوني بالولايات المتحدة، التي تعتبر أن حماية هذا الكيان وضمان أمنه هو من أولويات سياستها في الشرق الأوسط. ومنذ انتهاء الحرب العالمية الثانية والولايات المتحدة تسعى بكافة الوسائل والطرق غير المشروعة، إلى بسط نفوذها وهيمنتها العسكرية والاقتصادية على دول المنطقة عبر إستراتيجية طويلة المدى، وكان لانتهاء الحرب الباردة وانهيار الاتحاد السوفيتي، الأثر الكبير في إفساح المجال للولايات المتحدة كي تحقق إستراتيجيتها في الشرق الأوسط ، وتصول وتجول في المنطقة كيفما شاءت، مستغلة كل نزاع أو توتر قد يحدث بين دول المنطقة، لزيادة سيطرتها ونشر المزيد من قواتها كما حدث في حرب الخليج الثانية عام ١٩٩١، وهي الحرب التي أدت تداعياتها إلى زيادة النفوذ الأمريكي في منطقة الخليج والشرق الأوسط، وبمباركة من دول المنطقة نفسها.

وخلف إستراتيجية إشعال الحروب الدينية والطائفية، تتوارى أهداف متنوعة تنوي الولايات المتحدة الوصول إليها، من أبرزها:

تفكيك جميع الأمم والشعوب تدريجيا، على أسس ما قبل الأمة والدولة الوطنية، للاستئثار بها والهيمنة عليها ابتداء بالأمة العربية، التي ينبغي تفكيكها عبر الفتن والحروب الطائفية، خاصة أن النظام الرأسمالي للولايات المتحدة دخل مرحلة الشيخوخة، وبات عاجزا عن توفير احتياجات إمبراطورية قامت على الأطماع التوسعية

والاستعمارية، وهيمنة الرجل الأبيض على العالم، بعد أن خططت لفرض السيطرة عليه، بكافة أشكال الخداع الاستراتيجي، وسخرت الإعلام وتقنيات الاتصال الجماهيري الدولي، لاسيما الانترنت لتحقيق التفوق الأمريكي والسيطرة المعلوماتية على العالم، والتي تعتبر أشد خطورة من الهيمنة العسكرية.

تقويض الدولة القومية التي ظهرت في أعقاب الحرب العالمية الثانية، من خلال إذكاء الصراعات الإثنية والطائفية والمذهبية، وخلق وتعظيم رغبة الانفصال لدى العديد من الأطراف المتصارعة في كيانات صغيرة، أو فسيفسائية فاقدة للقوة والقدرة على الاستمرار، وعاجزة عن التطور والنمو الذاتي نتيجة ضعفها ودمار اقتصادها، وانتشار الجهل والفقر، وقد بات الأمر منتظرا في دول عربية ذات مكانة وثقل مثل العراق وسورية واليمن وليبيا، بل ربما يشمل الوضع دول أخرى، بحيث تغدو المنطقة العربية خالية من دولة محورية قادرة على جذب الدول العربية، وبناء قوة ونهضة اقتصادية فعلية.

خلق وفرض مواجهة دينية إسلامية، تضمن التدمير التدريجي لمركز القوة الإسلامية التقليدية عبر صراعات سنية - شيعية، تؤدي إلى تغيير انتماء العالم الإسلامي من دين واحد إلى معسكرين متحاربين لا مكان للتفاهم والتسوية بينهما، ولا سبيل لوقف الصراع إلا بزوال أحد الطرفين، ونظرا لاستحالة التوافق في حالات الحروب الطائفية، فان الصراع بين المسلمين لن يتوقف بل سيمتد إلى عدة أجيال، حتى يقضي على المسلمين والعرب على

وجه الخصوص، وتغدو الأمة الإسلامية أمام المجتمع الدولي، أعداء للسلام محاربين لا يعرفون الأمن والأمان ولا ينسجمون مع الاستقرار، تحركهم أهواؤهم وأحقادهم، غير مؤهلين للتعايش مع المجتمعات الأخرى، مما يؤدي إلى بناء وتعزيز توافق عالمي على أن الخلاص من الإسلام والقضاء على المسلمين، هو الحل الأمثل لزوال الخطر الذي يهدد العالم. ولا شك أن استمرار الحروب والصراعات وما ينتج عن ذلك من دمار هائل، سيؤدي إلى تحريك وتنشيط الاقتصاد الأمريكي بشكل كبير، ومن ثم إنعاش الصناعات العسكرية التي ستحتاجها الدول والجماعات المتصارعة، وعلى المدى البعيد فإن الكيانات الناشئة على دمار مدنها، ستكون بأمس الحاجة لإعادة الإعمار الذي سيفتح السوق على مصراعيه للشركات الأمريكية والأوروبية.

إنشاء توازنات جيوسياسية تسمح للولايات المتحدة باستمرار سيطرتها على المنطقة، والضغط على القوى الإقليمية الكبرى وإجبارها على التنسيق معها، ولهذا نشطت للوصول إلى اتفاق نووي مع إيران، خاصة أنها بدأت تخطط للتخفيف من حجم انتشارها في المنطقة والتوجه إلى جنوب شرق آسيا.

ومن المعروف أن لإسرائيل أيضا أجندتها التي تحتوي على أهداف إستراتيجية كبيرة وخطيرة من وراء دعم التطرف الإسلامي وتأجيج الصراع الطائفي، من ضمنها:

تضليل العالم بأن الحروب القائمة في المنطقة، ليست للمطالبة بحقوق شعب اغتصبت أراضيه، إنما هي صراعات دينية طائفية عرقية، وهذا سيؤدي إلى تبدد وتصدع الرأي العام العالمي، ولذلك فان العالم سوف ينقسم على أساس ديني، وليس حقوقي عند تحديد موقفه من الصراع بين العرب والكيان الصهيوني، وتلك هي الفرصة التاريخية لإسرائيل لتحقيق كامل أهدافها مادام الحق القانوني الفلسطيني والعربي قد اختفى تحت غطاء ديني زائف .

تحقيق الهدف الإسرائيلي الأول، وهو الاعتراف بيهودية الدولة الإسرائيلية، على اعتبار أن كافة الأطراف الإسلامية وغير الإسلامية، تعمل باسم الدين وتحارب تحت رايته، بهدف إقامة دول أو إمارات دينية، فالاعتراف الدولي بإسرائيل ومعاهدات السلام العربية الإسرائيلية وتطبيع بعض العواصم العربية لعلاقاتها مع تل أبيب، كانت غير كافية لشرعنة الوجود الإسرائيلي في فلسطين وتهويد القدس ومعظم الضفة الغربية، لأن تمرير مشروع إعلان يهودية الدولة الإسرائيلية، يقتضي إنشاء دويلات صغيرة في المنطقة تقوم على أسس دينية، وهذا ما أفصح عنه (بنيامين نتنياهو) حينما قال بأن (المشكلة مع الفلسطينيين ليست حول الأرض بل حول الاعتراف بيهودية الدولة الإسرائيلية)، الأمر الذي يوضح الأهداف الصهيونية المبيتة في هذه المرحلة الحرجة التي اجتاحت المنطقة العربية من مشرقها إلى مغربها، يضاف إلى ذلك أن تفاقم الخلافات واستفحال الصراعات الطائفية والمذهبية والإثنية في البلدان العربية، يجعل الحلم الصهيوني الكبير أقرب إلى الواقع، وتغدو إسرائيل دولة دينية محورية وذات ثقل سياسي ودور

ريادي في محيط من الدويلات الطائفية. فالمراهنة الإسرائيلية منصبة على ولادة كيانات هزيلة تتصارع فيما بينها من اجل بقاء إسرائيل القوة الأولى في المنطقة، ومن ثم إنهاء فكرة وجود دولة فلسطينية مستقلة، وإغلاق ملف اللاجئين الفلسطينيين بتوطينهم في تلك الكيانات الجديدة.

المحافظة على إدامة الصراع الداخلي في بعض الأقطار العربية، من أجل تمويه وخداع المجتمع الدولي بأن الإسلام عدواني وأدواته الإرهاب والعنف والقتال، وليس البر والإحسان وقوة الدليل والبرهان كما هو في حقيقته، وان المسلمين بدائيين وأشرار بطبيعتهم يتعايشون مع الحروب والخراب، ولا يدركون قيمة الأمن والسلام والحياة السلمية! ولعل الأحداث الدامية ومشاهد إراقة وسفك الدماء التي وقعت في بعض الأقطار العربية باسم الإسلام، هي تجسيد فعلي للأهداف الإسرائيلية، وحينما يرسخ ويستقر هذا الإفك والهذيان في ذهن المجتمع الدولي، فانه سوف يقبل الدعم الغربي لإسرائيل لمواصلة جرائم القتل والبطش والترويع ضد المسلمين بلا رحمة، ودون أن تخسر إسرائيل التعاطف داخل أوروبا، بينما يفقده المسلمين.

إقحام الدول العربية في حروب داخلية كما جرى في (العراق وسوريا واليمن وليبيا) وغيرها، للتخلص من التهديدات التي قد تواجه إسرائيل، إضافة إلى توريطها مع الشيعة في حروب مذهبية طويلة تؤدي إلى تدمير القدرات العربية وولادة دويلات هزيلة غير قادرة

على حماية نفسها، وتحقيق الحلم الصهيوني (أرضك يا إسرائيل من الفرات إلى النيل).

لقد بات الوضع العربي مضطربا بشكل لم يسبق له مثيل، والمؤامرات حاضرة وفكرتها موجودة منذ بداية تكون المجتمعات الإنسانية ونشوء الدول، لكن المجتمعات المدركة والراشدة لا تخضع للمؤامرة ولا تقع في شراكها، وتأبى النظر بعين الضعف والوهن لخيوط المؤامرة التي ينسجها الأعداء، بل تتصدى لكل مؤامرة بأخرى مقاومة لها، من خلال اليقظة المتواصلة لرصدها وتعقب خيوطها ومقاصدها، وتحصين الفجوات التي قد تستغل لاختراق المجتمع. في حين أن المجتمعات العاجزة والمتراخية تتعامل مع المؤامرة بطريقة ما ورائية، حيث يسود إحساس واعتقاد، مفاده أن الإذعان والامتثال للمؤامرة والوقوع في دسائسها أمر حتمي لا مفر منه، فطالما أن الأعداء يخططون ويتربصون، فسوف يصلون إلى مآربهم، ولذلك لا مخرج من حالات اليأس والضعف والاستعباد الكامنة في النفوس.

نظرية المؤامرة بين القبول والرفض

يبالغ البعض حينما يعتقدون بان سياسة الاتزان والعقلانية، هما القاعدتان اللتان تضمنان سلوك الأفراد وتحكمان علاقات الدول فيما بينها، فالوقائع التاريخية برهنت على أن نزاع المصالح الذي يتمحور بحالات متباينة هو وضع قائم لا محالة على الساحة الدولية، ويبدو أن سنة التدافع بين البشر هي التي فرضته، وتستدعي في بعض نواحيه نسج خيوط المؤامرات وفقا لمصالح

فاسدة أو غايات نبيلة. ولعل في ما كاده إخوة النبي يوسف حينما اتفقوا على قتله وتركه في أرض بعيدة، بعدما سمعوا رؤيته التي أراد له والده يعقوب بحكم نبوته أن لا يرويها لهم، فيكيدوا له كيدا، (قال يا بني لا تقصص رؤياك على أخوتك فيكيدوا لك كيدا)[10]، فألقوه في البئر وعادوا إلى والدهم مدعين أن الذئب قد أكله، لدليل قاطع على تأكيد وجود المؤامرة.

وتؤكد نظرية المؤامرة أن أحداث الحادي عشر من سبتمبر/ أيلول ٢٠٠١ التي وقعت على برجي التجارة في نيويورك، كان عملا مدبرا من أجل ترسيخ تهمة الإرهاب بالمسلمين، واتهامهم بتدبير الحادث المأساوي وما نجم عنه من غزو للشرق الأوسط والعالم الإسلامي، وهنالك تفسيرات ربطت نظرية المؤامرة بأثرياء العالم من الكيان الصهيوني، أمثال سلالة عائلات (روتشيلد) و (روكفيلر) وغيرهم بالوقوف خلف تلك النظرية.

وقد دافع الكثيرون من غير العرب والمسلمين عن حقيقة وجود المؤامرة، كما سلم العديد من الكتاب والباحثون بالنظرية، مثل الكاتب الانجليزي (ديفيد آيك) والروائي الأمريكي (دان براون) وغيرهم، وبحثوا فيها وحاولوا تفسير الأحداث الكبيرة في العالم كالحروب وتجارة السلاح بطرح النظرية، وازداد حجم المؤمنين بالنظرية حتى باتت أمرا واقعا بالنسبة للأمم. ويعتقد البعض أن

انتشار النظرية في العالمين العربي والإسلامي بقوة، كان بسبب ارتباطها الشديد بأزمات المنطقة واشتعال الحروب فيها، ولاسيما قضية الصراع العربي الإسرائيلي واحتلال فلسطين وظهور التنظيمات الإرهابية التكفيرية، ومؤخرا رياح الفوضى التي اجتاحت البلدان العربية، لهذا شاعت النظرية في منطقتنا ووجد العديد من أنصارها أن هنالك علاقة وصلة وثيقة ما بين قضايا المنطقة ونظرية المؤامرة لأسباب كثيرة، منها مديونية الدول والاقتصاد المنهار، والفقر والبطالة وفساد الأنظمة. أما مناهضو النظرية فقد حاولوا استبعادها ونفي وجودها، واتهموا أنصارها بالخرف والمرض النفسي، غير أن المختصين من الرافضين لها اتفقوا في نهاية الأمر على أن الأطروحات هي مجرد نظرية تحتمل الثبوت أو النفي، وفي هذا الإطار فان النفي الكامل غير مقبول، والثبوت القاطع أيضا غير متوافر. في حين أن الفئة التي تنفي وجود المؤامرة في العالم العربي رغم قلتهم، تعاملوا معها بوصفها تخريف ومثار للتهكم والسخرية، دون إفساح المجال لمحاولات جادة تسعى لإثبات صحة النظرية.

لكن من غير المقبول تفسير الدور الخفي لإسرائيل، وخلفها الولايات المتحدة في إثارة الفتن والفوضى تحت مسمى ثورات الربيع العربي، وسعيهما إلى تفجير الانفلات الأمني وضرب الاستقرار وتقسيم دول المنطقة، بمعزل عن المؤامرة، لأن إسرائيل ولدت بمؤامرة، وتوسعت بمؤامرة، وتمكنت من تدمير العراق بمؤامرة، ونجحت في إقصائه من موازين القوى في المنطقة، وإبعاده عن الصراع العربي الإسرائيلي، واختلقوا ما عرف بالفوضى

الخلاقة، وحينها انتشرت فرق الموت والاغتيالات والتفجيرات، ولاحت نذر الحرب الأهلية بين السنة والشيعة، وساهمت الولايات المتحدة في صناعة الانفلات الأمني، بدعوى أن الفوضى التي سادت في العراق سوف تبرد مثل الكون وسينتج عنها في النهاية وضعا مستقرا.

بعد احتلال العراق اتضحت خيوط المؤامرة على سوريا، فما جرى على الأرض السورية مؤامرة مرسومة ومفضوحة، وتدمير مقصود وممنهج للوطن والشعب والدولة وقدراتها العسكرية والسياسية والوطنية والقومية، بل إن سوريا تعرضت لأكبر المؤامرات في تاريخها، فبعد انكشاف وهم وخديعة المرحلة الأولى من المؤامرة، التي ظهرت بعنوان الديمقراطية والإصلاح والتغيير باسم (الثورة السورية) خلال ربيع صهيوني من صنع الإدارة الأمريكية وإسرائيل، وتقديم المال والسلاح لمختلف الجماعات الإرهابية من جبهة النصرة والجيش الحر وغيرهم إلى تنظيم (داعش) الأكثر ظلامية ودموية وتطرف، حيث كان أردوغان الطامع بعودة الخلافة العثمانية أحد أهم الحلفاء في المشروع الأمريكي الصهيوني، هذه المرحلة التي ما أن انطلقت من درعا واتضحت حماقتها، حتى بدأت المرحلة الثانية من المؤامرة تحت عنوان واضح هو (إسقاط النظام)، ومن ثم إسقاط جيش عربي آخر، تنفيذا لمشروع الشرق الأوسط الجديد.

لكن تبقى مصر هي الجائزة الكبرى والهدف الرئيسي للمؤامرة الصهيونية الأمريكية، لاسيما بعد أحداث ٢٥ يناير، ويتذرعون

بمزاعمهم حول انهيار الأمن في سيناء، وأنها تحولت إلى بؤر لتنظيم القاعدة، رغم أن الأسلحة التي تدخل سيناء تأتي من إسرائيل. لقد قال (ريتشارد بيرل)١١ وهو أحد مهندسي الحرب على العراق: (إن العراق هو الهدف التكتيكي، والسعودية الهدف الاستراتيجي، أما مصر فهي الجائزة الكبرى بالنسبة لنا) . لكن الجيش المصري تمكن من القيام بدور أساسي في حماية مصر من الانهيار وإفشال مخططات إسقاط الدولة، بعد أحداث يناير ٢٠١١ التي كانت تهدف إلى نشر الفوضى الخلاقة في مصر واستهداف الشرطة، والتآمر عليها وضرب مراكزها، وفتح السجون في وقت واحد وإخراج المجرمين منها ليعيثوا فسادا في الأرض.

ظهر مصطلح نظرية المؤامرة للمرة الأولى عام ١٩٢٠ في مقال اقتصادي، لكنه انتشر على نحو واسع وجرى تداوله عام 1960، وأضيف إلى قاموس أكسفورد عام ١٩٩٧، والمؤامرة تعني الاعتقاد بأن الأحداث التاريخية أو الحالية هي نتيجة لتدبير قوى خفية، ويتوقف نجاحها أو فشلها على مجموعة من العوامل، أبرزها التخطيط المحكم والحسابات الدقيقة، ومدى قوة ونفوذ الجهة المتآمرة، إلى جانب قوة الطرف المستهدف أو ضعفه. والمنهج

---

١١ سياسي يهودي أمريكي، شغل منصب مساعد وزير الدفاع في عهد الرئيس الأمريكي رونالد ريغان، مستشار المعهد اليهودي لشؤون الأمن القومي في الولايات المتحدة، أحد مهندسي الحرب على العراق، وأحد أعمدة (تيار الصقور) في إدارة جورج بوش الابن، عرف في الأوساط السياسية الأمريكية بلقب (أمير الظلام) و (دراكولا). كان أحد أهم منظري السياسة الأمريكية العدائية للعرب ومن أبرز المؤيدين للتخلص من الرئيس صدام حسين، وطالما دعا إلى احتلال منابع النفط السعودية وقطع العلاقات معها.

الوسطي يسلم بوجود المؤامرات المتواصلة والمستمرة التي تحاك في السر والعلن، ويعتقد أنها جزء من نهج المجتمع البشري التي لا تتوقف، لكنه لا يؤمن بوجود مؤامرة خلف حدث معين إلا حينما يلمس ما يؤكد ذلك. قال تعالى) وَقَدْ مَكَرُواْ مَكْرَهُمْ وَعِندَ اللَّهِ مَكْرُهُمْ وَإِن كَانَ مَكْرُهُمْ لِتَزُولَ مِنْهُ الْجِبَال)١٢.

تباينت الآراء والمواقف حول فكرة المؤامرة، فهناك فريق ينفي وجودها أصلا ويصفها بالخرافة، استنادا إلى أن لكل دولة الحق في إن تحدد مصالحها وتعمل على تحقيقها، وأمريكا لديها مصالح في المنطقة ومن حقها أن تدافع عنها، وبالتالي فان بعض المفكرين أطلقوا فكرة المؤامرة لتبرير سياسات محددة أو الدفاع عن أخرى، وهناك فريق يقبل بها نسبيا ويرى أن التآمر غريزة بشرية، يجنح لها البشر بنسب متفاوتة وحسب موازين القوى. لكن الأمر لا يتوقف عند هذين الفريقين، فهناك فريق ثالث أقر بوجود المؤامرة، وسلم بها على أنها الخطط التي تضعها الأمم للمحافظة على مصالحها الحيوية، بصرف النظر عما إذا كانت تلك المصالح مشروعة أو غير مشروعة ووسائلها نزيهة أم خبيثة، ومن ثم فهي فعل وممارسة من ضمن النشاطات السياسية للدول، والمسألة تكمن في أن الأمة إما أن تعمل على صياغة الخطط المتعلقة بمستقبلها، أو أن تبقى ضمن أهداف وأطماع الآخرين، وبالتالي فان الأمة التي تتخلى عن رسم إستراتيجيتها، تتحول إلى محل

لمؤامرات وعبث القوى الخارجية. وأصحاب هذا الرأي يعتبرون المؤامرة حقيقة وليست خرافة، حيث يجري تفسير الأحداث والمستجدات الخطيرة التي قد تطرأ في مجتمع ما، استنادا إلى المخططات القائمة التي يصنعها أطراف دون إدراك الآخرين، وتهدف إلى استغلال الشعوب والدول والسيطرة على ثرواتها.

المخطط الشيطاني

يعتبر المفكر (ويليام غاي كار)١٣ مؤلف كتاب (أحجار على رقعة الشطرنج) أحد ابرز أنصار نظرية المؤامرة، حيث بدأ التنظير للفكرة انطلاقا من تجربته التي خاضها عام ١٩١١، حينما انطلق لممارسة نشاطه السياسي بعد انخراطه في تنظيم سري بولاية فلوريدا الأمريكية، وتدرج في السلم التنظيمي حتى وصل إلى أعلى المواقع، واكتشف أن الحروب والثورات ما هي إلا مؤامرات، يتولى تنفيذها أطراف وجماعات لصالح جهات خفية ذات نفوذ وقدرات هائلة، هدفها التحكم والاستئثار بثروات وموارد الشعوب. وفي عام ١٩٥٨ قرر الاعتزال، ثم شرع في كتابة مذكراته، والكشف عن كل ما

---

١٣ باحث وأستاذ جامعي كندي، درس العلوم (التوراتية)، زار فلسطين وأقام فيها مدة من الزمن، ودرس بالجامعة (العبرية) في القدس، كما زار عدة دول في الشرق الأوسط. كان ضابطا في سلاح البحرية البريطاني، وعمل في الاستخبارات، والمكتب الإعلامي الصهيوني، أتقن العربية والعبرية، كاتب وله مجموعة من المؤلفات من بينها (اليهود وراء كل جريمة) وكتاب (سرقة أمة) قدم فيه القضية الفلسطينية من مختلف جوانبها، وأثبت (بطلان الحق التاريخي لدى اليهود) بصورة علمية وموثقة. توفي عام ١٩٥٩ في ظروف غامضة جدا، و لم تذكر الصحف شيئا عن وفاته، الأمر الذي أشار إلى أن وليم كار تم إخراجه من الحياة، لأنه كان عقبة أمام المؤامرة الشيطانية، كما أغلقت المكتبات التي تحتوي على مؤلفاته.

بحوزته من أسرار ومعلومات حول تاريخ التآمر ومدارسه المنتشرة في العالم. وحسب (وليم كار) فإن مؤسس نظرية المؤامرة في العالم الحديث هو الألماني (آدم وايز هاوبت) ، الذي عمل أستاذا يسوعيا للقانون في جامعة (إنغولد شتات) الألمانية، وارتد عن المسيحية بعد أن كان أحد رجال الدين المسيحي، واعتنق الإلحاد وساهم عام ١٧٧٠ بطلب من عائلة (روتشيلد اليهودية) الألمانية، تنظيم (مؤسسة روتشيلد) لمراجعة وإعادة تنظيم البروتوكولات القديمة على أسس حديثة، والهدف من هذه البروتوكولات هو التمهيد لكنيس الشيطان للسيطرة على العالم، وفي عام ١٧٧٦ أكمل (وايز هاوبت) تأسيس (كنيس شيطاني) أطلق عليه اسم جماعة (النورانيين) ، ومخططه تدمير الأديان والحكومات من خلال تقسيم الشعوب إلى فئات خيرة وفئات شريرة، حيث الشر يجب أن ينتصر على الخير عبر التآمر وإشعال نار الفتن، تمهيدا للسيطرة على العالم، عن طريق فرض عقيدة الإلحاد والشر على كافة الشعوب.

في البداية اتخذ (وايزهاوبت) من مدينة فرانكفورت مقرا رئيسيا للعمل التنظيمي، واستمر يعمل في ألمانيا بتمويل من عائلة (روتشيلد) إلى ما قبل نهاية القرن الثامن عشر، وفي عام ١٧٨٤ أرسل وثيقة من مخططه الشيطاني إلى جماعة (النورانيين) الذين أوفدهم إلى فرنسا لإشعال الثورة فيها، ولكن حامل الوثيقة تعرض إلى صاعقة من السماء أودت بحياته في منطقة (راتسبون) عندما كان في طريقه من فرانكفورت إلى باريس، مما أدى إلى العثور على الوثيقة من قبل رجال الأمن الذين قاموا بتسليمها إلى السلطات

المختصة في حكومة بافاريا، وبعد أن درست الحكومة وثيقة المؤامرة أصدرت أوامرها باقتحام محفل الشرق الأكبر ومداهمة منازل أتباعه، وأغلقت المحفل عام ١٧٨٥ واعتبرت جماعة النورانيين خارجين عن القانون، ثم قامت الحكومة البافارية بنشر تفاصيل المؤامرة، وأرسلت نسخ منها إلى كبار رجال الدولة والكنيسة، ولكن تغلغل (النورانيين) في أجهزة الدولة ونفوذهم حال دون التأثير عليهم.

بعد أن انكشف سر وايز هاوبت تحول إلى سويسرا، ووضع المخططات التي يمكن أن يسيطر من خلالها على العالم، عبر الحروب والثورات المنظمة لتدمير جميع الحكومات والأديان، وخلق قوى متناحرة ومتصارعة في المجتمعات غير اليهودية التي يسمونها الجوييم، وجعلها في حالة حرب مستمرة حتى تنهك وتخرج عن القوانين وتكفر بالأديان، فيصبح من السهل على هؤلاء الشياطين التحكم في تلك المجتمعات المتخمة بالأعباء والديون، واستغلالها حسب مصالحهم وأهوائهم، وقد احتوى مخطط وايز هاوبت على استخدام الوسائل التالية:

استخدام الرشوة بالمال والجنس، من أجل السيطرة على الأفراد الذين يتولون مراكز قيادية في جميع الحكومات، وفي مختلف مجالات النشاط الاجتماعي والإنساني.

تشجيع النورانيين وترغيبهم في اللجوء إلى العمل كأساتذة في الجامعات والمعاهد العلمية، حتى يتمكنوا من التأثير على الطلاب النابغين والمتفوقين من الأسر العريقة، واستغلالهم وتغريرهم

بأنفسهم بحكم تفوقهم، ومنحهم الشهادات والألقاب والمنح لإغوائهم وإقناعهم بالانضمام إلى المحافل النورانية.

تأهيل الشخصيات من أصحاب النفوذ، والطلاب المتفوقين ممن تم استقطابهم ورعايتهم، وتمكينهم من تولي المراكز القيادية لدى جميع الحكومات، حتى يتمكنوا من توجيه سياسات تلك الحكومات، بما يخدم على المدى البعيد سياسة وأهداف مخططات النورانيين في القضاء على جميع الحكومات والأديان.

في أعقاب الحرب العالمية الثانية، انتقل النورانيين من سويسرا إلى نيويورك، وقاموا بتأسيس أول محفل ماسوني نوراني سمي بمحفل كولومبيا، مستفيدين من المذهب البروتستانتي الذي لا يتعارض كثيرا مع التطلعات الماسونية، وهذا الانتقال جعل النورانيين ينشطون في البلدان البروتستانتية مثل الولايات المتحدة وبريطانيا واستراليا وشمال أوروبا. وبدأ يبرز اسم النورانيين ونشاطهم في الولايات المتحدة، وحظيت أفكارهم بإعجاب الماسونيين، فطلب وايز هاوبت من أتباعه الاندماج معهم، والتسلل إلى صفوف ومحافل جمعية الماسونية الزرقاء١٤، مع

---

^{١٤} هي الدرجات الثلاث الأولى للماسونية، وتعتبر (رمزية)، و تبدأ بدرجة التلميذ وهي للعضو الجديد في المحفل، والدرجة الثانية هي درجة أصحاب المهنة، وفيها يبدأ العضو بمعرفة رموز الماسونية و تفاصيلها، أما الثالثة فهي درجة الأستاذ. ويطلق على تلك الدرجات الماسونية الزرقاء. وهذه الدرجات حسب (ألبرت بايك) هي فقط البلاط الخارجي للهيكل، وبعض الرموز يتم كشفها للعضو الحديث، لكن يجري تضليله بتفسيرات خاطئة للرموز، فليس الهدف أن يفهمها وإنما أن يعتقد بأنه يفهمها، لأن تفسيرها الحقيقي محصور بخبراء وأمراء الماسونية.

عدم السماح بالانضمام للمذهب النوراني إلا للماسونيين الذين برهنوا على ميلهم للأممية، وظهر في سلوكياتهم ميول نحو العقيدة الشيطانية، وتكوين جمعية سرية في قلب التنظيمات السرية، وقد تم ذلك في مؤتمر فيلمسباد عام ١٧٨٢ وبذلك اندمجت النورانية بالماسونية، واحتل النورانيون قمة الهرم الماسوني، وأصبحوا نخبة الماسون، وقد نتج عن هذا الاندماج امتداد النورانيين في الدول التي ينتشر بها المذهب البروتستانتي.

من المؤكد أن المؤامرة الخارجية موجودة ولا يمكن لعاقل أن ينفي وجودها، رغم أن البعض لا يؤمن بالمؤامرة اعتقادا منهم بأنها وهم اخترعه العرب لتبرير أسباب انتكاساتهم المتوالية، باعتبارها خديعة ووهم وكذب وتضليل وسراب. والحقيقة أن من يشككون بوجود المؤامرة ويصدون الناس عنها، هم ذاتهم ينسجون مؤامرة لحجب الأبصار عن الحقيقة، وهم بهذه الدعوة إنما يعبثون بعقول البشر، ويعرقلون سعيهم في الفهم وقراءة الأمور بشكل واقعي.

بعد وفاة وايز هاوبت، اختار (النورانيون) عام ١٨٣٤ الفيلسوف والسياسي الايطالي (جيوسيبي مازيني) مديراً لبرامجهم التخريبية لإثارة الاضطرابات في العالم، وبعد ستة أعوام من العمل تمكن مازيني من تنظيم الجنرال الأمريكي (ألبرت بايك) في جماعة النورانيين، الذي ما لبث أن أصبح زعيما للتنظيم، وبدأ عمله عام ١٨٤٠ في بلدة ليتل روك في ولاية أركنساس الأمريكية، ونظرا لخبرته في الجيش الاميركي قام (بايك) بإعادة تنظيم جماعة النورانيين برؤية عالمية، استنادا إلى ضوابط عسكرية حديثة، فعمل على

تأسيس ثلاثة مجالس عليا عرفت باسم (البالاديه)، المجلس الأول أقيم في مدينة تشارلستون بولاية كارولينا الجنوبية، والثاني في مدينة روما الايطالية، أما الثالث فكان في برلين الألمانية. وكلف صديقه (مازيني) بتأسيس ٢٣ مجلساً في أوروبا، مع الإبقاء على المجلس السويسري باعتباره من أقدم التنظيمات النورانية على مستوى العالم.

ويقول وليم كار في كتابه الذي أشرنا إليه، أن (ألبرت بايك) قدم عدة خطط وسيناريوهات بين عام ١٨٥٩ وعام ١٨٧١ لصناعة ثلاث حروب عالمية كبرى، تنتهي مع نهاية القرن العشرين، وتدفع النورانيين إلى اعتلاء عرش العالم، وتجهيز الأرض لملكهم المنتظر، ويضيف إن إحدى رسائل (بايك) المؤرخة في شهر آب / اغسطس ١٨٧١ موجهة الى جيوسيبي مازيني، وموجودة حاليا في المتحف البريطاني، وقد أفصح (بايك) في هذه الرسالة عن وصوله إلى إلهام خارجي سيمكنه من وضع مخططه موضع التنفيذ، وذلك عبر تأسيس حركات عالمية مؤثرة، وهي الشيوعية والنازية والصهيونية السياسية، واستخدامها في افتعال (ثلاث حروب عالمية) على مدى عدة أجيال، تقضي على القوى والمجتمعات الكبرى، وتصل بالنورانيين لاعتلاء عرش العالم والتمهيد لملكهم المنتظر.

والملفت للنظر أن هذه الخطة ورغم مرور قرن ونصف عليها، إلا أنها نفذت بكاملها، ولا زالت تطبق حتى هذا العصر وبصورة مدهشة، الأمر الذي جعل الكثير من الباحثين يطلقون عليها (نبوءات ألبرت بايك) ، رغم أن الحرب العالمية الثالثة لم تندلع

حتى يومنا هذا، وفيما يلي التفاصيل الواردة في مخططه لتحقيق النظام العالمي الجديد.

الحرب العالمية الأولى

والغاية منها تهيئة المجال للنورانيين للإطاحة بحكم القياصرة في روسيا، وجعل تلك المنطقة معقل الحركة الشيوعية الإلحادية، وتحويل روسيا المسيحية إلى دولة ملحدة، ومن ثم استخدام الشيوعية كمذهب لتدمير الحكومات الأخرى وإضعاف الأديان.

الحرب العالمية الثانية

وينبغي تغذيتها عبر استغلال الاختلافات بين الفاشيين والصهيونية السياسية، وتقديم هذه الحرب على أنها ستؤدي إلى إبادة النازية وتعاظم قوة الصهيونية السياسية، حتى تتمكن هذه الأخيرة من إقامة دولة يهودية في فلسطين، كما يجب استمرار دعم الشيوعية حتى تصل بقوتها إلي مرحلة تعادل فيها مجموع قوى العالم المسيحي، ثم إيقافها عند هذا الحد، حتى يبدأ العمل في تنفيذ المرحلة التالية.

الحرب العالمية الثالثة

وهي حرب كما حددها (ألبرت بايك) بين الصهيونية السياسية ممثلة في إسرائيل والدول الإسلامية، ويشترك فيها حلفاء كلا الجانبين، بحيث تخرج جميع الدول منهكة من تلك الحرب عسكريا واقتصاديا، ويقول سنعمل على تقسيم الدول التي نجت من هذه

الحرب إلى دويلات صغيره، تتحارب فيما بينها حتى نستنزفهم ماديا ومعنويا وروحيا، وحينئذ ستبحث الشعوب عن أمل في السلام العالمي يخلصهم من هذا البلاء، ولن يجدوا مفر من اللجوء إلى نظام عالمي يعتمد على الوحدة العالمية والحكومة الوحيدة، وهو النظام الذي قمنا بتجهيزه مسبقا. وهذا ما ورد في البروتوكول الثالث من بروتوكولات حكماء صهيون الذي جاء فيه: (نستطيع اليوم التأكيد على أن هدفنا قد اقترب، فلم يبقى بيننا وبين الوصول إليه سوى مسافة قصيرة، وبنظرة إلى الوراء ندرك أن الطريق الطويلة التي اجتزناها أوشكت على الانتهاء، ثم تقفل الأفعى الرمزية (شعار الصهيونية) دورتها، وهذه الأفعى هي رمز شعبنا في قيامه بهذه المراحل. وحينما تغلق الدائرة ستكون دول أوروبا محصورة فيها بأغلال لا تكسر) .

وفيما يلي جزء من نص رسالة (ألبرت بايك) والموجودة في المتحف البريطاني:

(سوف نطلق العنان للحركات الإلحادية والحركات العدمية الهدامة، وسوف نعمل لإحداث كارثة إنسانية عامة، تبين بشاعتها ألا متناهية لكل الأمم نتائج الإلحاد المطلق، وسيرون فيه منبع الوحشية ومصدر الهزة الدموية الكبرى، وعندئذ سيجد مواطني جميع الأمم أنفسهم مجبرين علي الدفاع عن أنفسهم حيال تلك الأقلية من دعاة الثورة العالمية، فيهبون للقضاء على أفرادها محطمي الحضارات، وستجد الجماهير المسيحية آنذاك أن فكرتها اللاهوتية قد أصبحت تائهة غير ذات معنى، وستكون هذه

الجماهير متعطشة إلى مثال تتوجه إليه بالعبادة، وعندئذ يأتيها النور الحقيقي من عقيدة الشيطان الصافية، التي ستصبح ظاهرة عالمية، والتي ستأتي نتيجة لرد الفعل العام لدى الجماهير، بعد تدمير المسيحية والإلحاد معا وفي وقت واحد).

ويؤكد وليم كار أن (النورانيين)، ساهموا بالفعل في تأسيس حركات عالمية (الشيوعية والنازية والصهيونية) لتدمير الحكومات والأديان، ونجحوا في افتعال الحروب العالمية، وكان لهم دورا في تدمير القيصرية في روسيا ودعم الشيوعيين للوصول إلى الحكم لنشر الإلحاد والتحلل الخلقي، كما كان لهم دور في إثارة الخلاف والنزاع الذي اندلع بين النازية والصهيونية لتبرير قيام دولة إسرائيل في فلسطين.

حكومة العالم الخفية

منذ انهيار الإمبراطورية الرومانية في أواخر القرن الرابع، وحتى عصور الظلام في أوروبا كان اليهود يواجهون اضطهاد ملوك أوروبا، وذلك بسبب سيطرة المرابين اليهود على اقتصاديات البلاد وإنشاء المصارف، وقد عبر زعماء الكنيسة عن رضاهم التام لاستمرار الحملات الصليبية، للتخفيف من النفوذ اليهودي في دول أوروبا وسيطرتهم على اقتصاد البلاد، وأصدروا القوانين للحد من الربا الفاحش الذي كان يمارسه المرابين اليهود، والممارسات غير المشروعة التي كانت تعطيهم امتيازات اقتصادية على منافسيهم من غير اليهود. وصدر عن المؤتمر المسكوني الرابع الذي عقدته الكنيسة الكاثوليكية مراسيم تقضي بتحديد إقامة اليهود، وظهرت

بذلك الأحياء الخاصة بهم، غير أن الكنيسة بكل سلطانها ودعم قادة الدول لها، لم تنجح في تحجيم إمكانيات المرابين اليهود، الذين تمكنوا بدهائهم من إضعاف دور الكنيسة وفصل الدين عن الدولة، ونشر الفكر العلماني في أوروبا وإشعال الثورات. لكن الدول الأوروبية لم تقف مكتوفة الأيدي، ولم تلتزم الصمت إزاء هذا الحال، بل نشطت في ملاحقتهم، فقامت الحكومة الفرنسية بطردهم عام ١٢٥٣ وأجبرتهم على الهجرة إلى إنجلترا، وهناك نجحوا بالسيطرة على عدد من كبار رجال الدين والنبلاء والإقطاعيين، إلى أن أصبح (هارون أوف لينكولن) اليهودي أغنى رجل في إنجلترا. وبعد فضائح الرشوة والفساد التي اتهم فيها المرابون اليهود بانجلترا عام ١٢٥٥، وحكم على ثمانية عشر يهوديا بالإعدام وهي العملية التي تورط فيها جماعة النورانيين، أصدر الملك إدوارد الأول قانون منع بموجبه اليهود من أعمال الربا، ثم قام بطردهم لعدم انصياعهم للقانون، وتبعه بذلك ملوك أوروبا وقاموا بطرد اليهود من بلادهم، حيث شهد التاريخ طرد فرنسا لليهود عام ١٣٠٦، وسكسونيا عام ١٣٤٨، وهنغاريا عام ١٣٦٠، وبلجيكا عام ١٣٧٠، وسلوفاكيا عام ١٣٨٠، والنمسا عام ١٤٢٠، وإسبانيا عام ١٤٩٢.

بعد طرد اليهود من دول أوروبا بعث الحاخام (شيمور) المسؤول الديني في أوروبا، رسالة إلى الحاخام الأمير في الأستانة يسأله رأيه فيما حصل وما الذي ينبغي فعله، جاء الرد موقعا باسم أمير اليهود على النحو التالي: (أنصحكم بإتباع وسيلة (حصان طروادة) وأنصحكم أيضا بجعل أولادكم قساوسة وكهنة ومعلمين ومحامين

وأطباء، حينها سوف تتمكنون من الدخول إلى عالم المسيحية وتقويضه من الداخل) . لكن القوى الخفية اليهودية كان لها دورا كبيرا في عودة اليهود إلى بعض الدول الأوروبية التي جرى طردهم منها.

وبدأت جماعة النورانيين اليهودية بالتخطيط والإعداد لمؤامرة ضد المسيحية، انتقاما لما فعله قادة وملوك أوروبا باليهود، ونجحت تلك الجماعة في تقسيم المسيحية إلى طائفتين متحاربتين، هما طائفة الكاثوليك وطائفة البروتستانت، وتمكن اليهود عبر الشبكات السرية من إدخال مجموعات كبيرة من المجرمين والإرهابيين إلى انجلترا، من أجل زعزعة الاستقرار وإثارة الفتن والاضطرابات داخل إنجلترا، وقاموا بتنفيذ عمليات تخريبية منظمة نتج عنها خلافات حادة بين الكنيسة والدولة، وأسسوا (الكالفينية) كمذهب ديني جديد لشق الصف المسيحي، وأصبح فيما بعد اليهودي (إسحق دزرائيلي) رئيسا لوزراء بريطانيا، وارتفع حجم القروض التي حصلت عليها انجلترا من المرابين اليهود نتيجة للحروب التي خاضتها مع دول الجوار، حتى وصل الدين القومي خلال الفترة من ١٦٩٤ ـ ١٦٩٨ إلى ١٦ مليون جنيه إسترليني!.

لا شك في أن المتابع لحركة الأحداث الدولية، يدرك أن ثمة قوة ما تدفع بتداعياتها على الصعيد العالمي، لتخدم المصالح الصهيونية العالمية ممثلة بدولة إسرائيل، وإذا ما توقفنا عند محطات رئيسية في حركة التاريخ منذ ما يزيد على قرنين من الزمن، سندرك أن مجمل العملية التاريخية جاءت لتخدم المشروع الصهيوني

العالمي، منذ القرن الثامن عشر وحركة الثورات الأوروبية، إلى بدايات القرن العشرين والحربين العالميتين الأولى والثانية، وما نجم عنهما من تداعيات أدت إلى قيام إسرائيل قاعدة لليهودية العالمية.

منذ القرون الثلاث الأخيرة تمكنت عائلات يهودية من التحكم مباشرة باقتصاد أوروبا وأمريكا، وهذه العائلات هي (روتشيلد، روكفلر، مورغان)، واستأثرت لوحدها بما يقرب من تسعين بالمائة من أسهم البنوك المركزية في أغنى دول العالم (أمريكا وأوربا)، لذلك فهي صاحبة حق طباعة العملة الورقية لتلك الدول، كما سيطروا على معظم أسهم بنك الاحتياط الفيدرالي الأمريكي، وعلى صناعة النفط وصناعة الأدوية والسجائر ومعظم البنوك في وول ستريت، ويمكن القول أن (عائلة روتشيلد) اليهودية من أصل ألماني هي أشهر العائلات الثلاث، وأحد أهم أطراف حكومة العالم الخفية، وأبرز أعضاء المؤامرة، وهي من أغنى العائلات التي عرفها العالم على الإطلاق، والمالك الفعلي لمعظم البنوك الدولية وشركات النفط والمناجم وشركات السلاح وغير ذلك من الشركات الاقتصادية العملاقة، وهي التي ساهمت بتمويل الحروب ولكافة الأطراف المتحاربة، وكان لها التأثير والدور الفاعل في عملية حسم الحروب ولصالح الطرف الذي يناسب تلك العائلة.

مؤسس العائلة والأب الروحي لها هو (إسحق إكانان)، أما اسم روتشيلد فهو يعني بالألمانية الدرع الأحمر، في إشارة إلى الدرع الذي كان على باب قصره، ولهذا السبب لقب بهذا الاسم، واتسع نطاق

العائلة في مجال المال والبنوك بعد أن حقق تاجر العملات القديمة (ماير أمشيل روتشيلد) ١٧٤٣ - ١٨١٢ ثروة طائلة خلال حروب الثورة الفرنسية، وقرر توطين أبنائه في خمسة دول أوروبية، هي بريطانيا وفرنسا والنمسا وإيطاليا بالإضافة إلى ألمانيا، من أجل السيطرة على اقتصاديات تلك الدول، والسيطرة على النظام المالي لأهم بلدان العالم، أو كما تقول نظرية المؤامرة السيطرة باسم الحكومة اليهودية العالمية.

عمل (روتشيلد) على إنشاء مؤسسة مالية لكل فرع للعائلة في تلك الدول، مع شبكة تواصل مستمر، ونظام يتيح تبادل المعلومات ونقل الخبرات بسرعة عالية بين هذه الفروع، مما يحقق أقصى درجات الربح والمنفعة. وحدد لأبنائه أسس ثابتة من ضمنها عدم زواج أي منهم إلا بامرأة يهودية لضمان الحفاظ على الثروة، وبدأت العائلة في التسلل والانتشار داخل الأروقة السياسية من خلال الدهاء والتملق للحكومات حول العالم، واستطاعت أن تؤسس شبكة علاقات واسعة، مكنها من الحصول على تسهيلات كبيرة في أعمالها ومن ثم توسيع نفوذها، وانطلقت أعمال المؤسسات التابعة للعائلة بمشروع إنشاء سكة الحديد في بريطانيا، وانتقل المشروع بعد نجاحه إلى معظم دول أوروبا، ثم اتجهت بعد ذلك إلى الاستثمار في مجالات أخرى مثل صناعة الأسلحة والأدوية والسفن، حيث أسهمت في تأمين جميع الحروب التي اندلعت منذ ذلك الزمن حتى الآن سواء بالسلاح أو الدواء أو النقل للمعدات والجنود. وتمكنت عائلة (روتشيلد) من توظيف ثرواتها الضخمة ونفوذها القوي في الضغط على الحكومة

البريطانية، واستغلال حاجتها للأموال بعد أن أوشكت على إعلان هزيمتها في الحرب العالمية أمام جيش ألمانيا، فقدم (آل روتشيلد) القروض الباهظة لبريطانيا، وذلك مقابل تنفيذ وعد بلفور الذي صدر عن وزير الخارجية البريطاني جيمس آرثر بلفور عام ١٩١٧، والذي سمح بإنشاء وطن قومي لليهود على أرض فلسطين، كما قدمت عائلة (روتشيلد) الدعم المالي لعمليات هجرة اليهود، وتمويل المستوطنات وتسليح العصابات اليهودية لطرد الفلسطينيين من ديارهم وتجريدهم من أراضيهم.

عام ١٧٧٣ أعلن روتشيلد عن مخطط، اتخذته حكومات بريطانيا والولايات المتحدة بمثابة سلوك ومواقف سياسية مشتركة لهما منذ عام ١٩٣٩، وأعلن أن على جماعة المؤامرة الحاضرين السعي دوما إلى افتعال الحروب، والتحكم في مفاوضات السلام التي تعقب الحروب، وتوجيهها بكيفية لا يحصل فيها أي من الأطراف المتنازعة على مكاسب أساسية، وعلى جماعة المؤامرة بحسب مخطط روتشيلد إعطاء الحروب اهتماما كبيرا لإنهاك الأمم، وإجبارها على طلب القروض، ومن ثم الوقوع في قيود ومشاكل الديون، حتى تتمكن جماعة المؤامرة من تشديد الخناق على الحكومات المحلية. وتعتبر عائلة (روتشيلد) أغنى عائلة عرفها العالم، وتستأثر بنصف ثرواته وتتحكم بأسعار الذهب حول العالم، وهي التي تهيمن على الإعلام الأمريكي، وتسيطر على معظم بنوك العالم وتمتلك المحطة الفضائية (CNN)، كما تمتلك هوليوود. والملفت للنظر أن أفراد العائلة لا يظهرون للعلن كثيرا، ولا يتعاملون بأسمائهم الحقيقية. وقد بدأت أولى الخطوات البارزة في

جمع الثروات، من خلال التخطيط المحكم لهيمنة آل روتشيلد على أسهم الشركات الكبيرة في سوق الأسهم البريطانية أثناء حرب بريطانيا مع فرنسا في معركة (واترلو)١٥ الشهيرة، فقاموا بنشر الإشاعات الكاذبة حول هزيمة إنجلترا في الحرب، واشتروا أسهم أهم الشركات الإستراتيجية، وحينما وصل خبر انتصار إنجلترا، ارتفعت أسهم الشركات التي استحوذوا عليها محققين أرباحا طائلة، جعلتهم في مصاف صناع القرار في انجلترا.

ومن أقوال (ناتان روتشيلد) وهو الابن الرابع للعائلة: (لم يعد يعنيني من قريب أو بعيد من يجلس على عرش بريطانيا، لأننا منذ أن نجحنا في السيطرة على مصادر المال والثروة في الإمبراطورية البريطانية، فإننا نكون قد نجحنا بالفعل في إخضاع السلطة الملكية لسلطة المال التي نمتلكها). والمعروف أن آل روتشيلد هم مهندسو برتوكولات حكماء صهيون، وتمكنوا من شراء وعد بلفور المشؤوم، وكان لهم الدور الأبرز في قيام دولة إسرائيل، فقد سخروا قدراتهم المالية الهائلة من اجل ذلك، ونجحوا بأموالهم الخبيثة في إقامة أول المستوطنات على ارض عربية، كما تمكنوا من زرع إسرائيل على خريطة العالم، وصورة (ماير روتشيلد) تتصدر العملة الورقية الإسرائيلية، اعترافا من يهود العالم بدوره هو وعائلته من بعده في سرقة وطن واغتصاب دوله.

---

^{١٥} وقعت عام ١٨١٥ بالقرب من بروكسل في عهد نابليون بونابرت، وكانت آخر معركة يخوضها في حياته، ونشبت ما بين الجيش الفرنسي وجيوش الحلفاء (بريطانيا، بروسيا، هولندا، هانوفر)، نتج عن هذه المعركة هزيمة نابليون وتنازله عن عرش فرنسا.

ورغم أن عائلة روتشيلد لم تؤيد في البداية مشروع (تيودور هرتزل) حول مسألة الوطن القومي لليهود وإقامة دولة يهودية، ولكن حدث أمران كانا سببا في تغيير موقف تلك العائلة:

الأول: هجرة مجموعات كبيرة من اليهود إلى بلاد الغرب، حيث رفضت هذه المجموعات الاندماج في مجتمعاتها الجديدة، ولذلك أخذت تظهر العديد من القضايا، فكان لابد من مخرج لدفع هذه المجموعات بعيدا عن منطقة المصالح الاستثمارية لعائلة روتشيلد.

الثاني: يتعلق بظهور التقرير النهائي لمؤتمرات الدول الاستعمارية الكبرى عام ١٩٠٧، الذي جاء فيه أن منطقة شمال أفريقيا وشرق البحر المتوسط، هي الوريث المحتمل للحضارة الحديثة، ونظرا لأن هذه المنطقة تتسم بالعداء للحضارة الغربية، كان يجب العمل على تقسيمها وإثارة العداوة بين طوائفها، وزرع جسم غريب يفصل بين دول شرق البحر المتوسط ودول الشمال الأفريقي. ومن هنا ظهرت فائدة إقامة دولة يهودية في فلسطين، فتبنى آل روتشيلد هذا الأمر، حيث وجدوا فيه حلاً مثاليا لمشاكل يهود أوروبا.

وكان (ليونيل روتشيلد) الابن الأكبر للعائلة (١٨٦٨-١٩٣٧)، هو المسؤول عن فروع إنجلترا، وزعيم الطائفة اليهودية فيها، وتقرب إليه كل من (حاييم وايزمان) الذي أصبح فيما بعد أول رئيس

لإسرائيل، (وناحوم سوكولوف)١٦، ونجحا في إقناعه لتبني جهودهما الرامية إلى إصدار تعهد من الحكومة البريطانية بشأن إقامة وطن قومي لليهود في فلسطين، ولم يتردد ليونيل، بل سعى بالإضافة لاستصدار وعد بلفور إلى إنشاء فيلق يهودي داخل الجيش البريطاني خلال الحرب العالمية الأولى، وقام (جيمس أرماند روتشيلد) بجمع المتطوعين له، ثم تولى رئاسة هيئة الاستيطان اليهودي في فلسطين، وتولى والده تمويل المستوطنات اليهودية في فلسطين والمشاريع الاستعمارية، ومنها مبنى الكنيست الإسرائيلي القائم حاليا في القدس.

توالت فيما بعد هجرة اليهود إلى فلسطين من أوروبا وأمريكا وآسيا وأفريقيا، وارتفع عدد اليهود عام ١٩٤٨ من خمسين ألف إلى ستمائة وخمسين ألف مهاجر، ثم تتابعت الهجرات من كل أنحاء العالم، وكان وعد بلفور بمثابة الخطوة الأولى للغرب على طريق إقامة كيان لليهود

على أرض فلسطين، امتثالا لرغبات الصهيونية العالمية على حساب شعب ثابت ومتأصل في

---

١٦ كاتب وصحفي يهودي من أصل بولندي، كان أحد كبار الحركة الصهيونية والمؤرخ الرسمي لها. تولى رئاسة الاتحاد الصهيوني العالمي قبل وفاته عام ١٩٣٦، تبنى موقفا معارضا للصهيونية في البداية، ثم أصبح من أبرز الداعمين لها بعد حضوره المؤتمر الصهيوني الأول (المؤتمر التأسيسي)، الذي انعقد في مدينة بازل بسويسرا عام ١٨٩٧، لعب دورا رئيسيا في تأييد انجلترا وفرنسا للحركة الصهيونية وفي صدور وعد بلفور، من أشهر كتبه تاريخ الصهيونية عام ١٩١٧ الذي يعتبر أول تأريخ للصهيونية.

أرضه منذ آلاف السنين، وجاء الوعد على شكل تصريح موجه من قبل وزير خارجية بريطانيا آنذاك، (آرثر جيمس بلفور) في الثاني من تشرين الثاني / نوفمبر عام ١٩١٧ إلى اللورد روتشيلد، بصفته رئيس الاتحاد الصهيوني العالمي في ذلك الحين، وفي ما يلي نص التصريح:

(عزيزي اللورد روتشيلد، إن حكومة صاحب الجلالة تنظر بعين العطف والارتياح إلى إنشاء وطن قومي للشعب اليهودي في فلسطين، وسوف تعمل كل ما في وسعها من أجل تحقيق هذا الهدف. وليكن معلوما بوضوح أنه لن يتم شيء من شأنه الإخلال بالحقوق المدنية والدينية للطوائف غير اليهودية المقيمة في فلسطين، أو الحقوق والأوضاع السياسية التي يتمتع بها اليهود في أية دولة أخرى). وقد شكل هذا التصريح بالنسبة لليهود إحدى المراحل الهامة في مسعاهم للسيطرة على فلسطين، بينما أطلق عليه العرب والفلسطينيون تسمية (الوعد المشؤوم)، باعتباره الخطوة الأولى التي مهدت للنكبة عام ١٩٤٨، والدليل القاطع على المؤامرة الغربية ضد العرب والفلسطينيين.

هذه العائلة لا تزال موجودة وتأثيرها في تصاعد مستمر، فقد عبر نفوذها العالم، ووصل إلى اليابان وأمريكا وأوروبا وغيرها، وتمكنت مؤخرا من اختراق ليبيا بعد أكذوبة الربيع العربي، وقامت بتأسيس البنك المركزي الليبي في بنغازي على إثر قرار من المجلس الانتقالي بتأسيس شركة النفط الليبية، وذلك قبل مقتل الرئيس الليبي معمر القذافي، واستبدلت بنوك روتشيلد العملة الليبية

القديمة، حيث تمت إزالة الآية (ولا تأكلوا أموالكم بينكم بالباطل) من الطبعة النقدية الجديدة، وعبارة إعلان سلطة الشعب، بالإضافة إلى إزالة الجماهيرية العربية الليبية الشعبية الاشتراكية العظمى ووضع بدل الآية هلال ونجمة، وما ينبغي ذكره هو أن رمز الهلال يمثل أهم رمز من رموز المحافل الماسونية، وهو على شكل حرف (c) ويعتبر شعار مشترك بين الماسونية وعباد الشيطان.

ورغم فظاعة ما تقدم وما نفذه آل روتشيلد من مؤامرات وإفساد للعالم، إلا أن مخططاتهم لم تتوقف، بل لازالت مستمرة حسب توصيات مؤسس العائلة في بروتوكولاته، وجميع ما ذكرناه هو جزء من جرائم العائلة وحلفائها من اليهود وعملائها من المرابين، وأعوانهم من القادة السياسيين. من هنا يجب علينا الانتباه، وتوخي الحيطة والحذر الشديد لما يدبره في العلن والخفاء أعداء العرب والإسلام، وأن نستذكر حجم الدسائس والمؤامرات الخبيثة التي كانت تنسج للمسلمين منذ بزوغ فجر الإسلام، وأن نعقل كلام الله سبحانه وتعالى (يَا أَيُّهَا الَّذِينَ آمَنُواْ خُذُواْ حِذْرَكُمْ فَانفِرُواْ ثُبَاتٍ أَوِ انفِرُواْ جَمِيعًا) ١٧.

خلال ستينات القرن الماضي كانت مؤامرة اغتيال الرئيس الأميركي جون كينيدي، وأشارت بعض الدلائل إلى تورط الحركات السرية كالماسونية وغيرها، التي حاول كينيدي الحد من انتشارها وتخفيف تأثيرها في المجتمع الأمريكي، فيما رأى البعض أن

معارضة جون كينيدي للمشروع النووي الإسرائيلي لاسيما بعد إصراره على تفتيش مفاعل ديمونه، كان كافيا لإقصائه من الحياة، ولم يكن مقتل كينيدي المأساة الأخيرة في حياة عائلته، فقد توالت الكوارث التي اعتبرها البعض محاولة للانتقام من تلك العائلة، وكان آخرها حادثة سقوط الطائرة التي راح ضحيتها عام ١٩٩٩ كل من زوجته وابنه، حيث اعتبر البعض أن الخلل في الطائرة كان بفعل فاعل، الأمر الذي أعاد إحياء نظرية المؤامرة من جديد.

وما حصل في العراق من تقسيم وعبث، وإحياء للنعرات العرقية والمذهبية واللعب على الأوتار الطائفية، ودعم التنظيمات الإرهابية والتكفيرية مثل تنظيم داعش الذي يفتقر إلى كافة أدوات التقنيات العسكرية، ومع ذلك يتحرك ضمن مساحات شاسعة في العراق وسوريا، كان بسبب الدعم الغربي لهذا التنظيم، حتى وإن جاء ذلك الدعم بطرق غير مباشرة، ومن خلال قنوات أخرى لها ذات المصالح والأهداف الرامية إلى تفكيك الدول العربية.

إن من يعارضون نظرية المؤامرة، يتجاهلون أو يجهلون أن التاريخ البشري القريب والبعيد، هو عبارة عن حلقات متسلسلة من صراعات قائمة على مؤامرات متنوعة المكان والزمان، فما حدث في منطقة الشرق الأوسط والعالم الإسلامي من حالات ارتباك وفوضى عارمة، لم تشهدها المنطقة على مدار التاريخ، حتى في أحلك الظروف بهذا الشكل وهذا التزامن، فضلا عما يشاهد من تغيير للحلفاء وخروج على الثوابت السياسية القديمة والأعراف الدولية السابقة، وتلك الثورة الإعلامية الضخمة التي لم يشهد

العالم مثلها، مع التحول الرهيب في السياسات الإعلامية، أضف إلى ذلك تنامي الحس الثوري والشعور بالفوضى لدى شعوب المنطقة، كل ذلك وأكثر لا يمكن أن يفسر بدون ربطة بنظرية المؤامرة، التي أضحت واضحة وضوح الشمس للعيان.

وهنا لا بد من الإشارة إلى أنه خلال المفاوضات على اتفاقية أوسلو، التي تم توقيعها بين إسرائيل ومنظمة التحرير الفلسطينية في ١٣ أيلول / سبتمبر عام ١٩٩٣ قال مسؤولون أمريكيون للرئيس الفلسطيني الراحل ياسر عرفات من قبيل الضغط عليه، حينما رفض التوقيع على شروطهم: (اعلم أنك من منطقة قابلة لتعديل الحدود والبشر في أي وقت) .

الـفـصـل الـسـادس

حدود الدم

أعتقد أن الكثير من أبناء المجتمع العربي يشاركوني الإحساس بعدم الطمأنينة والأمان إزاء ما تشهده المنطقة العربية من صراعات وأزمات منذ بدايات القرن العشرين، ويثيرون تساؤلات مبهمة حول ما يمكن أن يكون عليه مستقبل منطقة باتت تشكل مسرحا كبيراً لأكثر الأزمات سخونة في العالم. فالحرب الإرهابية استهدفت سوريا وأنهكتها، والعراق وليبيا واليمن يصارعون مشروع التقسيم، ومصر والأردن ودول الخليج أمام تحديات كبيرة أمنيا واقتصاديا وسياسيا، في حين لا زالت إسرائيل هي المحدد الرئيسي لقواعد اللعبة السياسية، في ظل غياب مشروع عربي، وتكريس الانقسامات العربية، وتزايد مخاطر الانفجار السكاني، وتنامي معدلات البطالة وتراجع قطاعي الصحة والتعليم.

ويواجه آلاف المواطنين العرب يوميا القتل والقمع والسجن والتعذيب، ولا توشك دوي التفجيرات تخبو في مكان حتى تشتعل في مكان آخر، بل حتى المساجد ودور العبادة التي كانت معقلا

للأمن والسكينة والسلام لكل من يلجأ إليها، باتت مستهدفة ولم تستثنى من التفجير والقصف والهدم. ووسط هذه العواصف الناتجة عن الفوضى المرعبة، يبدو أن الجميع يترصد للجميع، دون أن يدرك أحد من يقاتل من ولأي غاية أو هدف يقاتل. لكن المؤسف أكثر أن متغيرات ما بعد الفوضى يبدو أنها ستكون موجعة لشعوب المنطقة، وبدأنا نشهد تراجع دور الدولة الوطنية مقابل تمدد منظمات إرهابية في إطار مواجهة الدولة الوطنية، والتي سيتبعها مزيد من الفوضى في دول المنطقة.

ويبدو أن الأزمات التي أحاقت بعالمنا العربي تمضي نحو التحول، إن لم تكن بالفعل تحولت إلى حروب أهلية، يخشى أن تفضي إلى إعادة تقسيم المنطقة طبقا لأسس طائفية أو عرقية أو مذهبية. فبعد مضي ما يزيد عن قرن على اتفاقية (سايكس بيكو) لتقاسم النفوذ في دول الهلال الخصيب بين فرنسا وبريطانيا، التي نجحت في تقطيع أوصال الأمة العربية، فإن المخطط لازال مستمرا لتكريس حالة الشقاق والتجزئة التي وصلنا إليها، وهم من أجل ذلك أخضعوا الدول العربية للكثير من المشاريع التي لو تمكنوا من تنفيذها لأصبحت تلك الدول عبارة عن مقاطعات صغيرة لا حيلة لها. فهل تستمر الحدود التي فرضتها الاتفاقية على حالها، أم أننا سنشهد ميلاد اتفاقية جديدة وأحداث ستغير وجه وشكل المنطقة؟

في بداية ثمانينات القرن المنصرم وتحديدا عام ١٩٨٢، نشرت (مجلة كيفونيم) الصهيونية مقالة باللغة العبرية بعنوان

(إستراتيجية إسرائيل في الثمانينات) ، للكاتب الصهيوني (عوديد ينون)١٨، ونظرا لأهمية المقالة التي أفصحت عن مخطط صريح لتجزئة وتقسيم الوطن العربي إلى دويلات صغيرة، فقد قام الداعية اليهودي (إسرائيل شاحاك)١٩ بترجمتها إلى اللغة الإنجليزية.

وعرفت هذه المقالة بـ (وثيقة كيفونيم) الإسرائيلية، وهي المعروفة كذلك بخطة (عوديد ينون)، وهي تعبر عن رؤية حزب الليكود لطبيعة الصراع في الشرق الأوسط، والتصور المستقبلي للمنطقة العربية، وبعد ترجمتها قام (إسرائيل شاحاك) بإطلاق تلك التصورات كوثيقة عرفت باسم مجلة كيفونيم التي نشرت الوثيقة، وأصبحت فيما بعد خارطة طريق للساسة الصهاينة وأصحاب الشأن في الدولة العبرية، وتتحدث تلك الوثيقة عن تقسيم المقسم وتجزئة المجزأ من الدول العربية، وتعتبر أن الدول العربية غير متجانسة اجتماعيا وطائفيا وعرقيا، ولهذا ينبغي الشروع في تأكيد وتعظيم النزعات الطائفية والعرقية الانفصالية للقوميات غير العربية مثل الأكراد والأمازيغ، وتأجيج الصراع السني – الشيعي،

---

١٨ كاتب صهيوني، عمل في وزارة الخارجية الإسرائيلية، ومستشارا لرئيس الوزراء الأسبق أريل شارون، كان بمثابة العقل المدبر لسياسات حزب الليكود اليميني.

١٩ إسرائيلي من أصل بولندي، وهو أحد الناجين من الهولوكوست. كاتب ومفكر سياسي، عمل أستاذا للكيمياء في الجامعة العبرية في القدس المحتلة، وكان رئيس الاتحاد الإسرائيلي لحقوق الإنسان. ترجم الكثير من مقتطفات الصحف الإسرائيلية من العبرية إلى الإنجليزية ونشرها في أوروبا وأمريكا، إيمانا منه بضرورة وقوف الرأي العام الغربي بكافة مكوناته على حقيقة الفكر الصهيوني وممارساته.

ونشر الفوضى في المنطقة ابتداء من العراق، ثم سورية وصولا إلى مصر والسودان وشمال أفريقيا مرورا بشبه الجزيرة العربية، وهذا ما يوضح تفكيك الجيش العراقي وإطلاق يد إيران في العراق والمنطقة، وتشجيع قيام الميليشيات الشيعية والجماعات الجهادية السنية، والدفع باتجاه نشوب الحروب الطائفية لإشعال المنطقة تمهيدا لتفكيكها وجعل مجتمعاتها قبائل متناحرة.

يصف (عوديد ينون) تلك الرؤية بأنها مطلب هام وضروري، لاسيما أن دولة إسرائيل وبلدان الشرق الأوسط والعالم، يشهدون تطورات جوهرية سريعة وكبيرة. ويقول إننا في بدايات مرحلة جديدة من تاريخ العالم، ذات معالم محددة وغير مشتركة أو متشابهة، ولها خصائص لم نألفها سابقا، ولهذا فنحن بحاجة إلى أن نتفهم العمليات المركزية التي تميز هذا العصر الجديد من ناحية، وإلى تأمل وإستراتيجية شاملة قابلة للتنفيذ من ناحية أخرى، بحيث تتناسب مع التطورات الجديدة. ويؤكد على أن استمرار الدولة اليهودية وترفها، يرتبط بمدى قدرتها على سلوك نمط جديد وإطار حديث لحياتها الداخلية والخارجية، ويشير إلى بعض الملامح التي يمكن استنتاجها مبكرا، والتي يتصف بها العصر الجديد، ويعتبرها مؤشرات تكاد تعلن عن ثورة منتظرة في حياتنا الحالية. فما هي تلك الملامح؟

يعتقد الكاتب الصهيوني أن العالم لم يعد يتسع للجميع، وأنه مع سقوط المنظور العقلاني الإنسي واختفاء القيم التي قامت عليه، فقد بات من المؤكد العودة إلى شريعة الغاب، والانخراط في دوائر

الصراع الذي لا ينتهي من أجل البقاء، وهذا البقاء لن يكون إلا للطرف الأقوى والأكثر حدة والأشد ضراوة والأقل عفة ونزاهة.

بعد أن رسخ البعد الأدبي والعقلاني لخطته التي صاغها، يذهب الكاتب إلى جوهر القضية ليؤكد على أن العالم العربي لن يكون المعضلة التي ستواجه إسرائيل، حتى وإن تطورت قوته العسكرية، وذلك نتيجة أزماته وقضاياه الداخلية التي عجز عن التصدي لها ومعالجتها، إلى جانب وجود الطوائف والأقليات في هذا العالم، والتي سيكون لها دورا فاعلا في تفكيكه وتقسيمه. ولهذا فإن العرب والمسلمين لا يشكلون تهديدا كبيرا لدولة إسرائيل في المدى القصير، على الرغم من قدرتهم العسكرية التي لا يستهان بها، أما على المدى الطويل، فلن يكون العالم العربي قادرا على الاستمرار في إطاره الحالي.

فهذا العالم حسب وثيقة الكاتب الصهيوني، قائم كما لو أنه (برج مؤقت من أوراق اللعب) أقامته بريطانيا وفرنسا دون الالتفات إلى إرادة ورغبات الشعوب، ومقسم إلى عدد من الدول يشكل كل منها خليط من الأقليات والطوائف المختلفة التي تبطن العداء لبعضها البعض، وهو ما يجعل النسيج الاجتماعي لكل دولة عربية مهدد بالانهيار واشتعال الحروب الأهلية. وتشير الوثيقة في هذا الصدد إلى أن إشعال الحرب الأهلية في لبنان هو مشروع صهيوني قديم أفصح عنه ديفيد بن جوريون منذ عام ١٩٣٧، وطرحه على قيادة الجيش الإسرائيلي بعد قيام الدولة العبرية مباشرة. وقد بدأت إسرائيل في تنفيذ مشروع الحرب الأهلية في لبنان منذ

منتصف الخمسينيات، لكنها اضطرت إلى تأخيره بسبب تحالفها مع فرنسا وبريطانيا إبان العدوان الثلاثي على مصر عام ١٩٥٦، وحاولت فيما بعد تنفيذ مشروعها، لكنها لم تتمكن من ذلك إلا بعد إسكات الجبهة المصرية نتيجة معاهدة السلام بين مصر وإسرائيل.

إن طبيعة المكونات المجتمعية للعالم العربي حسب (عوديد ينون)، تعلن عن استحالة بقاء الاستقرار، وتكشف عن تفتت وانهيار مقبل في كافة أرجاء المنطقة المحيطة بإسرائيل. وإذا ما أخذنا بعين الاعتبار البعد الاقتصادي، بات بوسعنا أن ندرك حقيقة بنيان هذا العالم الذي يعادل ويحاكي (برجا من ورق اللعب) لا يمكنه مواجهة قضاياه الجسيمة.

وحول مصر يقول الكاتب الصهيوني، إنها أكثر الدول قلقا ومعاناة وأشدها اضطرابا، فالملايين من سكانها يقاسون الفقر والجوع، ونسبة كبيرة منهم عاطلين ويفتقدون للخدمات الأساسية اللازمة للعيش المناسب، ضمن حدود جغرافية ضيقة، ومن أكثر مناطق العالم ازدحاما بالسكان، ولا يوجد قطاع واحد في هذه الدولة يمتلك القدرة والكفاءة باستثناء الجيش، والدولة تعاني من إفلاس دائم، والمعونات الأميركية المقدمة إلى مصر كانت نتيجة معاهدة السلام، وهي من أسباب استمرارها وثباتها.

وتولي الوثيقة اهتمام شديدا لصحراء سيناء، وتعتبرها من أولويات التغيير المتعلق بمصر، خاصة بعد أن فقدت إسرائيل كميات النفط الذي كانت تسرقه من حقولها، كما تشير الوثيقة كذلك إلى

حاجة إسرائيل لموارد سيناء الطبيعية الأخرى، وإعادة احتلالها يعتبر هدف استراتيجي كبير بالنسبة لإسرائيل، نظرا لما تحتويه تلك البقعة من معادن وموارد غير مستخرجة.

وحسب وثيقة كيفونيم التي صاغها (عوديد ينون) أن دور مصر الريادي قد انتهى دون عودة، حتى بعد استعادة سيناء، وهي تواجه فتنة طائفية خطرة، وسوف تطول وتتفاقم في الوقت القادم، وتمزيق وتقسيم مصر إلى دويلات صغيرة منفصلة هو هدف إسرائيل الاستراتيجي على جبهتها الغربية، وفيما إذا انهارت مصر وقسمت إلى كيانات صغيرة يسودها النزاع والصراع، فلن تشكل خطرا عسكريا على المدى الطويل بالنسبة لإسرائيل. وستواجه الدول المجاورة مثل ليبيا والسودان والدول العربية الأخرى نفس السقوط والانهيار، حيث لن يكون لها وجود بصورتها الراهنة لاسيما سوريا والعراق.

مشروع برنارد لويس

بعد اندلاع الحرب العراقية الإيرانية عام ١٩٨٠، بدأ (برنارد لويس) وبتكليف من وزارة الدفاع الأمريكية بصياغة مشروعه الخبيث الخاص بتفكيك الوحدة الدستورية لمجموعة الدول العربية والإسلامية، ومنها العراق ومصر وسوريا ولبنان والسعودية ودول الخليج والسودان ودول شمال أفريقيا بالإضافة إلى تركيا وإيران وباكستان وأفغانستان، وتفتيت كل منها إلى مجموعة من الكانتونات والدويلات الإثنية والدينية والمذهبية والطائفية.

مشروع (حدود الدم) ابتكره وأطلقه المستشرق البريطاني الأصل، الصهيوني الانتماء (برنارد لويس) وأقره الكونغرس الأميركي بالإجماع عام ١٩٨٣، واعتمد وأدرج ضمن ملفات السياسة الأميركية الإستراتيجية المتعلقة بالشرق الأوسط، ويهدف إلى تقسيم و تفتيت الدول العربية والإسلامية إلى دويلات على أساس ديني ومذهبي وطائفي. ومن لم يقرأ التاريخ لن يدرك أن عملية غزو العراق وتقسيمه، وفصل جنوب السودان عن شماله، هي بداية لتنفيذ إستراتيجية طويلة تستند إلى نظرية (شد الأطراف)، ثم تتطور لاحقاً إلى (شد الأطراف ثم البتر)، وتحويل المنطقة إلى فسيفساء ورقية، أو كانتونات صغيرة، يسهل اقتيادها والسيطرة على مقدراتها.

يقول الروائي الروسي الشهير (أنطون تشيخوف) في إحدى رواياته: (إذا ذكرت في الفصل الأول لرواية أن هناك بندقية معلقة على الحائط، فلا بد لها أن تنطلق في الفصل الثاني أو الثالث على الأرجح)، وبالقياس إذا رأيت جنوب السودان، وكردستان العراق ينفصلان اليوم، فليهيئ الناظر نفسه ومن أسف شديد، لتكرار النموذج في أكثر من دولة عربية.

يتخذ دعاة التقسيم والتجزئة من ورقة (الأقليات) على اختلاف أوجهها وسيلة للوصول إلى مآربهم المشبوهة، تحت ذريعة صون الحقوق وإرجاعها إلى أصحابها الأصليين بعد أن انتزعها منهم الاستعمار في القرن العشرين، وكذلك حقوق الإنسان ومقاومة الاضطهاد الديني والعرقي، وهي مزاعم براقة ينخدع بها السذج

ممن تبهرهم أضواء الثورات ورياح التغيير التي اجتاحت العالم العربي.

يستند المستشرق اليهودي الأمريكي (برنارد لويس) في مشروعه المتعلق بتمزيق الدول العربية والإسلامية إلى أن العرب والمسلمين قوم فاسدون مفسدون فوضويون، لا يمكن تحضرهم، وإذا تركوا وشأنهم فسوف يباغتون ويصدمون العالم المتحضر بأفواج بشرية إرهابية ضخمة تهدم الحضارات، وتقوض المجتمعات، ولذلك فإن الحل المناسب للتعامل معهم هو إعادة احتلالهم من جديد واستعمارهم، وتدمير ثقافتهم الدينية وتمزيق نسيجهم الاجتماعي، وإذا ما تولت الولايات المتحدة هذا الدور فإن عليها الاستفادة من التجربة البريطانية والفرنسية في استعمار المنطقة، لتدارك الأخطاء والسياسات السلبية التي أقدمت عليها الدولتان. لقد أصبح من اللازم إعادة تفكيك وتركيب الدول العربية والإسلامية إلى وحدات عشائرية وطائفية، ولا ينبغي مراعاة عواطفهم ومشاعرهم أو ملاحقة انفعالاتهم وردود الأفعال لديهم، ويجب أن يكون شعار أمريكا في ذلك، إما أن نضعهم تحت سيادتنا، أو نتركهم لهدم حضارتنا، ولا مانع عند إعادة احتلالهم أن تكون مهمتنا المعلنة هي تدريب شعوب المنطقة على الحياة الديمقراطية، وخلال هذا الاستعمار الجديد ينبغي على أمريكا الضغط على قيادتهم العربية، دون مجاملة ولا مرونة ولا هوادة لتخليص شعوبهم من المعتقدات الإسلامية (الفاسدة)، ولذلك يجب تضييق الخناق على هذه الشعوب ومحاصرتها، واستثمار التناقضات العرقية، والعصبيات القبلية والطائفية فيها، والعمل

على تأجيجها عن طريق رجال الدين لأنهم أفضل من يقوم بهذا الدور.

أثناء انعقاد مؤتمر بيلديربيرغ (Bilderberg) ٢٠ عام ١٩٧٩، قدم برنارد لويس مخططه الذي تضمن تقسيم دول الشرق الأوسط على أساس الدين واللغة والعرق، وحسب هذا المخطط ينبغي دعم الأقليات القومية، الدروز في لبنان، والبلوش في إيران وأفغانستان وباكستان، والأكراد في إيران وتركيا والعراق، والمجموعات الدينية في السودان، وقبائل العرب في الدول العربية، والأقباط في مصر، من أجل بلقنة منطقة الشرق الأوسط وتحويلها إلى موزاييك من الدويلات الصغيرة والضعيفة التي تتنافس فيما بينها.

ويدعو برنارد لويس في مخططه إلى إثارة الفتن الطائفية والعرقية عبر تصعيد دور حركات الإسلام السياسي المتشددة، ومن ثم استغلال هذه الحركات في إشعال الفتن الطائفية بين المسلمين والأقباط في مصر، وفي تأجيج الخلافات العرقية للأكراد في العراق

وتركيا وسوريا والموارنة في لبنان، بحيث تعم الفوضى المنطقة الجغرافية الإستراتيجية المسماة باسم قوس الأزمة.

وقوس الأزمة هي التسمية التي أطلقها مستشار الأمن القومي الأمريكي الأسبق زيبجنيو بريجنسكي علي القوس الجغرافي الممتد علي طول الخاصرة الجنوبية لجمهوريات الاتحاد السوفيتي السابق، وتضم هذه المنطقة علي وجه التحديد منطقة الشرق الأوسط ووسط آسيا.

وبرنارد لويس المعروف بالعراب الصهيوني الذي بلور مخططات التقسيم والتفتيت وحدد آلياته، هو أحد أهم علماء الشرق الأوسط الغربيين الذي طالما سعت إليه السياسة، وعمل أستاذا جامعيا ومؤرخا، ورئيسا لقسم التاريخ في جامعة لندن، ثم التحق للعمل كمستشار للمخابرات الأمريكية، وأصبح فيما بعد منظّرا لسياسات التدخل والهيمنة الأمريكية في الشرق الأوسط، وأصدر مجموعة كبيرة من الدراسات التي أراد منها الإساءة للتاريخ الإسلامي، فكتب عن الإسماعيلية والقرامطة والناطقة ومذهب الحشاشين، وكان اخطر من شوه صورة العرب أمام العالم، ومن أبرز كتبه: (الصدام بين الإسلام والحداثة في الشرق الأوسط)، (أزمة الإسلام)، (العرب والتاريخ) ، (حرب مقدسة وإرهاب غير مقدس)، (الإرهاب الإسلامي)، (صراع الحضارات) . وهو الذي صاغ لوزارة الدفاع الأمريكية الإستراتيجية المعادية للإسلام والمسلمين، وشارك في وضع إستراتيجية الغزو الأمريكي للعراق.

يعتبر (لويس) أول من أعترض على الانسحاب الإسرائيلي من جنوب لبنان، واصفا هذا الانسحاب بأنه عمل متسرع لا مبرر له، فالكيان الصهيوني بالنسبة له يمثل الخطوط الأمامية للحضارة الغربية، وهو الذي يقف في وجه الحقد الإسلامي الزاحف نحو الغرب. وكان هذا الصهيوني يمثل المحور الرئيسي في المؤتمر العالمي الذي عقدته إسرائيل في (هرتسليا) عام ٢٠١٠ لمناقشة خطر المد الإسلامي على كيانها، وأكد لويس في ذلك المؤتمر على ضرورة إحياء الهوية الطائفية في بلاد المسلمين، وإذكاء الصراعات المذهبية فيما بينهم، وتفريغ البلدان العربية من محتواها الوطني، وتأجيج الصراع الدامي بين التيار السني الوهابي والتيار الشيعي الأصولي، والسعي نحو تفكيك منظومة الأمن القومي العربي، والعمل على تفتيت قوة الحركات القومية عن طريق تحويلها إلى حركات شعبية، فكلما هبطت الحركات القومية إلى المستوى الشعبي تصبح أقل قومية وأكثر دينية، أي أقل عروبة وأكثر إسلامية.

ملامح حدود الدم

في تموز/ يوليو عام ٢٠٠٦ نشرت مجلة القوات المسلحة الأمريكية مشروع (حدود الدم)، الذي أعده الجنرال المتقاعد والخبير الاستراتيجي (رالف بيترز)٢١، والمقال أو المشروع يعتبر جزء من

---

٢١ أحد ضباط الجيش الأمريكي المتقاعدين، تولى منصب نائب رئيس هيئة الأركان للاستخبارات العسكرية في وزارة الدفاع. باحث في القضايا الإستراتيجية، احترف الكتابة في المجلة العسكرية الأمريكية المتخصصة (The armed forces journal) الموجهة لضباط الجيش الأمريكي وغيرها

كتاب بعنوان (لا تترك القتال أبدا)، طالب فيه بإعادة رسم حدود العديد من دول الشرق الأوسط بشكل أساسي. وحدد هذا المشروع الغايات والأهداف الإستراتيجية لخارطة الدم، والتي صيغت على أسس طائفية وقومية وإثنية ومذهبية، بذريعة أن الحدود الحالية للشرق الأوسط، أنتجت خللا وظيفيا في كيان الدولة ذاتها، أدى إلى ممارسات استبدادية تجاه الأقليات داخل دول المنطقة. ولهذا السبب ترى خارطة الدم ضرورة استقلال الأقليات ضمن دويلات تنشأ على أساس طائفي واثني ومذهبي، تساند التقسيم الديموغرافي الأفضل للتعايش السلمي في الشرق الأوسط، ويدعو (رالف بيترز) الدول المعنية إلى الاستجابة والموافقة على تنفيذ المشروع، ونظرا لاستحالة الاستجابة في الوقت الحاضر، فان الأمر يتطلب سفك الكثير من الدماء في المنطقة حتى تتمكن الدول الراعية للمشروع من تنفيذه على أرض الواقع بالقوة.

ويستند لتمرير المشروع على مجموعة من الذرائع المتناقضة، من بينها أن الحدود القائمة هي حدود رسمتها بريطانيا وفرنسا بشكل عشوائي في القرن التاسع عشر، وهي حدود غير منصفة، كما أن قوس الحدود الأكثر تداخلا والتباسا وفوضوية في العالم، يكمن في أفريقيا والشرق الأوسط، وإن بقاء هذه الحدود على حالها تؤدي إلى إشعال الحروب في المنطقة، ولهذا ينبغي تغييرها لإعادة الحقوق

من الصحف الأمريكية، وتحظى كتاباته ومقالاته باهتمام واسع في الشارع الأمريكي والعالمي. له عدة مؤلفات أبرزها (ما بعد الإرهاب).

المسلوبة للأقليات القومية والإثنية والمذهبية، صحيح أنه في بعض الحالات قد تتفاهم مجموعات مختلفة الأعراق والديانات والإثنيات، وتتعايش و تتداخل فيما بينها، لكن الغالب أن التداخل بالدم أو المعتقد في أماكن أخرى قد لا يكون ناجحاً بقدر الاتحاد الذي يحصل في داخل المجموعة الواحدة، لذلك لا بديل عن التغيير في خريطة الشرق الأوسط، إضافة إلى أن المشروع سيضع حدا للانتهاكات التي تمارس على عدد من الأقليات في الشرق الأوسط، لاسيما الأكراد والبلوش والشيعة العرب.

ويستهدف المشروع كل من العراق والسعودية وباكستان وسوريا والإمارات وتركيا وإيران. بينما يرمي إلى توسعة بعض الدول لأهداف سياسية وهي اليمن والأردن وأفغانستان، ويعتبر هذا المشروع جامعا لكل المشاريع السابقة، التي تنظر لتقسيم الوطن العربي والإسلامي على أسس ديموغرافية تحت ذريعة الدفاع عن حقوق الأقليات الاثنية والطائفية والقومية والمذهبية، غير أن الأمر يعني غير ذلك، فالغرض الحقيقي من وراء التقسيم هو تفتيت العالم الإسلامي والعربي إلى دويلات صغيرة يسهل ابتلاعها أو التحالف معها، للوصول إلى تحقيق أمل إسرائيل في التوسع الجغرافي لقيام دولتها الكبرى، على حساب أراضي المسلمين وثرواتهم لضمان الوصول إلى أهدافها بسلام، وتحقيق أمنها واستقرارها الدائمين، والسيطرة على الثروات الكبيرة، وحماية المصالح الإستراتيجية للدول الداعمة لها في الشرق الأوسط، واستمرار تدفق النفط إلى أمريكا والحلفاء الأوروبيين.

أشار (بيترز) في مشروع حدود الدم، إلى الصراعات الشرق أوسطية والتوتر الدائم في المنطقة، والتي يعتبرها محصلة منطقية لخلل كبير في الحدود اللاعقلانية التي فرضها حسب تعبيره (الأوروبيون الانتهازيون)، وهو يعتقد أن الحدود غير المنصفة في الشرق الأوسط تنتج توترا واضطراباً لا يمكن للمنطقة تحمله، ويضيف صحيح أن منطقة الشرق الأوسط تعاني من مشاكل متعددة مثل التراجع الثقافي والاستبداد الاجتماعي والتطرف الديني، لكن المشكلة الأكبر في فهم أسباب فشل المنطقة ليس الإسلام، وإنما الحدود الدولية القائمة، ويرى أنه لا يمكن لأي تغيير في الحدود مهما كان حجمه أو شكله، أن ينصف جميع الأقليات المسلوب حقها في الشرق الأوسط، لكن الخريطة الجديدة المقترحة للمنطقة، من شأنها أن ترفع الاستبداد والظلم الواقع على الأقليات الأكثر معاناة، مثل الأكراد والبلوش والشيعة العرب، ورغم انه من الصعب حاليا طرح حلول للمسيحيين والإسماعيليين والبهائيين والنقشبنديين وغيرهم من الأقليات الأخرى الأقل عدداً، إلا أن هذا المشروع حسب (بيترز) سيجعل من المنطقة أكثر أمنا واستقرارا.

ويشير إلى الذين يرفضون إعادة ترتيب الحدود باعتباره ضربا من المحال، فيذكرهم (بالتطهير العرقي) الموجود منذ آلاف السنين من أجل العودة إلى ما يسميه حدود الدم. ويرى أن الحروب المستمرة بين العرب واليهود ليست صراعا على الوجود، بل هي خلاف على الحدود، وأن المنطقة ستبقى تعاني من التوتر والاضطراب ما دامت الحدود مضطربة وغير نهائية. وعلى هذا الأساس يتقدم بخارطة جديدة للمنطقة تلغي الحدود القائمة، وتفكك الدولة

الواحدة إلى مجموعة دويلات، وتنشأ دول جديدة وتكبر دول صغيرة وتصغر دول كبيرة. والسعودية هي الخاسر الأكبر في الخارطة الجديدة!

ويتوجه بيترز باللوم إلى الدول الغربية وعلى رأسها الولايات المتحدة الأمريكية، نتيجة عدم استثمار الفرصة العظيمة بعد سقوط بغداد عام ٢٠٠٣، لتقسيم العراق إلى ثلاث دول من أجل ما يسميه إنهاء الظلم الموجود. والتقسيم سينجم عنه قيام دولة شيعية في الجنوب، ودولة سنية في الوسط، وكردية في الشمال (كردستان الحرة) البالغ عددهم ما بين (٢٧ – ٣٦) مليون كردي يعيشون في مناطق محاذية لبعضها البعض في الشرق الأوسط، إذ يعتبر التقرير أن الأكراد هم أكبر قومية في العالم لا يعيشون في دولة مستقلة، وتمتد الدولة الكردية من ديار بكر في تركيا إلى تبريز في إيران، والتي ستغدو أكثر الدول صداقة للغرب من بلغاريا إلى اليابان! وفيما يتعلق بالدولة السنية العراقية الصغيرة التي تحتوي على ثلاث محافظات فقط في الوسط، فهي ستضطر إلى اللجوء فيما بعد للوحدة مع سورية. وبالنسبة إلى سورية فسوف تخسر المنطقة الساحلية بكاملها لمصلحة (لبنان الكبير) المتوسطي الطابع، مما يؤدي إلى عودة الدولة الفينيقية، ويتحول الجنوب الشيعي العراقي إلى نواة (للدولة الشيعية العربية) التي ستمتد على طول معظم الخليج الفارسي! وسيحافظ الأردن على حدوده الحالية مضافاً إليها مناطق جديدة من السعودية، التي ستخسر آبار النفط الساحلية لمصلحة الدولة الشيعية، إلى جانب ضم جنوب شرق السعودية إلى اليمن، وجزء من المنطقة الشمالية إلى الأردن،

أما بالنسبة إلى مكة والمدينة حسب (بيترز) فهو يقترح وضع هاتين المدينتين تحت إشراف سلطة دينية خاصة أسوة بالفاتيكان، والرياض والمناطق المحيطة بها للسعوديين الحاليين. وفيما يخص إيران فسوف تفقد أجزاء من أراضيها لمصلحة أذربيجان وكردستان والدولة الشيعية وبلوشستان الحرة، لكن في المقابل سيضاف إليها منطقة (هيرات) من أفغانستان، على اعتبار أن هذه المنطقة متصلة من حيث اللغة والتاريخ مع إيران، فتعود إيران بذلك إلى دولة إثنية من جديد، أما أفغانستان فيتم تعويضها من باكستان، بحيث تعاد مناطق القبائل في شمال غرب باكستان إليها، ومن ثم يلتحق سكان هذه المناطق بإخوانهم الأفغان، وحتى تعود باكستان إلى دولة طبيعية، ينبغي عليها أن تتخلى عن منطقة البلوش لقيام دولة (بلوشستان الحرة). وسينضم جزء من دولة الإمارات العربية إلى الدولة الشيعية الجديدة التي ستكون مناوئة للدولة الإيرانية لا حليفة لها حسب (بيترز) . وتبقى دبي كما هي ملعبا (للأثرياء الفاسدين)، وتحتفظ الكويت بوضعها الحالي.

بناء على ما سبق، يتضح أن خريطة الشرق الأوسط الجديد ستحدد على أسس إثنية قومية طائفية، وبصورة تتناسب مع الروابط الطبيعية للدم والدين، وبما أن التوافق على تفتيت المنطقة وإعادة تركيبها من جديد أمر لا يمكن تحقيقه، فسوف يكون هنالك المزيد من سفك الدماء في الشرق الأوسط، ومع مرور الوقت فإن رسم الحدود الجديدة سيكون أمرا متاحا حسب (بيترز) ، الذي يعتقد بإمكانية ذلك بحدود دموية إن لم تنجح حدود الدم الأمريكية.

الفصل السابع

بيرل هاربر جديدة

هاجم كلب شرس طفلة أمريكية في إحدى حدائق مدينة نيويورك، وقبل أن تصاب الطفلة بأذى أسرع أحد الأشخاص المتواجدين بالحديقة لنجدة الطفلة وتخليصها من الكلب، وتمكن من قتله. شاهد الحادث أحد محرري الصحف الأمريكية، والتقط صورا للواقعة من أجل نشرها في صحيفته. تقدم الصحفي من الرجل الذي أغاث الطفلة وقال له: بطولتك وشجاعتك سيتحدث عنها الجميع، وستنشر الصحف هذا الموقف تحت عنوان (شجاع من مدينة نيويورك ينقذ طفلة)، أجابه الرجل إنني لست من نيويورك، فقال الصحفي إذا سيكون العنوان: (شجاع أمريكي ينقذ طفلة من كلب شرس)، فرد الرجل الشجاع: (أنا لست أمريكيا، إنني عربي من العراق)!

في اليوم التالي نشرت الصحيفة الخبر بعنوان: (مسلم إرهابي يهاجم كلب في حديقة بنيويورك ويقتله)! وعلى الفور بادر مكتب

التحقيقات الفيدرالية (FBI)) بالتحقيق في الأمر للتأكد فيما إذا كان ذلك الرجل مرتبطا بمنظمات إرهابية!

هذه الحكاية الواقعية مشهورة ومعروفة، وليست ضربا من الخيال، وحصلت عقب أحداث الحادي عشر من أيلول / سبتمبر ٢٠٠١، بعد مخطط الحرب على الإرهاب، التي لا جدال في أن الدول الغربية وعلى رأسها الولايات المتحدة، وفي ظل منظومة إعلامية جبارة، نجحت في استخراج صورة نمطية عن الإسلام والمسلمين، وهي للأسف صورة قبيحة، تمكنت خلالها الآلة الإعلامية الضخمة وبدعم الحكومات الغربية من الجمع بين الإسلام والعنف والتطرف، حتى بات من البديهي لدى العقل الغربي ربط الإسلام بالإرهاب.

من حق الرسالة المحمدية التي جاءت لتزكية النفوس، وتقويم القلوب وإصلاح الباطن والظاهر والخلقِ والسلوك، وهي دين الإنسانية والثقافة والحضارة، أنزلها رب العالمين ليكمل بها الأديان بعقيدة التوحيد، أن تجد لها المجال للتعبير عن جوهرها، وأن تعرف الأمم مدى إنسانية هذه الرسالة، وأن تحظى كافة الشعوب الإسلامية بالتقدير والاحترام، وأن تصان حقوقهم على حد سواء مع نظرائهم في الإنسانية على امتداد العالم.

فالإسلام يواجه في هذه المرحلة بالتحديد، أشكال متعددة من سوء الظن، وحملات متنوعة من التشكيك والاتهام والعداء، وأصبحت الدول الغربية تقرع طبول الحرب، وتؤجج الصراعات، وتزرع الفتن في البلدان الإسلامية، وانتشر الإرهاب وساد العنف وعمت

الكراهية، عبر استغلال وسائل الإعلام الغربية التي لا تكف عن التحريض إزاء كل ما يتعلق بالإسلام. لقد تعاملت الحضارة الغربية مع الإسلام على أنه يشكل تهميشا للمسيحية، وتقويضا لدورهم في السيطرة على ثروات العالم ومصيره، وبالتالي ما كان ينبغي للنبي محمد (ص) والمسلمين أن ينشروا هذا الدين، مما نتج عنه تحجيم الوجود المسيحي، ومصادرة الحضارة الغربية، ويفرض وجوده ورسالته على الناس، باعتباره دينا كاملا وشاملا.

إن ما ينبغي على أصحاب الرأي في الغرب إدراكه، أن الإسلام لم يظهر نتيجة حركات جماهيرية ومطالب فئوية أو شعبوية، ولم يكن مذهبا قوميا لتحقيق طموحات فردية، أو توسعات إقليمية ونزعات عدوانية، كما يطيب لهم أن يصفوا الإسلام وينعتوه بأبشع الصور. غير أن واقع الحال في الإسلام الذي لا يفسح قادة الرأي في الغرب وإعلامه المجال لفهم ديناميكيته وقوته وحيويته، أنه قادر على التكيف مع الحداثة والديمقراطية وحرية التعبير والتسامح الديني، لكونه دين بالمعنى الكامل لهذا المصطلح كمنظومة جامعة للإيمان بالإله الخالق، الجدير وحده بصفات الجلال والجمال والكمال، والإيمان بالرسل كافة وبالكتب المقدسة والملائكة واليوم الآخر: ﴿آمَنَ الرَّسُولُ بِمَا أُنْزِلَ إِلَيْهِ مِنْ رَبِّهِ وَالْمُؤْمِنُونَ كُلٌّ آمَنَ بِالله وَمَلَائِكَتِهِ وَكُتُبِهِ وَرُسُلِهِ لا نُفَرِّقُ بَيْنَ أَحَدٍ مِنْ رُسُلِهِ وَقَالُوا سَمِعْنَا وَأَطَعْنَا غُفْرَانَكَ رَبَّنَا وَإِلَيْكَ الْمَصِيرُ﴾٢٢. لقد أراد الله بهذا

____

٢٢ سورة البقرة، الآية ٢٨٥.

الدين إسعاد البشر وصلاح أمرهم والارتقاء بالإنسان، وتنظيم شؤون الناس وفق الأسس التي تكفل لهم العيش الكريم.

وعلى هذا الأساس من الاعتراف بالدين المسيحي والدين اليهودي، جاءت دعوة أتباع الدينين إلى الإيمان بالله، وضرورة التعايش السلمي، وحمل رسالة دين الله إلى العالمين في كافة أنحاء المعمورة، فقد دعا القرآن المسلم والمسيحي واليهودي إلى الالتفاف حول هذه الرسالة، والعمل وفقا لتلك الدعوة، في قوله تعالى: ﴿قُلْ يَا أَهْلَ الْكِتَابِ تَعَالَوْا إِلَى كَلِمَةٍ سَوَاءٍ بَيْنَنَا وَبَيْنَكُمْ أَلا نَعْبُدَ إِلا اللهَ وَلا نُشْرِكَ بِهِ شَيْئًا وَلا يَتَّخِذَ بَعْضُنَا بَعْضًا أَرْبَابًا مِنْ دُونِ اللهِ فَإِنْ تَوَلَّوْا فَقُولُوا اشْهَدُوا بِأَنَّا مُسْلِمُونَ﴾٢٣. وما ذلك إلا لأن الإسلام هو الدين الجامع لأديان الله والرسالة الخاتمة إلى البشر، يصدر بالحق من مشكاة واحدة، هي النور الإلهي، الذي وجد غرسه الأول في دعوة نبي الله إبراهيم عليه السلام.

على استقامة هذا الواقع، تبدو سقطة الفكر الغربي إزاء الإسلام، في أن الدين الإسلامي جاء ليمحو الديانتين وينتزع مكانهما. لكن الدين الإسلامي لم يكن إلا حافظا لرسالتيهما القويمتين، وموقنا برسوليهما ورافعا لمكانتهما، داعيا إلى التعاون معهما من أجل المنفعة وتحقيق الخير ونشر السلام على الأرض.

<hr>

٢٣ سورة آل عمران، الآية ٦٤.

ومع هذا يدرك أصحاب الرأي في الغرب أن الإسلام لا يصنع الخلاف مع الآخرين، ولا يزرع البغضاء مع غير المسلمين، بل يبني جسور التعاون معهم، على أساس أن كل الناس إخوة في الدين أو في الخلق، شريطة مراعاة قيمه وثوابته، والإقلاع عن الغزو الثقافي والفكري بأساليب مختلفة ووسائل متعددة لتدمير قوى الأمة الداخلية والأخلاقية. ومن هنا تتكشف مدى العداوة الشديدة التي يكنها الغرب للإسلام والمسلمين، ومواصلة الربط ما بين الإسلام والإرهاب، وكيل الاتهامات جزافا بلا دليل على الإسلام ودوله وشعوبه، لاسيما بعد أحداث الحادي عشر من أيلول / سبتمبر ٢٠٠١، في الوقت الذي يدعي فيه هذا الغرب أنه معقل الحرية، والعدالة والديمقراطية. ويتضح ذلك من خلال الاختراق الغربي للإسلام داخل بلاد المسلمين، وخلخلة بنية المجتمع الإسلامي، والتحريض على الانفصال والفرقة، وتأجيج الصراع وإشعال الحروب بين المسلمين، ومساندة الكيان الإسرائيلي وتأييد عدوانه على الشعب الفلسطيني، ودعم عقيدته العنصرية، واستباحته لحرمة المقدسات الإسلامية في المسجد الأقصى.

المنهج الإسلامي لا يقبل العنف والإرهاب، بل يرفضه جملة وتفصيلا، ويؤكد على مناصرة القضايا العادلة، ويدعو إلى تمكين الناس من الدفاع عن حقوقهم بالأساليب المشروعة، بعيدا عن الانحياز والظلم. والإسلام يدعو المسلم إلى الأمانة والوفاء بالعهود ويحرم عليه الخيانة والغدر، ويأمره بالإحسان في التعامل مع الناس، بل مع سائر الكائنات في هذا الكون، ولو استجاب حكماء

الغرب لنداء وصوت العقل والصواب لأدركوا أن الإسلام هو محور الحياة وفيه النجاة لبني الإنسان.

من المعروف أن هجمات الحادي عشر من أيلول/ سبتمبر ٢٠٠١، نتج عنها تبعات خطيرة على مستوى العلاقة بين الإسلام والولايات المتحدة، كان أبرزها ظهور موجة عارمة من العداء والخصومة نحو العرب والمسلمين، جعلت صورة الإسلام في المجتمعات الغربية بصفة عامة والإعلام الغربي على وجه التحديد، في محك حقيقي لم يسبق أن دخلت فيه منذ ما يزيد عن عقدين من الزمن. وفي الوقت الذي اتجه فيه حكام وقادة الدول الغربية، إلى التحذير من ربط الإسلام بالإرهاب، حتى باتت عبارات المدح والاحترام للإسلام تتكرر على لسانهم في كل خطاب أو تصريح، إلا أن الإعلام الغربي بجميع مكوناته لم يترك فرصة دون استثمار لتلك الأحداث، وما أعقبها من أحداث عنف، لمهاجمة الإسلام والمسلمين، كما لم يتورع عن اعتبار الإسلام باعث من بواعث الإرهاب والعنف، بغية إيجاد مزاوجة تقرن الإسلام بالإرهاب في العقل الغربي بشكل تلقائي وعفوي، مما تولد عنه اختلال وعي الشارع الغربي في مجال محدد، وعلى نحو نجم عنه التأليب تجاه العرب والمسلمين.

الحقيقة الواضحة أن الولايات المتحدة لم تشهد في تاريخها أحداثا أثارت جدلا واسعا وكبيرا، كتلك التي وقعت في أيلول/ سبتمبر ٢٠٠١، وشكلت تغييرا جذريا في المسار الدولي، حينما استغلت واشنطن هذه الأحداث كمبرر لهندسة وصناعة الحروب الخارجية، على دول إسلامية بصورة مباشرة أو بالوكالة. ومن يضطلع على

وقائع التاريخ بتفحص عميق، يستنتج أن الكوارث والنكبات والأحداث التي كان لها دورا بارزا في تحول مجرى التاريخ، لم تأتِ من باب المصادفة، سواء تعلق الأمر بالاغتيال السياسي، مثل حادثة اغتيال ولي عهد النمسا عام ١٩١٤، التي نجم عنها قيام الحرب العالمية الأولى في نفس العام، وانتهت عام ١٩١٨، وراح ضحيتها ما يقرب من تسعة ملايين شخص. مرورا بالهجوم الياباني على ميناء (بيرل هاربر) في جزر هاواي عام ١٩٤١، حيث تواجد الأسطول الأمريكي في المحيط الهادي، وغير هذا الحدث مجرى التاريخ، وكان سببا في دخول الولايات المتحدة الحرب العالمية الثانية، التي كانت أكثر الصراعات دموية في التاريخ، إذ قدر إجمالي عدد ضحاياها بأكثر من ستين مليون قتيل. وانتهت الحرب باستسلام اليابان، بعد قيام الولايات المتحدة بإلقاء القنبلة الذرية على هيروشيما وناجازاكي عام ١٩٤٥.

وتشير بعض الآراء إلى أن (فرانكلين روزفلت) الرئيس الأمريكي آنذاك، كان على علم بهجوم ياباني وشيك على قاعدة بيرل هاربر، لكنه التزم الصمت معتبرا أن من شأن هذا الهجوم إقناع الرأي العام الأمريكي بالمشاركة في الحرب. وقد وجه الكثير من الخبراء والمفكرين أصابع الاتهام إلى الرئيس (روزفلت) وإدارته بالوقوف خلف هجوم بيرل هاربر، من أجل تحقيق هدفهم و دفع الولايات المتحدة إلى دخول الحرب العالمية الثانية، مستندين في ذلك إلى عدة عوامل من ضمنها:

تغاضي (روزفلت) عن تقرير قدمه أحد ضابط الاستخبارات الأميركية، قبل الهجوم الياباني بوقت طويل، تضمن ضرورة التأهب لهجوم ياباني محتمل على ميناء بيرل هاربر.

استلام الولايات المتحدة عدة تحذيرات من طرف بريطانيا وروسيا، تفيد بأن هجوم ياباني وشيك سيضرب (بيرل هاربر).

تمكن استخبارات الجيش الأمريكي من تفكيك جميع الشيفرات اليابانية قبل وقت مناسب، وكشف تحركات الأسطول الياباني في المحيط الهادي.

تصميم الرئيس روزفلت ومحاولاته في عدة مناسبات إقناع الكونغرس والشعب الأمريكي بضرورة دخول الحرب لمؤازرة الحلفاء٢٤.

أصدر روزفلت أوامره بنقل الأسطول الأمريكي كاملا وبصورة مذهلة، من قواعده الثابتة إلى (بيرل هاربر) حتى أصبح مكشوفا أمام هجمات الجيش الياباني، باستثناء حاملات الطائرات العملاقة التي شاركت فيما بعد بالحرب.

وربما ليس انتهاء بأحداث الحادي عشر من أيلول/ سبتمبر، التي أدت إلى انهيار برجي التجارة العالمي في نيويورك، ليبدأ عهد جديد

----

٢٤ كان وزير الحربية الأمريكي آنذاك (هارود إكس) قد قال: إن أفضل طريق لدخول الحرب هي عبر اليابانيين، وحاول كثيرا إقناع روزفلت بدخولها لكنه تخوف من الرأي العام الأمريكي، ولذلك بدأ بالبحث عن المبرر القوي، ويبدو أنه وجد ضالته في حديث وزير حربيته.

عرف باسم الحرب على الإرهاب. ومن يقرأ ويفهم طبيعة الأحداث التي وقعت منذ بداية القرن الماضي، يدرك أن جميع الأحداث التي عرفتها الولايات المتحدة، كانت بصورة أو بأخرى تخدم مصالحها بشكل مباشر. فمن الذي وجه السياسة الخارجية الأمريكية للدخول في حروب لا نهاية لها ضد الإرهاب؟ ومن هم الذين تولوا مهام دفع وإقناع الولايات المتحدة لتدمير العراق؟ ومن هم أصحاب الدور الرئيسي في تغيير إستراتيجية الأمن القومي وتبني نهج الحرب الإستباقية؟ ومن الذي حرض واشنطن على نشر الفوضى في الوطن العربي؟

إنهم خلية من السياسيين والمسؤولين السابقين، والكتاب والصحفيين، وأساتذة جامعيين وباحثين في مؤسسات الأبحاث والتفكير، أو (خزانات الفكر)، المعروفة باسم (الثينك تانك) ويجمعهم تيار المحافظين الجدد، وهم مجموعة قليلة العدد، لكنها تحظى بنفوذ واسع وقوي لا يتناسب مع حجمها في ميدان السياسة الأمريكية، ومصدر تأثيرهم ينبعث من سطوتهم على افتتاحيات الصحف الأمريكية، والكتابات والتحليلات التي تنشرها، بالإضافة إلى كثرة ظهورهم في كافة حوارات شبكات التلفزة الأمريكية. ومنهم فئة هامة وخطيرة تعمل بالخفاء في وزارة الدفاع (البنتاجون)، بقيادة مساعد وزير الدفاع السابق للشؤون السياسية (دوغلاس فايث)٢٥، وتلك الفئة هي التي ابتدعت عن قصد

---

٢٥ خبير في شؤون الشرق الأوسط، أحد أبرز المقربين من اليمين الليكودي الإسرائيلي، وهو من ضمن الذين ساهموا عام ١٩٩٦ في إعداد المبادرة المعروفة لحزب الليكود، والمتعلقة بالمستقبل

وتخطيط معلومات أمنية تؤكد صلة صدام حسين بتنظيم القاعدة من أجل ضرب وتدمير العراق.

ومما هو معلوم أن (دوغلاس فايث) أحد أعضاء المحافظين الجدد المناصرين لإسرائيل، والمنتشرين في الإدارة الأمريكية، لم يدخر جهدا في سبيل استثمار أحداث الحادي عشر من أيلول / سبتمبر ٢٠٠١، بهدف ضرب العراق واحتلاله.

حيث تؤكد بعض التقارير بأن (دوغلاس) قام بتلفيق معلومات أمنية، تدعي أن لدى العراق علاقات واضحة وتعاون كبير مع تنظيم القاعدة، في عدة مجالات كالتدريب والتمويل، كما ابتدع تفاصيل لا أساس لها من الصحة، حول اجتماع عقد في العاصمة التشيكية (براغ)، في نيسان / ابريل ٢٠٠١، فيما بين محمد عطا السيد، وهو الشخص المنفذ لإحدى هجمات أيلول / سبتمبر، وفق مكتب التحقيقات الفيدرالي الأمريكي، وضابط مخابرات عراقي، يدعى أحمد العاني، من أجل إحكام وإضفاء المصداقية عليه، بغية إقناع الرأي العام الأمريكي بأهمية غزو العراق.

ومنذ قيام تلك الأحداث لا يزال الكثير من المواطنين الأمريكان، يواصلون في أيلول/ سبتمبر من كل عام، استذكار ضحايا المجزرة، بإشعال الشموع بالقرب من مركز التجارة العالمي في نيويورك،

السياسي لإسرائيل والشرق الأوسط عام ٢٠٠٠ بعنوان (نقطة فصل كاملة: إستراتيجية جديدة للدفاع عن الوطن)، وطالب من خلالها برفض سياسة الأرض مقابل السلام، ودعا إلى تأييد ضرب العراق وسورية.

والكثير من أبناء المجتمع الأمريكي يعتقدون بأن تنظيم القاعدة وراء تدمير البرجين في نيويورك، واقتحام مقر وزارة الدفاع في واشنطن، وفي المقابل هنالك من يدرك حقيقة ذلك الحدث، ويعلمون أن مجموعة المحافظين الجدد في الإدارة الأمريكية هي التي خططت لتلك الأحداث، وألصقت التهمة بزعيم القاعدة أسامة بن لادن، الذي أوجدته، ثم حشدت القوات العسكرية لملاحقته وتصفيته.

في الوقت الذي بسطت فيه الإمبراطورية الأمريكية نفوذها بصورة منفردة على العالم، عقب انهيار الإتحاد السوفييتي، بدأت تخوض مرحلة جديدة لتنفيذ مشروع جديد، عنوانه نشر الديمقراطية والحرية والرخاء لمجمل شعوب العالم، وبشكل خاص العالم الإسلامي، على اعتبار أنه يفتقد للحرية والديمقراطية، ومن واجب الولايات المتحدة أن تتدخل فيه لنشر تلك القيم التي يفتقدها. غير أن النهج الذي سلكته واشنطن، لتنفيذ مشروعها منذ انطلاق الألفية الثالثة، ظهر مغايرا إلى حد كبير لما كانت تعلنه حول مشاركتها مع الآخرين في نشر الديمقراطية، وما حدث هو أنها انفردت وبشكل قهري ضد الجميع بمن فيهم حلفاؤها في أوروبا وليس فقط العالم الإسلامي. وأصبحت عمليات صناعة الكوارث، سمة بارزة في هذه السياسة لتبرير السيطرة على العالم. كما باتت الدعوة إلى التحول الديمقراطي، وإلزام الدول بالإصلاح السياسي تشكل تدخلاً مكشوفا وفاضحا في حياة الشعوب. ولعل الحرب على أفغانستان والعراق أكبر دليل على تناقضات السياسة الجديدة في عهد الإمبراطورية الأمريكية، وما نتج عنها على مستوى

الأمن والسلام الدوليين. بل حتى فيما يخص نظام الأمن الجماعي والدور الأمريكي، حيث كان القول الفصل لواشنطن دون غيرها، التي أوصدت الباب أمام كافة الآراء والملاحظات حتى من حلفائها المقربين.

وبهذا الشكل وفي إطار القوة الأمريكية، وانفرادها بالسيطرة العالمية، باتت منظمة الأمم المتحدة خاضعة لسطوة العضو الأقوى في المنظمة، بل سادها الوهن والضعف وانحرفت عن أهدافها ومبادئها، ولم تعد قادرة على ممارسة الدور الذي قامت من أجله، بعد أن غدت أداة في يد الإمبراطورية الأمريكية، وأصبح دورها محدودا بالقدر الذي تسمح به أكبر قوة في العالم. وأصبحت جدارة الأمم المتحدة بالاحترام قريبة من درجة الصفر. وفي أعقاب هجمات أيلول/ سبتمبر، انطلقت مرحلة شرعنة الهيمنة الأمريكية، وتحديدا حينما أطلق جورج بوش تصريحه الشهير (من ليس معنا فهو ضدنا)، داعيا حلفاء الولايات المتحدة إلى تأكيد أقوالهم بأفعال، والمشاركة في عمليات الحرب على الإرهاب، حيث لم تعد واشنطن تقنع بإبراز قدراتها العسكرية والاقتصادية والثقافية والتكنولوجية فحسب، بل اتجهت نحو التوجيه وإصدار التعليمات لمختلف الدول التي يجب عليها التنفيذ.

وما جرى في أيلول / سبتمبر هو كارثة عالمية وتاريخية بكافة المقاييس، نتج عنها ردود أفعال لم يكتمل مداها بعد، ولكننا رأينا نماذجها، وقد جعلت العالم في حالة من الفوضى والاضطراب، فضلا عن تفاقم التوتر وإذكاء الصراعات والحروب، وسعي الإدارة

الأمريكية إلى تصفية وتقليص دور الأمم المتحدة، ووكالاتها وإعادة النظر في غاياتها وبرامجها من أجل تحقيق مصالحها. وتباينت آراء وتفسيرات الخبراء والمحللين ووسائل الإعلام العالمية، حول خفايا هجمات أيلول / سبتمبر وكيفية تنفيذها، ومن الذين يقفون خلفها؟ فبعد وقوع تلك الأحداث بأيام، والتي راح ضحيتها ٢٧٩٣ شخص، وفُقد العشرات وجرح الآلاف، قال المدير السابق لوكالة المخابرات (روبرت جيتس): ينبغي علينا التمسك باتهام ابن لادن لدرجة لا تجعلنا نلتفت إلى الاحتمالات الأخرى، وفي ذات الوقت قال بعض المحللين، إنه يجب على الولايات المتحدة النظر فيما إذا كانت دول معادية مثل العراق تقف خلف الهجمات التي تم التخطيط لها بصورة جيدة. بينما يشير (جان فرانسوا داجوزان) أبرز المتخصصين في الإرهاب والخبير في مؤسسة الأبحاث الإستراتيجية بباريس، إلى احتمال أن تكون ميليشيات اليمين الأمريكي المتطرف أحد المتورطين في الهجمات. واستبعد (داجوزان) تورط منظمات فلسطينية لعدم قدرتها على تنفيذ مثل هذه الهجمات، حينما قال: (إن الذي حصل لا يندرج ضمن الإرهاب بل هو حرب، وما يعنينا هو معرفة من الذي يستطيع القيام بمثل هذه العملية المتطورة والمتقنة).

وقد وجه بعض المسؤولين الإيرانيين ومنهم (محمد جاد لاريجاني)، الاتهام إلى إسرائيل على اعتبار أن لها مصلحة في ذلك، وأنها الوحيدة القادرة على تنفيذ تلك الهجمات، لاسيما أن أسلوب إعدادها جاء من طرف يعرف النظام الأمريكي بشكل جيد. غير أن وزير الدفاع الأمريكي الأسبق دونالد رامسفيلد، قال في ذلك

الوقت، (أن الولايات المتحدة الأمريكية لديها ما يدعو للاعتقاد بأن دولة أو أكثر ربما ساعدت في تنفيذ الهجمات). لكن الكاتب الفرنسي الشهير (تيري ميسان)٢٦، صاحب كتاب (الخديعة الكبرى) الأكثر مبيعا في العالم، والذي أثار ضجة كبيرة في مختلف أرجاء المعمورة، نظرا لاتهام أجهزة المخابرات الأمريكية بافتعال الحدث، حيث يشكك (ميسان) في التصريحات الرسمية والسيناريو الذي صاغته الحكومة الأمريكية لأحداث أيلول / سبتمبر، ويعتبر أن ما جرى هو عبارة عن مسرحية كوميدية وتراجيدية في نفس الوقت، قامت بإخراجه المخابرات الأمريكية.

وفي كتابه المذكور يرى (ميسان) أن الهجمات التي نجم عنها انهيار برجي نيويورك، وتدمير جزء من مبنى البنتاجون، لم تكن بفعل انتحاريين أجانب، بل من الممكن أن تكون من تخطيط عناصر من الحكومة الأمريكية، بمعنى أنها تدبير داخلي يراد من ورائها تغيير وجهات النظر والتسريع في مجريات الأحداث. ويقول: (حينما نشرت كتابي قبل سنوات، كنت أريد بداية أن أفسر تلك الأحداث بشكل يطابق التفسير الحالي لها، وقد تعرضت لانتقادات واسعة في حينه، لكنني في الوقت الحاضر لم أعد وحيدا في تفسير الأمور، حيث أن العديد من العسكريين والسياسيين داخل الولايات المتحدة، أخذوا يثيرون التساؤلات حول احتمال تنفيذ الهجمات

المذكورة من قبل الإدارة الأمريكية). كما أشار إلى أن تلك الأحداث لا ينبغي أن تبدو مثل حصان طروادة لتبرير الحرب على أفغانستان، لأن هذه الحرب جرى الإعداد لها مسبقاً بمساعدة بريطانيا. ويضيف الكاتب الفرنسي، أن الرئيس جورج بوش ارتكز على فرق إنجيلية لشن حرب صليبية على الإسلام، ضمن ما يعرف (بصراع الحضارات)، بينما الحرب ضد الإرهاب هي مجرد خداع يهدف إلى تحجيم الحريات الفردية في الولايات المتحدة والدول الحليفة.

وعلى صعيد الأفلام السينمائية، فقد ارتفعت نسبة الأفلام التي أنتجها اليهود الأمريكان، والتي تصور العرب والمسلمين عقب الهجمات على أنهم قتلة وإرهابيون، ويسعون للحصول على أسلحة الدمار الشامل من أجل إنهاء الحضارة الغربية والقضاء عليها. حيث أكد ناقدون أن ثلث الأفلام الأمريكية التي ظهرت بعد هجمات أيلول / سبتمبر، هي أفلام حرب تهدف إلى إظهار العرب والمسلمين على أنهم غير حضاريين، وتشويه صورة العربي، وتجميل صورة اليهودي، حتى أن أسماء أبطال هذه الأفلام غالباً ما يكون (ديفيد) أو (داود).

ولعل الوثيقة الشهيرة التي صدرت رسميا عن البيت الأبيض في العشرين أيلول / سبتمبر عام ٢٠٠٢ بعنوان (إستراتيجية الأمن القومي للولايات المتحدة الأمريكية) في أربعين صفحة، كانت بمثابة تأكيد رسمي على انطلاق حقبة الإمبراطورية الأمريكية الجديدة. وما يعزز ذلك المقدمة التي وقع عليها جورج بوش، وجاء

فيها أن الولايات المتحدة هي المعنية بالأمن العالمي، وهي مصدر القيم الوحيد، ولذلك ستعمل على فرض قيمها على مستوى العالم من خلال عملية تغيير شاملة سياسيا واقتصاديا واجتماعيا.

وفي إطار ردود الفعل المباشرة حول هذه الإستراتيجية، نشر الكاتب الصحفي الأمريكي المعروف (وليام باف) مقالة بعنوان (إعادة النظر الجذري في العلاقات الدولية) في صحيفة الهيرالد تريبيون عام ٢٠٠٢، التي أصبحت منذ عام ٢٠٠٣ مملوكة لشركة نيويورك تايمز، كشف من خلالها عيوب هذه الوثيقة، موضحا أنها تجرأت بشكل واضح وصريح على إلغاء نظام الدولة القومية، الذي ساد العلاقات الدولية منذ معاهدة وستفاليا عام ١٦٤٨، والتي أقرت بالسيادة المطلقة للدولة، وبالمساواة القانونية للدول كأساس للنظام الدولي. ويقول (وليام باف) إن الوثيقة لا تنسجم مع النظام الدولي، لكونها تفصح بأن الولايات المتحدة أرادت أن لا تحترم مبدأ سيادة الدول، لتحقيق أهداف الأمن القومي الأمريكي، بل تجعل الأمن القومي لكافة الدول الأخرى مرتبطا بها. وفي نفس الوقت تسمح الوثيقة للولايات المتحدة منفردة، إذا ما اعتبرت أن دولة معينة تشكل خطرا محتملاً عليها في المستقبل، التدخل بشكل استباقي في تلك الدولة لإنهاء التهديد، حتى لو أدى ذلك إلى تغيير نظام الدولة. وغاية هذه المبادرة الأمريكية هو الالتفاف على مبدأ الشرعية الدولية السائد في العلاقات الدولية. وهنا يصبح من الطبيعي التساؤل، فيما إذا كانت أحداث الحادي عشر من أيلول / سبتمبر، مخطط من تدبير الولايات المتحدة، لاستخدامه مبرر وذريعة لفرض سيطرتها الإمبراطورية على العالم؟

مارس صناع القرار في الولايات المتحدة سياسة خداع الشعب الأمريكي، من خلال بث تقارير تفيد بوجود مؤامرة على الأمريكان، وكانت نتيجة تلك العمليات الترويجية الزائفة إعلان الحرب على كل من العراق البلد النفطي، ذو الموقع الإستراتيجي، وأفغانستان الغنية بالمعادن المختلفة إضافة إلى النفط والغاز، والتي سعت الولايات المتحدة بكل الوسائل إلى تخليصها من الاحتلال السوفييتي، ومنها ظهر تنظيم القاعدة الذي تكونت عناصره من مختلف البلدان الإسلامية، بهدف الجهاد ضد الاحتلال السوفييتي بصفة أساسية، وإخراجه من أفغانستان، وأشرفت الولايات المتحدة على تدريب وتسليح تلك العناصر، وحينما حصلت على ما أرادت وخرج السوفييت من أفغانستان أصبح الوضع مواتيا للهيمنة على هذه الدولة. ولهذا بات من اللازم خلق المبررات والأسباب الموجبة لذلك، ومن هنا جاء توافق إدارة جورج بوش والكونغرس، ومختلف وسائل الإعلام لتضليل الشعب الأمريكي، وجعله راضخا للحرب على العراق وأفغانستان.

عقب أحداث أيلول / سبتمبر ٢٠٠١، اتضح وجود الكثير من المؤشرات والوقائع في أمريكا والشرق الأوسط، سبقت وواكبت تلك الأحداث، تثبت بالوثائق والصور أنها أكبر مخطط تضليلي شهده التاريخ، حيث تضامنت الصهيونية العالمية مع الولايات المتحدة، لصناعة هذه الأكذوبة الكبرى، لتغدو ذريعة لما يسمى بالحرب على الإرهاب، وتنفيذ المخطط الرامي إلى السيطرة على العالم. ولهذا فإن القول بأن الحرب المزعومة ضد الإرهاب، كانت نتيجة لما تعرضت له أبراج نيويورك ومبنى البنتاجون في واشنطن،

هو من قبيل اللغو والإفك، حيث أن نوايا الأمريكان كانت متوفرة لغزو أفغانستان واحتلال العراق قبل وقوع تلك الأحداث.

وظهرت عدة تكهنات تثير الشكوك حول وجود مخطط من قبل أصحاب القرار الأمريكي، وخاصة بعد ظهور مجموعة من الحقائق التي أخفيت عن العالم، فقبل عامين من التفجيرات، أقامت منظومة (نوراد) الدفاعية (قيادة دفاع الفضاء الجوي) تدريبات وهمية لضرب برجي التجارة والبنتاجون، وقبيل استلام جورج بوش لمهامه، ظهر تقرير قدمته نخبة فكرية من أنصار مشروع القرن الأمريكي الجديد، كان أبرز المساهمين فيها ديك تشيني، دونالد رامسفيلد، باول ولفووتز، جيب بوش، سمي هذا التقرير (إعادة بناء دفاعات أمريكا)، وجاء فيه أن عملية التغيير المطلوبة ستكون بطيئة جدا، في حال انعدام وجود أحداث كارثية كبرى بحجم كارثة (بيرل هاربر)، وفي الرابع والعشرين من تشرين أول / أكتوبر عام ٢٠٠٠ بدأ البنتاجون إجراء عمليات تدريبية واسعة، عرفت باسم (ماسكال)، اشتملت على مزاولة تدريبات ومحاولات مشابهة لاصطدام طائرة بوينغ ٧٥٧ بمبنى البنتاجون.

وفي حزيران / يونيو عام ٢٠٠١ صدرت تعليمات غريبة من رئاسة الأركان العسكرية، تمنع أي قوة جوية بالتدخل في حالات خطف الطائرات دون موافقة وزير الدفاع على ذلك، وفي الرابع والعشرين من تموز / يوليو ٢٠٠١ وقّع رجل أعمال يهودي يدعى (لاري سيلفر شتاين)، عقد استئجار برجي التجارة من مدينة نيويورك لمدة تسعا وتسعين عاما، بلغت قيمته ٣٫٢ مليار دولار، وتضمن

العقد بوليصة تأمين قيمتها ٣,٥ مليار دولار، تدفع له في حال وقوع أي هجمة إرهابية على البرجين. و قد تقدم سيلفر شتاين بطلب المبلغ مضاعفا، على أساس أن هجوم كل طائرة يعتبر هجمة إرهابية منفصلة، واستمر شتاين بدفع الإيجار بعد الهجمات، وضمن بذلك حق تطوير الموقع، وعمليات الإنشاءات مكان البرجين.

وقبل عدة أيام من تلك الأحداث، نُفذ قرار يتعلق بسحب جميع كلاب اقتفاء أثر المتفجرات من البرجين، وتقرر إيقاف عمليات الحراسة المشددة، رغم التحذيرات الأمنية المتكررة من وجود مخاطر كبيرة. وفيما يتعلق بكيفية انهيار برجي التجارة فقد أكد مجموعة من المهندسين المختصين بأن طريقة الانهيار كانت بسبب الحريق الهائل، الذي أدى إلى ذوبان الحديد والصلب في هيكل البرجين، وهذا لا يمكن أن يحدث نتيجة اصطدام الطائرتين، لاسيما أنه تم اكتشاف وجود آثار لمادة الكبريت، بالإضافة إلى مسحوق الألمنيوم والحديد في الغبار الناجم عن انهيار البرجين، ولا تستخدم هاتين المادتين إلا من خلال الجيش الأمريكي.

والملفت للانتباه أنه في السادس من أيلول / سبتمبر، أي قبل أيام من وقوع الحدث، تم التخلص من أسهم شركات الطيران الأمريكية، وارتفع حجم البيع حتى وصل إلى أربعة أضعاف حجم البيع الطبيعي لهذه الأسهم، و في اليوم التالي قفز حجم بيع أسهم شركة بوينغ الأمريكية والتخلص منها إلى خمسة أضعاف حجم البيع الاعتيادي، و في يوم ٨ من نفس الشهر، وصل حجم بيع أسهم شركة أميريكان إيرلاين إلى مستوى بلغ أحد عشر ضعف حجم

البيع الطبيعي لتلك الأسهم. وحققت حركات البيع و الشراء اللاحقة للأحداث أرباحا وصلت إلى ١,٧ مليار دولار أمريكي.

إن الإدارة الأمريكية لم تتخذ الإجراءات المطلوبة لمواجهة هجمات أيلول / سبتمبر، بالرغم من أن عدة دول كانت قد حذرت من أعمال إرهابية، وقدمت معلومات كافية تتعلق بالهجمات التي حصلت، ومن بينها معلومات أفادت بأن هناك خلية تتكون من مائتي إرهابي تستعد لتنفيذ عملية ضخمة في الولايات المتحدة، واشتملت المعلومات على قائمة من الأسماء، كان من بينهم أربعة من خاطفي الطائرات ومفجريها، ورغم هذا لم يتم القبض على أي منهم. وهنالك وقائع تثير الدهشة وتدعو إلى الشكوك، حيث تم الاشتباه في الاختطاف الأول الذي وقع عند الساعة الثامنة وعشرين دقيقة، في حين تحطمت الطائرة الأخيرة في بنسلفانيا عند الساعة العاشرة وست دقائق، واصطدمت الطائرة الثالثة في مبنى البنتاجون عند التاسعة وثمان وثلاثون دقيقة، وبالرغم من هذا لم يتم إرسال أي طائرة مقاتلة لاستطلاع الأمر، علما بأن هناك خطوات وأساليب اعتراض حثيثة أشارت إليها أنظمة إدارة الملاحة الفيدرالية في التعامل مع الطائرات المختطفة قبل الأحداث

الرواية الأميركية الرسمية للأحداث والتشكيك بها لم تنحصر بالعرب والمسلمين فقط، بل وردت كذلك من مراقبين أميركيين وكتاب وخبراء، ومن غربيين أمعنوا في الكتابة حول وجود خداع مقصود لمجريات الأحداث، فالرواية الرسمية للإدارة الأمريكية وتأسيس الحروب الخارجية عليها، ما زالت منذ وقوع الحدث وحتى

هذه اللحظة خاضعة للتشكيك، ومجموعة الكتب والمقالات والدراسات التي نشرت وآراء الخبراء العسكريين، جميعها تؤكد على أن تلك الأحداث والطريقة التي نُفذت فيها ليست متطابقة مع ما روته واشنطن حينها.

من الواضح أن تلك الهجمات تركت نتائج كبيرة، انعكست سلبا على مفاصل الحياة السياسية والاجتماعية والاقتصادية داخل المجتمع الأمريكي، وأدت إلى تقليص العديد من الحريات العامة، بل وإعداد قوانين طارئة تتنافى في مجملها مع مبادئ الديمقراطية الأمريكية، ولم تقف التداعيات التي خلفتها الأحداث على المستوى الداخلي فحسب، بل امتدت لتشمل السياسة الخارجية الأمريكية والمجتمع الدولي، الأمر الذي اقتضى اعتماد إستراتيجية سياسية جديدة، وإعادة ترتيب العلاقات مع العديد من الدول لضمها وكسب تأييدها في التحالف الدولي ضد الإرهاب، بما في ذلك الدول ذات الدور المحدود في الحرب على الإرهاب. ويبدو أن تلك الأحداث كانت لحظة كاشفة لواقع السياسة الخارجية الأمريكية، التي لم تكن جديدة في غاياتها وأهدافها، بينما ساعدت هذه الأحداث في تعرية وقائع تلك السياسة. التي صاغها المحافظون الجدد وفقا لرؤيتهم التي ترى بأن القوة العسكرية يجب أن تبقي أساسا للسياسة الخارجية الأمريكية وضرورة السيطرة على العالم.

لقد استخدمت الولايات المتحدة الأحداث، لصناعة مجموعة من الحروب وتحقيق أغراضها السياسية والاقتصادية والعسكرية، كما

وظّفت الأحداث لتنفيذ أجندتها السياسية، تحت شعار إنجاز تحولات ديمقراطية في الشرق الأوسط ودول أخرى، وتمكنت من استثمار الأحداث للحصول على أكبر دعم وتأييد دولي لسياستها، وتدخلها في الشؤون الداخلية للدول تحت ذريعة محاربة الإرهاب. فالنموذج الأمريكي في الحرب على أفغانستان هو احد أهم النماذج الذي توارت الولايات المتحدة بما عرف بمكافحة الإرهاب، من أجل التدخل في الشأن الداخلي لهذه الدولة، لإحراز الأهداف الأمريكية المتعلقة بالسيطرة على منطقة بحر قزوين والتي تعتبر رافدا استراتيجياً من النفط، واحد أهم مناطق العالم الغنية بمصادر الطاقة، وتمكنت إدارة جورج بوش أيضا من توظيف الحرب على الإرهاب، من أجل إعادة رسم خارطة الشرق الأوسط، وتنفيذ مشروع الشرق الأوسط الجديد، الذي أعلنت عنه وزيرة الخارجية كونداليزا رايس خلال الحرب الإسرائيلية على لبنان عام ٢٠٠٦. وتجدر الإشارة إلى أن النظام الدولي في ظل الحرب على الإرهاب شهد انقلاباً واسعاً وتغييرا في المفاهيم، فقد حولت الذهنية الأمريكية الدول الغير صديقة لها من موقع الخصم أو المنافس إلى موقع الإرهاب.

اتجهت الولايات المتحدة إلى اقتحام الشرق الأوسط تحت ذريعة محاربة الإرهاب، لتبرير تواجدها في المنطقة، معتمدة على الحرب الإستباقية ضد الدول التي تهدد أمنها القومي وبالتالي قامت بغزو العراق بعد أن غزت أفغانستان.

وكان الكاتب الأمريكي (دونالد لامبرو) قد كشف عن الأهداف الأمريكية الفعلية من الحرب على أفغانستان، وهو يرى أنها حرب مصلحة وليست حرب ضد إرهاب، وأنها حرب ثروة لا حرب كرامة، ويقول: (ربما يرى العالم أفغانستان كتلة من الجبال تعلوها الأتربة والدخان وتختفي معالمها بين الأطلال المنتشرة في كل مكان، لكن الجيولوجيين كان لهم رأي آخر، فهم يرون أفغانستان عبارة عن ثروة طبيعية، منحها الله تعالى لها، ودفن في ترابها أغلى الثروات الطبيعية التي لو توافرت في دولة أخرى لم تشهد كل هذه الحروب، لكانت من أغنى الدول وأقواها على الإطلاق). لذلك فإن الحروب المتتالية التي ضربت أفغانستان كانت السبب الرئيسي في محو هذه الكنوز النادرة التي دفنها غبار الحرب، وطوى الزمن صفحاتها تحت رمال الصحراء. ويؤكد فريق من الجيولوجيين والجغرافيين الأمريكيين، الذين وضعوا خريطة تفصيلية لأفغانستان عقب حربها مع الاتحاد السوفييتي عام ١٩٧٨ بقيادة العالم الجيولوجي والجغرافي (جاك شرودر) أن أفغانستان تملك أكبر مخزون في العالم من النحاس الأصفر، وتعتبر ثالث أكبر دولة تملك مخزونا من الحديد الخام، الذي يدخل في أغلب الصناعات الحديثة المدنية منها والعسكرية، وتعد أيضا ثالث أكبر الدول التي تملك احتياطيا من النفط والغاز الطبيعي في شمال البلاد وفي بعض أجزائها الجنوبية.

بعد الحادي عشر من أيلول / سبتمبر، وغزو أفغانستان، بدأت الولايات المتحدة حربها على العراق في آذار/ مارس عام ٢٠٠٣، وكان الهدف المعلن قبل بداية الحرب هو تجريد العراق من

أسلحة الدمار الشامل، التي تهدد الأمن والسلم الدوليين، وعلاقة العراق بالمنظمات الإرهابية، حسب مزاعم أصحاب القرار في واشنطن ولندن، رغم علمهم بزيف وكذب ادعاءاتهم التي حاولوا إقناع المجتمع الدولي بها، غير أن الحقائق التي ظهرت بعد عدة شهور من غزو العراق واحتلاله، أفادت بأن الولايات المتحدة وحلفائها، كان لديهم إصرار وتخطيط مسبق على احتلال العراق والإطاحة بقيادته، كما برهنت تلك الحقائق بعد احتلال العراق، عدم امتلاكه لأسلحة الدمار الشامل، وعدم ارتباطه بعلاقات مع الإرهاب والقيادات الإرهابية المتصلة بتنظيم القاعدة، ولم يثبت أن العراق كان يهدد الأمن والسلم الدوليين، حسب اعتراف أجهزة الاستخبارات الأمريكية، والتي أقرت بالفوارق الفكرية الواضحة بين البعث والتنظيمات الإرهابية.

لا شك أن الإدارة الأمريكية أخفقت في إنشاء نظام ديمقراطي في العراق، وجعله أنموذجا للحرية والديمقراطية في الشرق الأوسط، بل بات العراق يعاني كثيرا من الفقر والجوع والبطالة، والمرض وانعدام الرعاية الصحية، وسوء الأوضاع الأمنية والإنسانية، ولا زال يعاني من لعنة الصراع على كافة المستويات، وانفجر هذا الصراع بأشكاله الملتهبة عقب الغزو الأميركي، إلى أن أصبح العراق قاب قوسين أو أدنى من الحرب الأهلية، نتيجة تلك الافتراءات والأكاذيب الملفقة والمخالفة للمواثيق الدولية، وأنظمة الأمم المتحدة، وطبيعة العلاقات الدولية.

لقد شكلت أحداث أيلول / سبتمبر فرصة ثمينة للولايات المتحدة، لغزو العالم الإسلامي عبر بوابة العراق، ومن ثم الإجهاض على الانتفاضة الفلسطينية التي أصبحت تهدد أمن إسرائيل، ووجودها ومهمتها في المنطقة العربية، وكذلك إعاقة الصحوة الإسلامية المتنامية. ولذلك نمت قناعة مفادها أن الحالة العربية الراهنة والقائمة على الوهن والعجز، ليس بمقدورها تمرير مشروع التسوية والهيمنة الصهيونية على الشرق الأوسط، كما أن مشروع أوسلو لم يحقق أهدافه، مما يعني ضرورة إعادة تقسيم المنطقة وتشكيلها على نحو يجعلها أكثر قابلية لتمرير المشروع. ونستحضر في هذا الصدد ما عرف بدراسة هارفارد الشهيرة، التي احتوت على ثلاثة وثمانين صفحة، ونشرت من خلال جامعة هارفارد عام ٢٠٠٦، وفضحت عملياً هذا المخطط وتوجيهه من قبل الصهاينة لمصلحة إسرائيل. وقد أشعلت تلك الدراسة غضب وسخط اللوبي الإسرائيلي ومؤازريه في الولايات المتحدة، فسارعوا إلى شن هجوم كاسح على جامعة هارفارد، باعتبارها الجهة التي تولت عملية نشر الدراسة. ورغم إعلان الجامعة الوارد على الصفحة الأولى من الدراسة، الذي يفيد بأن الجامعة غير مسؤولة عما ورد في هذه الدراسة بأي حال من الأحوال، وأن الآراء الواردة فيها لا تمثل وجهة نظر الجامعة الرسمية، وإنما تمثل رأي مؤلفوها، إلا أن اللوبي الإسرائيلي شدد هجماته وانتقاداته، فاضطرت أكبر وأشهر الجامعات الأمريكية إلى سحب شعارها الذي كان مطبوعا على غلاف الدراسة، وقدم عميد كلية السياسة بالجامعة استقالته، وذلك خلال شهر من تاريخ نشر الدراسة.

قبل عام من وقوع الأحداث، نشرت وثيقة بعنوان (إعادة بناء دفاعات أمريكا) من قبل منظمة تطلق على نفسها اسم مشروع من أجل قرن أميركي جديد (PNAC) كان يقودها مجموعة من الشخصيات المعروفة في إدارة الرئيس بوش، وتسعى هذه المنظمة للوصول إلى زيادة حجم الإنفاق على الأغراض العسكرية، على اعتبار أن السلام الأمريكي لابد أن يستند على أساس ثابت هو التفوق العسكري الأمريكي المطلق، ويمكن لهذا التحول أن يحدث بصورة فورية، فيما لو تعرضت الولايات المتحدة إلى كارثة محفزة مثل بيرل هاربر، وبعد وقوع حادثة أيلول / سبتمبر صرح جورج بوش قائلا إنها (بيرل هاربر جديدة).

لم تتردد إدارة بوش في استثمار دماء الأبرياء، الذين سقطوا ضحية للعملية الإرهابية، وخلط الأوراق حتى تتمكن من تنفيذ برنامجها الاستراتيجي، لإنشاء النظام العالمي الجديد بزعامتها لتحقيق مصالحها الإستراتيجية، واستحواذها على الأهداف العابرة للقارات، وهو ما كانت تخطط له منذ انهيار وتفكك الاتحاد السوفييتي، والإنفراد بأسطورة أحادية القطب الاقتصادي والعسكري لفرض سيطرتها على المستوى العالمي، لاسيما في المناطق الحيوية. وعلى هذا الأساس بدأت تتكشف معالم المخطط، الذي تم الإعداد له قبل أحداث أيلول / سبتمبر، وعرف بقرن إمبراطوري أمريكي جديد، وبدأت تتبلور أشكاله بعد أيام من سقوط بغداد، والتهديدات الأمريكية لضرب سوريا، ثم بدأ يبرز مشروع الشرق الأوسط الكبير الذي أنتج مفاهيم الحرب على الإرهاب، والتحول الديمقراطي في المنطقة، أو الإصلاح السياسي، من منظور أن الوطن العربي الذي

يسوده الفساد والبطالة والفقر والتشدد الديني هو المصدر الأساسي للإرهاب.

لقد اشتبك المفكر الأمريكي (نعوم تشومسكي) في وقت مبكر مع الإدارة الأميركية بسبب حروبها في كوريا وفيتنام، وتجدد هذا الاشتباك خلال تداعيات أحداث الحادي عشر من سبتمبر/ أيلول ٢٠٠١، فهو يقول إن هذا الحدث اشتهر وأخذ مداه فقط لأنه فعل خارجي ضد الغرب، لكن لا أحد يتذكر أن ثمة ١١ سبتمبر ١٩٧٣ حين رعت أمريكا الانقلاب في تشيلي.

الفصل الثامن

التدمير الذاتي

عام ١٩٣٧ رسم الفنان بيكاسو لوحة (الجورنيكا)، التي استوحاها من الدمار الهائل الذي خلفه القصف الجوي للطيران الألماني، في هجومه على قرية جورنيكا الاسبانية قبيل الحرب العالمية الثانية، وراح ضحيته ما يزيد على ألف وستمائة قتيل من أبناء القرية الجميلة، وأصبحت تلك اللوحة بمثابة رمزا عالميا تجسد رعب وويلات الحروب، وقد طافت هذه اللوحة أنحاء عديدة من دول العالم، لتخلد المأساة التي أحدثها الهجوم الألماني على القرية. وفي أثناء الحرب العالمية الثانية، وبينما كانت القوات الألمانية تجتهد للحد من انتشار اللوحة ومنع تداولها، دخل بعض الضباط إلى منزل بيكاسو في باريس ووجدوا اللوحة في منزله، فسأله أحد الضباط الألمان، هل أنت الذي رسمت الجورنيكا؟ فأجابهم بل أنتم!

والآن وبعد الأحداث الدراماتيكية التي شهدتها بعض الدول العربية، ونتج عنها إسقاط أنظمة هذه الدول من خلال ما يسمى بثورات الربيع العربي، وتحولها إلى ميادين وساحات للمعارك الطاحنة والاقتتال بين الشعوب والجماعات الإرهابية، لتنفيذ مخطط ممنهج يهدف إلى تفكيك وتركيب الدول العربية من جديد،

وهدمها فكريا واجتماعيا من خلال تغييب المرأة وتحقير دورها، وخلخلة النظام الأسري، وخلق الصراع الديني داخل العائلة الواحدة، حتى يبلغ الأمر تكفير الابن لوالديه. فقد يأتي اليوم الذي نسأل فيه الأمريكان، هل أنتم من أشعل الجحيم العربي؟ وسيجيب الأمريكان في ابتسامة أشبه ما تكون بابتسامة سمك القرش... بل أنتم!

هذه حقيقة، لأن من أشعل الجحيم العربي هم قوى التدمير الذاتي، من جهابذة الإعلام والسياسة العرب الراقصون على الإيقاع الأمريكي، ممن يطلون علينا يوميا عبر الفضائيات بمواقفهم وآرائهم المسمومة، الذين وجدوا في ذلك خير سبيل لدفع العرب نحو ممارسة التدمير الذاتي لتجنيب الأمريكان تكاليف هذا التدمير.

من أشعل الجحيم العربي هم قوى التدمير الذاتي، من قنوات وفضائيات التدمير المنهجي التي غزت ودخلت كل بيت عربي لتضليل الشعوب، وصياغة رأي عام يستند إلى الوعي المزيف من خلال شيطنة الخبر والصورة، تنفيذا لسياسة إفشال البلاد العربية وتفتيتها وتدميرها ذاتيا، عبر إشعال نيران الصراع الطائفي في بلادنا وتغذيته وحرصها على ألا ينطفئ.

من أشعل الجحيم العربي هم قوى التدمير الذاتي من المثقفين العرب بتخاذلهم، ومراوغتهم وحضورهم المزيف البعيد عن هموم شعوبهم، وانسلاخهم عن قضايا أمتهم، وبدلا من أن يكونوا سراجا منيرا لأمتهم وشعوبهم، برحوا أماكنهم للعابثين والأفاقين

والمستهترين، وللطابور الخامس سرطان الشعوب و بذور تدميرها الذاتي.

لقد اشتركنا جميعا في إشعال جحيمنا العربي، بغفلتنا وجهلنا وحماقتنا. ولا ينبغي لنا أن نسأل من أشعل جحيمنا هذا، لأننا أحوج ما نكون إلى إعادة استيعاب هذا اللغط، وهذا الإفك الذي كبت فيه شعوب (الربيع العربي) بقيادة مجموعة من النخب العربية العميلة، وشرذمة من الشباب العربي ممن تلقوا التدريب في أكاديمية التغيير، ومنظمات الاحتجاج السلمي، للإستقواء على أوطانهم، وتدمير الهوية الوطنية والقيم الأخلاقية والإنسانية، وهدم مؤسسات الدولة والتعليم، وإسقاط دور المعلم، والانتقاص من مكانته في المجتمع، والإطاحة بالرموز والعلماء والتشكيك بهم حتى لا يكونوا قدوة للآخرين، واستغلال القدرات التدميرية لدى تيارات التأسلم الراديكالي لممارسة ألإرهاب والقتل، وإيقاظ الفتنة والتطرف ونشر العنف في البلدان العربية، والتظاهر بالسعي لإرساء قواعد الديمقراطية والحرية والعدالة. ولا يقتصر التدمير الذاتي على الحالات التي سبق ذكرها، إنما بات واقعا يقوم على تقويض مقومات الوحدة الوطنية، وتمزيق النسيج الاجتماعي للدولة، وتجزئة الشعب الواحد إلى مجموعات متنافرة ومتناحرة، ليصبح المجتمع العربي أكثر هشاشة وعاجز عن النهوض وقابل للاختراق والتقسيم.

لقد استوطن الإرهاب العالمي في منطقتنا العربية، وساد العنف السياسي مختلف أرجائها، وأصبح وكلاء هدم الأوطان، وسماسرة

المال الفاسد يصولون ويجولون بلا رقيب أو حسيب، وشاع الاعوجاج والانحراف والجهل والهراء، وانتشرت الجهالة والتيه، وتفشت البذاءة حتى ملأت الأسماع، وأصبح التكفير والتخوين والقدح لغة الحياة اليومية، وصار القتل والذبح والتفجير والاقتتال مشاهد مستمرة.

فقضيتنا تكمن في عقولنا وفي نفوسنا، وفي جهلنا وتيهنا، قضيتنا في نمط تفكيرنا المتخلف الذي لا يقبل الآخرين بل يحرص على إقصائهم، قضيتنا في تعصبنا الديني والسياسي، وتزمتنا القبلي والجهوي. فكيف اندلع وانتشر هذا السعير العربي؟ وكيف ظهر ونما؟ ومن هم أصحاب هذا التدبير الخفي المحكم؟ ولمصلحة من انتشار وامتداد لهيب الجحيم العربي؟ وهل من مبرر لهذه الذهنية التدميرية العربية؟

أكذوبة الربيع العربي

استحوذت رياح التغيير التي اجتاحت المنطقة العربية منذ أواخر العام ٢٠١٠، واستهلال العام ٢٠١١، على اهتمام الكثير من المفكرين والكتاب والمحللين السياسيين، ذلك لأنها شكلت مفصلا مهما في التاريخ العربي الحديث، بتداعيات قد يمتد تأثيرها لعقود من الزمن.

وتباينت الآراء حول ما اصطلح على تسميته بالربيع العربي، ففي الوقت الذي تعامل معه البعض على أنه نتاج احتقان متراكم لغياب الديمقراطية، وانعدام مظاهر التعددية السياسية والحريات

العامة والفردية، والعدالة الاجتماعية وتنامي الفساد وتدهور الأوضاع الاقتصادية والمعيشية، ومعاناة شعوب البلدان العربية من التخلف الاقتصادي، لاسيما أنها تعتمد بصفة أساسية على واردات النفط والمساعدات الخارجية، في ظل غياب واضح للتنمية الحقيقية، إلى جانب سياسات التهميش والتمييز بين المجتمعات والطبقات والانحياز في توزيع الفرص والموارد. ذهب البعض الآخر إلى اعتبار الربيع العربي مؤامرة أمريكية – إسرائيلية بامتياز، تهدف إلى إنتاج ثقافة سياسية اقتصادية اجتماعية جديدة في البلاد العربية، وترسيخها من خلال الثورات التي تبنتها وتولت رعايتها وتمويلها الولايات المتحدة والغرب بشكل خفي، حتى بدأت ملامح المؤامرة الخبيثة تنجلي وتنكشف للعيان، ومن ثم فهي صياغة جديدة لأشكال الهيمنة الأمريكية التي طبعت الألفية الثانية من تاريخ الإنسانية، وبأدوات محلية لخدمة إسرائيل وأهداف وأطماع القوى الاستعمارية.

ومصطلح الربيع العربي رغم حياده الصوري، في وصف تنامي الأحداث وتسارعها على الساحة العربية، إلا أنه حمل في طياته شواهد ومعانٍ تشير إلى الشباب والتغيير، والتفاؤل والأمل في تطلع الشعوب العربية إلى حياة سياسية جديدة، تلتحم بالديمقراطية وتفترق فيها عن أنظمة الحكم الديكتاتوري التي أخفقت في إحراز التنمية. والربيع العربي كاصطلاح سطع في سماء المنطقة العربية، لم يكن مستمدا منها، فقد ظهر تعبير (الربيع) للمرة الأولى في الصحافة الغربية، لوصف الحراك الشعبي الذي اجتاح أوروبا في العام ١٨٤٨ من القرن التاسع عشر، للتعبير عن

الصحوة التي داهمت شعوب المجتمع الأوروبي، وقد يرجع استخدام هذا المفهوم كذلك إلى أن معظم تلك الثورات قد حصلت في فصل الربيع، ومنذ ذلك الحين عرف عام ١٨٤٨ في أوروبا بعام الثورات أو ربيع الشعوب، وكانت الانطلاقة من جزيرة صقلية الايطالية، ثم طالت فرنسا وسرعان ما امتدت واتسعت لتشمل معظم أنحاء القارة الأوروبية، وقد عاد مصطلح (الربيع) للظهور للمرة الثانية في أوروبا عام ١٩٦٨ لتوصيف الحراك الشعبي الذي اندلع في تشيكوسلوفاكيا السابقة وعرف بربيع براغ. ولعل لفظ الربيع العربي في سياق تاريخي تميز بالفوضى والدمار والقتل والعنف، مأخوذ من أدبيات الثورات الأوروبية التي اجتاحت القارة العجوز في القرن التاسع عشر، وأطلقته وسائل الإعلام والدوائر السياسية الغربية على الحراك السياسي، الذي عرفته منطقتنا العربية منذ قيام الأحداث التي أطاحت بنظام زين العابدين بن علي في تونس في مطلع العام ٢٠١١.

غير أن الأحداث التي شهدتها المنطقة وعرفت بالربيع العربي، أخذت شكل مغاير لباقي الثورات التي اجتاحت العالم بصفة عامة، والجزء الشرقي من القارة الأوروبية على وجه الخصوص، وتحديدا الدول التي كانت تخضع لحكم الاتحاد السوفيتي، وطالت دول أوروبا الشيوعية، التي خاضت شعوبها نضالا ثوريا لمواجهة ألأنظمة الفاشية الشمولية، نتج عن ذلك زوال هذه الأنظمة دون النيل أو المساس بجسم الدولة ومفاصلها، بينما في الثورات العربية، سقط النظام وأعقبه سقوط الدولة وتفكيك مؤسساتها، وصار القتل الجماعي الفاحش في الثورات العربية ممارسات اعتيادية تجري

بشكل يومي ومستمر، وأصبحت المدن العربية وميادينها وساحاتها فضاء للبطش والجرائم البشعة والتخريب والتدمير، بعد ما تمكنت قوى الشر العالمية والإقليمية من استدراج المنطقة العربية وجرها إلى مستنقع دموي كبير، من خلال أضخم مؤامرة عرفتها البشرية، أطلقوا عليها اسم الربيع العربي وطالت مختلف دول وشعوب المنطقة.

لقد اعتقدنا في بداية الأمر أن رياح التغيير التي هبت على العالم العربي، قد تدفقت من نضج جماهيري يسعى إلى تغيير أحوال الأمة نحو الأفضل والأنسب في مختلف مجالاتها السياسية والاقتصادية والاجتماعية، إذ أن النضج الجماهيري هو الشريان الذي يغذي الثورات، وكذلك ظهر الأمر حال اندلاع ما بات يعرف (بثورات الربيع العربي) لاسيما في تونس ثم مصر، حيث انتشرت الحشود البشرية وتدافعت في الميادين والساحات والشوارع تطالب بإسقاط النظام، لكنها لم تكن مدركة لواقع الأمر، وحقيقة القوى الخفية التي احتالت وضللت الأغلبية الساحقة من سكان الوطن العربي، وأذعن وامتثل الجميع للمؤامرة، وتمكنت تلك القوى من تطويع الجماهير وسحبها إلى الفوضى والفتنة بهدف زعزعة الأمن والاستقرار، وباتت عملية التلاعب بالمتظاهرين أمرا واضحا، وتحولت حشود الجماهير من مؤثرة إلى متأثرة، بعد أن ظهر على سطح الأحداث القادة والمحركون الحقيقيون لهذا الربيع.

النزاع المسلح في سوريا، والاحتجاجات التي شهدتها الدول العربية وأطاحت بحكم زين العابدين بن علي في تونس، وحسني مبارك

في مصر، والعقيد معمر القذافي في ليبيا، وعلى عبد الله صالح في اليمن، لم تكن عفوية أو وليدة الصدفة كما صورها البيت الأبيض والخارجية الأمريكية، أو حتى وسائل الإعلام الدولية والإقليمية المعروفة، إنما ولادة هذه الاحتجاجات وتنظيمها، جاء من خلال استخدام الوسائل الالكترونية ذات التقنية العالية لشبكات عملاقة، متصلة بشبكة الإنترنت مع العديد من منظمات المجتمع المدني وجماعة (الإخوان المسلمين)، حيث كشفت تقارير كثيرة ارتباطهم بالاستخبارات البريطانية والأمريكية، ولا يمكن النظر إلى تلك الاحتجاجات على أنها تطور طبيعي لمسار وحركة الديمقراطية، وبناء الدولة الحديثة في الوطن العربي، بل هي مخطط أمريكي صهيوني يهدف إلى تأكيد التحكم والسيطرة الأمريكية، وتحقيق وضع جديد وملائم لإسرائيل في المنطقة العربية، بعد تفكيك دول المنطقة وإعادة تركيبها على أساس الديمقراطية الطائفية والمذهبية، بما يؤدي إلى إضعاف وتفكيك الدول عبر ولادة دويلات وكيانات جديدة أمام قوة إسرائيل، وإقحام هذه الدويلات في مشاريع تقودها الدولة العبرية، وبالتالي تفتيت الهوية العربية الإسلامية، وزوال أي مانع أو عائق يحول دون اندماج إسرائيل في المنطقة وتفاعلها معها، وهو ما ينسجم مع الأهداف والتطلعات الأمريكية في سبيل تهيئة التوازنات الكبرى، لبناء إمبراطوريتها العالمية وإعادة رسم جغرافية العالم على أساس مبادئ الديمقراطية وحقوق الإنسان، التي تتيح لها التدخل في أي منطقة من العالم تحت هذا الستار.

ومن المؤكد أن البعد الحضاري متواجد في قلب هذه المؤامرة، والمشروع الإسرائيلي يلتقي مع المشروع الأمريكي بهذا الخصوص، فالهوية العربية الإسلامية تحول دون انجاز إسرائيل لأطماعها، والربيع العربي هو الظرف المناسب والفرصة السانحة لتفريخ وفرقعة الهويات في المنطقة، وبذلك تصبح إسرائيل جزء من فسيفساء وتركيبة منوعة للهويات، تختفي معها الصيغة والصفة العربية الإسلامية، إضافة إلى أن وجود الكيان الإسرائيلي ضمن جسم عربي متماسك يعد عنصرا غريبا تلفظه المنطقة، ويعرقل تأدية دوره الوظيفي كقاعدة للمصالح الغربية، في حين أن هذا الكيان سيبدو طبيعياً ومنسجما ومتجانساً مع التركيبة الجديدة لكيانات المنطقة، وبذلك يكون قد نال دورا رئيسيا كبيرا، في توجيه وضبط سياسات دويلات طائفية ومذهبية مختلفة ومتناحرة. فالتجزئة بحد ذاتها عملية تطبيع لإسرائيل التي تعاني من شذوذها البنيوي، باعتبارها جسما غريبا تسلل إلى الجغرافيا العربية. وتسعى السياسة الغربية إزاء العالم العربي الإسلامي منذ منتصف القرن التاسع عشر، من الإيمان بضرورة تجزئته وتفكيكه لاستمرار الهيمنة الغربية عليه، والمعروف أن استحداث دولة إسرائيل وقيامها وسط هذه المنطقة جاء لتحقيق هذا الهدف، فوجود عالم عربي مترابط تجمعه وحدة الدين واللغة والتاريخ والتراث الحضاري والثقافي سيشكل ثقلا إستراتيجيا واقتصاديا وعسكريا، وبالتالي عائقا أمام الأطماع الاستعمارية الغربية. وكما

قال شمعون بيريز (لقد جرب العرب قيادة مصر للمنطقة مدة نصف قرن، فليجربوا قيادة إسرائيل إذن)٢٧.

ويمكن قراءة وتفسير الأحداث الدامية التي داهمت المنطقة العربية، من خلال نظرية (صدام الحضارات)٢٨ للكاتب والباحث الأكاديمي الأمريكي صموئيل هنتنجتون، والتي احتلت مكانا في التفكير الاستراتيجي الأمريكي بعد نشرها في مجلة فورين أفيرز عام ١٩٩٣، وتعتقد الولايات المتحدة من خلال نظرية هنتنجتون أن باستطاعة الحضارة الغربية احتواء حضارات العالم، باستثناء الحضارة الإسلامية التي لا يمكن استيعابها، لأن الأمة الإسلامية تمتلك معايير وشروط النهوض الحضاري، الذي يجعلها من جديد قادرة على استئناف دورها في بناء الحضارة المعاصرة، وعليه فان الصدام سينشأ وبصفة أساسية مابين الحضارتين الغربية والإسلامية، ولهذا ينبغي على القوى الغربية وعلى رأسها الولايات المتحدة، السعي لخلخلة الأنظمة العربية ونشر الفوضى في المنطقة للحيلولة دون استمرار الوحدة الحضارية، والقضاء على أية محاولة يمكن أن تسهم في بعث عصر العرب الذهبي من مرقده، ولهذا فان التخطيط الأمريكي للتغيير في البلاد العربية ينسجم مع

---

٢٧ هذا القول عبر عنه برنارد لويس، وتبناه المحافظون الجدد، وأصبحت السياسة الأميركية تدور في فلكه.

٢٨ الحضارات الموجودة والمقصودة حسب صموئيل هنتنغتون، تنحصر في سبعة حضارات، وهي الحضارة الغربية والإسلامية واليابانية والهندية والكونفوشية والسلافية الارثودوكسية والأمريكية اللاتينية.

الرؤية الصهيونية، طالما أن ما يسمى بثورات الربيع العربي بدأت في إنجاز مهامها المتعلقة بتفكيك الهوية العربية، وإطلاق الهويات الفرعية، وبدأت تسهم إلى حد كبير في دمج الكيان الصهيوني كشريك استراتيجي في المنطقة العربية.

إن الأحداث التي جرت في بعض الأقطار العربية، تستدعي منا التوقف لنعيد قراءة المشهد من جديد بقدر من العقلانية، فمنذ حرب تدمير العراق عام ١٩٩١، والبلاد العربية تعيش أوضاعا خطيرة وتحديات جسيمة، تعصف بها من كل جانب أمنيا واقتصاديا وسياسيا واجتماعيا، وتهدد بالمساس بكيان الدولة ذاتها عبر ما يجري على أراضيها، سواء من خلال قوى التدمير الذاتي أو من خلال القوى الخارجية واللاعبون الكبار العاملون لصالح المشروع، فالاستقرار السياسي بات مفقودا، وتحولت القوى المعارضة إلى جماعات عنف منفلتة، تعمل على تعميق النزاعات الداخلية في المجتمع، وصارت خيارات التقسيم والتجزئة استنادا إلى الهويات المذهبية والإثنية أمرا متداولا ومقبولا لدى البعض، وبدأت مظاهر النمو المتصاعد للهويات الفرعية تبرز وتطفو على السطح مقابل الهوية الوطنية الجامعة.

إن ما أطلق عليه ثورات الربيع العربي، اجتمعت في مبررات عميقة أفضت لاندلاعها، تمثلت في ارتفاع معدلات البطالة وانتشار الفساد، وتدهور الظروف المعيشية، وغياب الديمقراطية، وانعدام الحريات والحقوق الأساسية، واحتكار السلطة من قبل فئات نخبوية. لكن منذ أن بدأ استنساخ السيناريو التونسي في مصر وليبيا ثم سوريا،

اتضح أن ما وقع على الأرض العربية لم يكن ربيعا عربيا أو ثورات شعبية، إنما هي حراكات شبابية وانتفاضات موجهة مِن الخارج لصالح أجندات ومخططات خارجية، ذلك أنه من المفارقة العجيبة وسخرية المشهد أن الاستنساخ تضمن نفس الفصول وذات المشاهد، بل احتوى حتى على الجزئيات الصغيرة كالقناصة وإطلاق النار من سيارات الإسعاف.

وظهرت نتائج ذلك الربيع مستنسخة ومتطابقة تماما بكافة أحداثه في جميع الدول التي اجتاحها، اللهم باستثناء المشهد الختامي للفصل الأول الذي اختلف من دولة إلى أخرى، حيث أسدل الستار على هروب زين العابدين بن علي إلى السعودية، وتنحي حسني مبارك عن الحكم، واستبدال علي عبد الله صالح، وقتل معمر القذافي، تمهيدا لانطلاق أحداث أكثر جسامة ودموية عبرت بوضوح عن الصورة الواقعية والمشهد المدهش (لربيع العرب)، الذي سرعان ما تحول إلى خريف قبل أن يزهر ويثمر، وبات مدعاة للسخرية، ويرسخ واقعا لدول عربية في طريقها نحو الانهيار، وسيول الدماء لا تتوقف، ويحصد أرواح مئات الآلاف، ويشرد الملايين، بعد أن مارس الغرب وإعلامه العميل نشر الوعي المزيف، وتضليل المواطن العربي الذي استيقظ ذات يوم على انتفاضات عربية قيل له أنها ستأتيه بالحرية والديمقراطية، وتسترد إنسانيته التي انتزعتها الأنظمة الطاغية.

من المؤكد أننا انحرفنا كثيرا حينما أطلقنا تسمية الربيع على هذه الحقبة الحبلى بالأحداث ونتائجها الكارثية، فأي ربيع هذا الذي

استبدل مظاهر الطغيان والاستبداد بجرائم القتل والهدم والدمار، وأسقط الحياء من أخلاقنا، وصارت الصفاقة والفجور جزءا من حياتنا، وأي ربيع هذا الذي يستهدف إعادة العرب إلى عصور الظلام وحظيرة الجهل والخرافات، ومكن الفكر التكفيري الهدام من اختراق عقول أبنائنا وشبابنا المسلم، وحولوا الطيبة والرجولة والشهامة الكامنة في وجدان شبابنا إلى نفوس مكفهرة حاقدة ازدادت جشعا وطمعا، وأيادي ملطخة بالدماء امتدت لتطال كل ما هو متاح، أي ربيع هذا الذي جعل البعض يتحول من دعاة للسلام والرحمة والرأفة إلى جماعات حرب وقتل وتدمير، وتسليع الدين والمتاجرة باسمه، واستخدام طرائق غاية في دغدغة العواطف والمشاعر الطفولية، والتغرير بشباب الأمة والتحايل عليهم بمفاتيح أبواب الجنة التي لا تفتح إلا بعد تقديم القرابين البشرية، من خلال قتل الأطفال وفصل الرؤوس عن الأجساد وسبي النساء وسفك الدماء.

لقد انجلت ضبابية المشهد واتضحت الرؤية، بعد أن أباح (الربيع العربي) بجميع أسراره، ونمت قناعة مطلقة لدى الشعوب، مفادها أن الأحداث التي اندلعت في البلاد العربية لم تكن عفوية دون سابق تدبير مع انتهاء الحرب الباردة وبداية نظام عالمي جديد، وعليه فقد أصبح من الثابت القول أن ما اتفق على تسميته (بالربيع العربي)، رغم أهميته لشعوب عانت من القهر والاستبداد وما لبثت تعاني ظروفا قاسية في ظل أنظمة عاجزة، ما كان إلا مخططا مدروسا جرى الإعداد له في أروقة مراكز الدراسات ومكاتب

الجنرالات بإحكام شديد، مستغلين ضعف وتراجع حال الأمة العربية على مختلف الصعد.

ومن الملفت للنظر أن رياح التغيير التي اجتاحت العواصم والمدن العربية، انطلقت في وقت واحد، وكأن الشعوب العربية فرقة أوركسترا تنتظر إشارة البدء من قائد الفرقة، باستخدام حشد من الشباب العرب ممن يعيشون خارج النطاق السياسي في دولهم ويجهلون قواعده، والسيطرة على تفكيرهم وبرمجة عقولهم، وتعطيل ردود الفعل الذهني السليم، بشعارات (الربيع وأزهاره الزاهية الملونة)، اعتمادا على عشرات القنوات الإعلامية العربية والأجنبية، وعبر وسائل التواصل الاجتماعي، ولاسيما المنابر الدينية المسيسة، والجماعات الدينية المتطرفة، التي برهن الواقع أنهم وقود الفتنة والصراعات الطائفية، بل كانوا إحدى الأدوات الأساسية للمشروع، منذ أن خططت الدول الغربية وخاصة الولايات المتحدة الأمريكية قبل عقود من الزمن لاحتواء هذه الجماعات، واستخدامهم لاحقا في إذكاء الصراعات الدينية والطائفية في أوطانهم.

لقد أشار إلى هذا المخطط السياسي المعروف، والنائب السابق في البرلمان الانجليزي (جورج غالاوي) في حزيران / يونيو عام ٢٠١٢، خلال محاضرة بعنوان (مؤامرة سايكس بيكو الثانية على العرب)، حيث قال: (إن تقسيم العرب هذه المرة سيأتي على أساس الاختلافات الطائفية والمذهبية، إن جرى استخدامها كوسيلة لتحريض المسلمين إلى درجة الاقتتال فيما بينهم، وجعلهم

يتنافسون للتحالف مع الدول الغربية التي وضعت الخطة، وقد بدأت تتضح الحقيقة التي تشير إلى أن سايكس بيكو الثانية ستفرض عليهم من خلال تكريس التباين والاختلاف بين المسلمين السنة والمسلمين الشيعة، طالما أنهم ليسوا على وفاق وكل طرف يخشى الآخر، واستحداث نزاع مزيف بين العرب وإيران، والتخطيط لكيفية جعل كل منهم يعتنق مذهبه ويتبناه ويتشدد في الدفاع عنه، لذا فعليكم أن تتوخوا الحذر من سايكس بيكو جديدة مهما بلغت التضحيات، لأنها ستقود إلى تجزئة دولكم، بل ستؤدي إلى قيام تحالفات هزيلة، مماثلة إلى حد ما للانشطار الأوروبي بين الغرب والشرق في عهد الحرب الباردة، التي قسمت أوروبا لما يزيد عن نصف قرن. بريطانيا وأمريكا هما الدولتان المساندتان للديكتاتوريات في العالم العربي سابقا وحاضرا، وأطماعهم تنصب في السيطرة على الموقع الاستراتيجي للعالم العربي والثروة الهائلة التي يحظى بها) .

خلاصة القول: لقد وقع العرب في مكيدة (الربيع العربي)، مثلما جرى خداعهم في أكذوبة (أسلحة الدمار الشامل العراقية).

لقد ظهرت حقيقة التعاون الأمريكي مع الجماعات الإسلامية، ودعم هذه الجماعات وتوظيفها بما ينسجم والمصالح الأمريكية، وتوضح الوثائق السرية الأمريكية التي جرى الكشف عنها تورط الإدارة الأمريكية في التخطيط لما يسمى (الربيع العربي) من خلال مؤازرة ودعم الإخوان المسلمين والتيارات الإسلامية المتشددة. ففي إطار قانون (حرية الحصول على المعلومات) تمكن موقع

(موجز الشرق الأوسط) الأمريكي من إلزام الخارجية الأمريكية بالإفراج عن الوثائق والمستندات، التي تؤكد على أشكال التفاهم بين الولايات المتحدة والإخوان المسلمين في أوقات متفاوتة من عمر العلاقة الطويلة بين الجانبين.

وبينت هذه الوثائق أن الولايات المتحدة ومنذ عام ٢٠١٠، قررت تغيير سياستها في الشرق الأوسط، وذلك بالتخلي عن دعمها للأنظمة المستقرة وتوجيه هذا الدعم نحو الجماعات الإسلامية. وبحسب الموقع فقد احتفظت إدارتان أمريكيتان على مدى عقدين من الزمن بعلاقات متميزة مع جماعة (الإخوان المسلمين) في كل من مصر وتونس وسورية وليبيا.

ويشير الموقع في مجموعة من التقارير التي نشرت تباعا حول العلاقات الأمريكية مع الإخوان المسلمين، إلى أن إدارة الرئيس (باراك أوباما) أعدت تقييما لجماعة الإخوان خلال عامي ٢٠١٠ و ٢٠١١، وقام أوباما بإصدار تقرير توجيهات الدراسة الرئاسية عام ٢٠١٠ طالباً تقييما لكل من جماعة الإخوان وحركات الإسلام السياسي والحزب الحاكم في تركيا (حزب العدالة والتنمية)، وتمخض عن تلك التحقيقات تغيير الولايات المتحدة لسياستها المتعلقة بدعم الأنظمة المستقرة في الشرق الأوسط وشمال أفريقيا، والتوجه نحو دعم حركات (الإسلام السياسي).

وأوضحت إحدى الوثائق التي أفرج عنها بموجب قانون (حرية الحصول على المعلومات)، إلى أن (حزب العدالة والبناء) الإسلامي

الليبي، عقد مؤتمرا سياسياً حضره القائم بالأعمال الأمريكي، وجرى خلاله تكريم كل من بشير الكبتي الأب الروحي لجماعة الإخوان المسلمين في ليبيا، والصادق الغرياني مفتي الديار الليبية، مما يؤكد أن الولايات المتحدة قد بدأت في تغيير سياساتها لمصلحة الجماعات الإسلامية، بما في ذلك جماعة الإخوان الليبية منذ ما يزيد عن عقد من الزمن، وما زالت تتجه إلى دعم الجماعات الإسلامية المتطرفة التي تستخدمها كأداة لتنفيذ مخططاتها. وخلصت وثيقة داخلية أعدها البيت الأبيض، وشارك في وضعها الدبلوماسي الأمريكي المعروف (دينيس روس) وآخرون عام ٢٠١١، إلى أن جماعة الإخوان المسلمين لديها (اختلافات أيديولوجية كبيرة) مع تنظيم القاعدة، وحذرت الوثيقة من أنه إذا لم تنجح السياسة الأمريكية في التمييز بين القاعدة والإخوان المسلمين، فلن نتمكن من التكيف مع هذا التغيير الذي يحدث في الشرق الأوسط وشمال أفريقيا.

وفي نيسان / ابريل عام ٢٠١١، قام مسؤولون في الولايات المتحدة بترتيب زيارة مدير العلاقات العامة في جماعة الإخوان المسلمين الليبية (محمد قاير) إلى واشنطن، لإلقاء كلمة في مؤتمر (الإسلاميون في السلطة)، والذي استضافته مؤسسة كارنيغي للسلام الدولي، وفي السياق ذاته أعلن موقع (موجز الشرق الأوسط) في تقرير خاص له، عن وثيقة لوزارة الخارجية الأمريكية، تكشف سلوك إدارة الرئيس الأمريكي السابق باراك أوباما لسياسة الدعم السري لجماعات الإخوان، وحركات الإسلام السياسي الأخرى الحليفة لها في الشرق الأوسط منذ عام ٢٠١٠،

لتنفيذ المخططات والأهداف السياسية الأمريكية في المنطقة، وأظهرت الوثيقة التي وردت تحت عنوان (مبادرة الشراكة مع الشرق الأوسط) ، بعد مصادقة أوباما عليها في تشرين الأول / أكتوبر ٢٠١٠، نمطا جديدا من أنماط عمل وزارة الخارجية الأمريكية في الشرق الأوسط وشمال أفريقيا، يوضح نشاطها وجهدها الرامي إلى بناء ودعم حركات التمرد في المنطقة عبر ما وصفته (منظمات المجتمع المدني)، لتغيير السياسة الداخلية في الدول المستهدفة لصالح أهداف سياسية خارجية تخدم الولايات المتحدة.

كما بينت أيضا الأهداف المطلوبة الكامنة خلف السياسة الأمريكية الجديدة تجاه الدول المستهدفة، حيث جاء فيها: (مبادرة الشراكة الشرق أوسطية عبارة عن برنامج إقليمي، من شأنه تمكين شعوب الشرق الأوسط وشمال أفريقيا من تطوير مجتمعات أكثر تعددية وتشاركية، وتطورت المبادرة وأصبحت أكثر مرونة ونشاطا واتسعت لتشمل المنطقة، ورعاية منظمات المجتمع المدني وتمويل أنشطتها السياسية، في كافة دول المنطقة باستثناء إيران).

وفي جزء من الوثيقة تحت عنوان (كيف تعمل مبادرة الشراكة الشرق أوسطية)، فقد حددت ثلاثة عناصر أساسية من برنامجها وهي (البرامج الموسعة، والمنح المحلية على صعيد المنطقة، والمشاريع الخاصة بكل دولة)، وفي وصف البرامج الموسعة تحدثت الوثيقة عن بناء شبكات من الإصلاحيين والنشطاء للتعاون فيما بينها، والتحفيز على التغيير التدريجي في المنطقة، وحصرت هدف المنح المحلية في مجال تقديم الدعم المباشر للجماعات

ومنظمات المجتمع المدني، وهي تشكل أكثر من نصف مشاريع مبادرة الشراكة الشرق أوسطية. وأشارت الوثيقة إلى أن (موظفي السفارات الأمريكية في تلك الدول، يتولون مهام إدارة التمويل، ويشكلون حلقة الاتصال المباشر مع هذه المنظمات).

أما فيما يخص (المشاريع المتعلقة بكل دولة)، فقد أوضحت الوثيقة أن مسألة متابعة (الاستجابات للتطورات والاحتياجات المحلية على النحو المحدد، تتولاها سفارات الولايات المتحدة، وذلك وفق الرؤية والتحليلات الميدانية، على اعتبار أن التطورات السياسية في تلك الدول قد تنتج فرصاً جديدة يمكن استغلالها لتحقيق أهداف حكومة الولايات المتحدة، وسوف تتولى مبادرة الشراكة الشرق أوسطية تحويل الأموال للاستجابة لهذه الاحتياجات. (وخولت الوثيقة نائب رئيس البعثة الدبلوماسية الأمريكية في كل دولة من دول المنطقة، مسؤولية برنامج مبادرة الشراكة الشرق أوسطية، وإيلاء هذه المبادرة الأولوية والأهمية المناسبة.

وقد بينت الوثيقة وفق الموقع، أن آلية عمل مبادرة (الشراكة مع الشرق الأوسط) لا تستند إلى التعاون والتنسيق مع حكومات الدول المضيفة، فهي ذات صبغة سرية، ومن هنا يتضح أن عملها يعتمد أساسا على التعاون مع هيئات المجتمع المدني ومؤسساته، وأشارت الوثيقة إلى الدول العربية ذات الأولوية التي تستهدفها المبادرة، استنادا إلى الدوافع الخفية للإدارة الأمريكية، وهي (مصر والمملكة العربية السعودية وتونس واليمن والبحرين)

، فيما أضيفت كل من ليبيا وسوريا بعد عام من إنشائها. ويتولى توجيه هذه المبادرة الدبلوماسي الأمريكي (بول ساتفين)٢٩. وتحدثت الوثيقة عن تأسيس مكتب (المنسق الخاص لرعاية تحولات الشرق الأوسط) في أيلول / سبتمبر ٢٠١١، وجرى تعيين (ويليام تايلور)٣٠ رئيسا له، مهمته التنسيق بين حكومة الولايات المتحدة والحكومات الإسلامية الناجمة عن الثورات في الشرق الأوسط وشمال أفريقيا، وكان تايلور قد حذر المجلس الأعلى للقوات المسلحة المصرية من انقلاب عسكري ضد جماعة الإخوان المسلمين، خلال كلمة ألقاها في مؤسسة (مجلس الأطلسي)، مؤكداً أن الولايات المتحدة ستقبل بهدوء (فوز الإخوان)، وقد تكررت هذه التصريحات على لسان مسؤولين كبار في الإدارة الأمريكية، منهم (هيلاري كلينتون) و(آن باترسون) سفيرة الولايات المتحدة سابقا لدى القاهرة، كما أشار إلى اتفاق سري عقد بين فريق من المخابرات الأميركية، بقيادة مدير الوكالة السابق ديفيد بتريوس ووفد من قيادة جماعة الإخوان، في مدينة فرانكفورت خلال تشرين الثاني/ نوفمبر ٢٠١١، قدمت بمقتضاه الولايات المتحدة دعما غير محدود للإخوان للاستحواذ على السلطة في مصر.

---

٢٩ شغل منصب مدير مكتب إسرائيل والشؤون الفلسطينية في مكتب وزارة الخارجية لشؤون الشرق الأدنى، وشغل أيضا وظيفة القنصل الأمريكي في أربيل.

٣٠ دبلوماسي يعرف الكثير عن الثورات لاسيما الثورات الملونة، حيث كان سفيرا للولايات المتحدة في أوكرانيا خلال الثورة البرتقالية ٢٠٠٦ - ٢٠٠٩.

من المعروف أن تغيير ملامح الشرق الأوسط، بات من ضمن الأولويات الرئيسية للسياسة الأمريكية في المنطقة العربية، من خلال حرصها على دفع وتشجيع الإصلاح الديمقراطي في الدول العربية ونشر الحرية والديمقراطية، لكن بدا واضحا أن الولايات المتحدة لم تكن تنوي الدخول في هذا المشروع دون اللجوء إلى من تعتقد أنهم يحتاجون إليها أكثر من حاجتها إليهم، ومن ثم تحقيق مرادهم نظير تنفيذ مشروعها بأيديهم. والملفت للنظر أن قضية التحالف الأمريكي مع الإسلاميين، وتوجيه الدعم لهم ومساندتهم لبلوغ سدة الحكم في الدول العربية ذات الدور المحوري في قضايا المنطقة، لاقت قبولا وترحيبا لدى الإدارة الأمريكية وخاصة الديمقراطيين الأمريكيين، فحلم الإسلاميين في الوصول إلى السلطة في تلك الدول العربية، يتناغم مع التطلعات الأمريكية في تغيير أنظمة الحكم بأنظمة تطبق المشروع الديمقراطي الأمريكي الجديد، على عكس فكر الإسلاميين الذين مارسوا نموذجا متشددا في الحكم اتسم بالإضطراب وعدم الاتزان، مما أحدث صدعاً كبيراً مع قوى مدنية وليبرالية، وهو ما دفع الإدارة الأمريكية للتأثير في هذا الفكر وإضفاء صبغتها الديمقراطية عليه بتفاصيلها الخاصة، حتى بلغ إلى مستوى إسقاط كل ما يتعلق بالفكر الإسلامي لديهم من الواقع المعمول به وجعله مجرد شعار لهم فقط.

ولعل معاناة الشعوب العربية من الأنظمة العربية، وتعطشها لرؤية الشعارات الإسلامية البراقة على أرض الواقع، والخطابات النارية والتصريحات الصحافية والوعود الشكلية، ساعدت في إيجاد التفاهم الأمريكي - الإخواني.

نظرية الكفاح السلمي

كان للولايات المتحدة الأمريكية دور أساسي في تسعير الاحتجاجات العربية، عبر تقديم الدعم المالي إلى منظمات المجتمع المدني في الدول العربية، المنغمسة في مجال الديمقراطية وحقوق الإنسان، من خلال ما يعرف بالقوة الناعمة (Soft Power)، وحشد الجماهير والتأثير على الرأي العام، وإعداد الشباب وتدريبهم على كفاح اللاعنف، عن طريق المؤسسات التدريبية مثل معهد (أينشتاين) التابع لمؤسسة (جين شارب)، من أجل تغيير قيادات بعض الدول العربية ممن فقدوا شعبيتهم، ومساندة أولئك الذين يوافقون على تقسيم بلدانهم على أسس طائفية ومذهبية وعرقية، وبناء على ذلك تم تدريب مجموعات من الشباب العرب، ليكونوا على رأس الحركات الاحتجاجية في دولهم تحت شعار تحقيق الديمقراطية، وقد جاء في أحد التقارير لوكالة (الأسوشيتدبرس) الأمريكية التي تناولت أحداث ٢٥ يناير في مصر، أن الولايات المتحدة الأمريكية كانت تؤدي دورا مزدوجا في الشرق الأوسط، تمثل في دعم وتأييد الأنظمة الديكتاتورية في المنطقة للحفاظ على مصالحها، وفي ذات الوقت كانت تعمل على إعداد جيل من الشباب العربي لقيادة التحرك نحو الديمقراطية في تلك الدول، وأضافت الوكالة أن مجموعات من الشباب الذين شاركوا في الثورات سواء في مصر أو العالم العربي قد تلقوا تدريبات في أمريكا منذ عام ٢٠٠٥ على برامج الديمقراطية ومهارات التنظيم السياسي ووسائل التواصل الاجتماعي. وقالت الوكالة أن ما يقرب من عشرة آلاف مصري، شاركوا في برامج

الديمقرطية والحكم، التي رعتها الوكالة الأمريكية للتنمية USAID، مؤكدة أن الولايات المتحدة رصدت ميزانية وصلت إلى ثمانمائة مليون دولار من أجل برامج المنافسة السياسية والمجتمع المدني في سبعة وستون دولة علي مستوي العالم.

برز دور (جين شارب) بصورة واضحة في عمليات التدريب على الكفاح السلمي ومبادئ اللاعنف، بعد أن قام بتأسيس معهد ألبرت أينشتاين عام ١٩٨٣، لدعم حركات تغيير الأنظمة في العالم من خلال ما يسمى (استراتيجيات التغيير السلمي)، وهذا المعهد وثيق الصلة بالمخابرات المركزية الأمريكية ويتلقى تمويلا من مؤسسات الملياردير الصهيوني جورج سوروس.

وكان لجين شارب دورا فاعلا في تحرير جمهوريات البلطيق ودول أوروبا الشرقية، وانشأ منظمة (كانفاس)٣١ في صربيا وبسببها نجح الصرب في إسقاط ديكتاتورية (ميلوسوفيتش) في العام ٢٠٠٠، وتمكن معهد كانفاس من تدريب المقاومة الجورجية التي نجحت في خلع ادوارد شيفرنادزة، و كذلك الثورات الملونة، ومنذ ذلك الوقت ظل معهد ألبرت أينشتاين أحد المساهمين الرئيسيين في

---

٣١ منظمة غير ربحية لمع اسمها بصورة كبيرة في أعقاب الربيع العربي، تعمل على تنظيم دورات تدريبية تحت شعار التحولات الديمقراطية، وإعداد الشباب من الجنسين على قيادة الجماهير في التظاهرات السلمية، وأساليب التعامل مع رجال الأمن، ذات نشاط واسع يهدف إلى تغيير النظام العالمي وخلق الثورات والاحتجاجات السلمية، ولها ارتباط بالمخابرات الأمريكية، كانت خلف الثورة الوردية في جورجيا والثورة البرتقالية في أوكرانيا.

دعم حركات الكفاح السلمي أو حروب اللاعنف في جميع أنحاء العالم.

اقترن اسم جين شارب بالكتابة والتأليف في الموضوعات المتعلقة بالكفاح السلمي، وقد استقت من كتاباته العديد من التحركات المناهضة للحكومات حول العالم. ولد شارب في ولاية أوهايو الأمريكية، وحصل على البكالوريوس في العلوم الاجتماعية من جامعة أوهايو عام ١٩٤٩، وعلى درجة الماجستير من نفس الجامعة، ودخل السجن مدة تسعة شهور بسبب احتجاجه على عملية التجنيد للمشاركة في الحرب الكورية، ونال عام ١٩٦٨ درجة الدكتوراه في الفلسفة من جامعة أكسفورد في مجال النظرية السياسية. وقد أنشأ عام ١٩٨٣ كما أشرنا سابقا معهد ألبرت أينشتاين، وهو منظمة غير ربحية متخصصة في دارسة العمل السلمي وتعزيزه كوسيلة للحصول على الحقوق والتخلص من الظلم حول العالم.

استمد جين شارب أفكاره من دراسات متعمقة لحركة مهاتما غاندي، وفي كتابه الصادر عام ١٩٧٣ بعنوان (سياسة الحراك السلمي)، يشير إلى العديد من المصادر التي تأثر بها، ويقدم فيه تحليلا علميا شاملا عن الحراك السلمي كوسيلة لممارسة القوة في فترات النزاع. ومن أهم الأفكار التي تناولها أن السلطة ليست ثابتة، بمعنى أنها ليست أمراً لا يمكن انتزاعه، ويرى أن سلطة الدولة بصرف النظر عن طبيعة تنظيمها، إنما تنبع من المواطنين، وأن قاعدة السلطة تقوم على طاعة المواطنين لأوامر الحاكم، فإن

امتنع المواطنون عن الطاعة، ففي هذه الحالة يفقد الحاكم سلطته.

ويعتقد أن كل قاعدة فعالة للسلطة لها أنظمة تسعى إلى تحصيل الطاعة من المواطنين، وعادة ما يكون للدول أنظمة معقدة للحفاظ على التزام المواطنين وطاعتهم، وهذه الأنظمة تشتمل على مؤسسات الدولة المعروفة مثل الشرطة والمحاكم والهيئات التنظيمية، ولكنها قد تشمل كذلك بعض الجوانب الثقافية التي تشجع على الطاعة من خلال غرس مفهوم أحادية السلطة وقدسيتها ومكانتها. وتعمل هذه الأنظمة على تحديد العقوبات للترهيب، والمنح والمزايا للترغيب، وهذا كله يؤثر على مدى الطاعة من قبل الأفراد. ولجين شارب مؤلفات أخرى، لعل أبرزها كتاب (من الديكتاتورية إلى الديمقراطية) الذي نشرته مؤسسة ألبرت أينشتاين، وقد حملت الملايين من الناس في حاسوباتها الشخصية هذا الكتاب، وشكلت مؤلفاته مرجعية هامة خلال الدورات التدريبية للحركات الاحتجاجية العربية التي عقدت في الغرب، وبخاصة في صربيا عام ٢٠٠٨، ووصفه (هوجو تشافيز) بمفجر ثورة الغوغاء والفوضى الخلاقة في العالم، وقد منعت كتبه من التداول في الاتحاد السوفيتي السابق، والى جانب نشاطه الفكري الذي دشنته العديد من المجلدات والمؤلفات، ساهم شارب مع مجموعة من المنظمات الدولية، في تدريب الكوادر الشبابية من دول أمريكا اللاتينية والدول العربية وغيرها، مما جعله أبرز منظر وملهم للثورات الملونة والثورات العربية، رغم أن أول ثورة استلهمت كتاباته كانت الثورة الصربية والبرتقالية في

أوكرانية.

بدأ يسطع نجم شارب بعد نجاح حركة (أوتبور)32 الصربية المعارضة، التي اتخذت من شعار (قبضة اليد) رمزا للحركة، في الإطاحة بالرئيس (سلوبودان ميلوسوفيتش) عام ٢٠٠٠ بدعم أمريكي وتمويل من الملياردير الصهيوني (جورج سورس)، ثم تطورت حركة أوتبور لتغدو معهد لدراسات اللاعنف باسم (كانفاس)، الذي بدأ يتولى تدريب النشطاء ونقل التجربة الصربية خارج صربيا، وتصدير الثورة إلى جورجيا عام ٢٠٠٣ من خلال حركة (كمارا) التي تعني (يكفي) وسميت بثورة الورود، وبعد جورجيا انتقلت الثورة إلى روسيا عام ٢٠٠٥ وفنزويلا عام ٢٠٠٧ ودول أخرى، وعرفت تلك الثورات بالثورات الملونة لأن كل حركة اتخذت لونا مختلفا لجذب أنظار الجماهير تحت شعار واحد.

تأسس معهد (كانفاس) في العاصمة الصربية بلغراد، وجين شارب هو الذي ابتدع مواد التدريب في المعهد باعتباره الخبير في مجال الكفاح السلمي حول العالم، وهو من وضع تكنيك (حرب اللاعنف). وشعار كانفاس (قبضة اليد) بمعنى إن القوة في يد الشعب، وأن الشعب هو الذي يحكم نفسه دون سلطات قيادية مدنية أو عسكرية، والقرار الأول والأخير في يده، وهذا مستوحى من

---

٣٢ منظمة صربية، تعني باللغة العربية (المقاومة)، كان لها دور مؤثر في دعم الاحتجاجات في العديد من الدول وخاصة الدول العربية، وساهمت في تدريب عناصر شبابية من ٣٧ دولة للعمل على إسقاط أنظمة بلدانها، قامت بتدريب حركة (٦ إبريل) المصرية، أشرفت على إعداد وتدريب الشباب الذين قادوا الاحتجاجات في كل من جورجيا وأوكرانيا والهند ولبنان وتونس، تعتمد في تدريبها على تطبيق أساليب العصيان المدني، والتحرش برجال الأمن واحتلال المباني، وتسبغ على التظاهرات والاحتجاجات أنماط من المرح والفكاهة والغناء، تتلقى دعما ماليا من الولايات المتحدة، ساهمت بشكل مباشر في إسقاط الرئيس الصربي سلوبودان ميلوسيفيتش وتعمل وفقا للمخطط الأمريكي الهادف إلى إسقاط بعض الأنظمة.

مقاومة غاندي في الهند ضد الاستعمار البريطاني، مع الفارق أن مقاومة غاندي كانت ضد الاستعمار وليست ضد الوطن. من هنا ظهر تطبيق هذا التكنيك لغزو الدول المستهدفة من خلال شعوبها، لهدم أنظمة ومؤسسات وأعمدة الدولة دون الحاجة إلى التدخل الخارجي، تنفيذا لنظرية الجيل الرابع من الحروب، لتفكيك الجيوش والقضاء على المؤسسات السيادية ونشر الفوضى وهدم الدولة المستهدفة، غير أن واضعي هذا التكنيك والاستراتيجيات تفننوا في وضع خطط الهدم والتفكيك بدقة، لكنهم لم يضعوا أي استراتيجيات للبناء!

كشفت إحدى وثائق ويكليكس عن دور معهد (كانفاس) في الإعداد للثورات حول العالم، وصلته الوثيقة بالاستخبارات الأميركية، وفروعها المتعددة حول العالم ومنها مركز (ستراتفور)، وأشارت إلى الدور الذي لعبه المعهد في التحركات المعارضة للرئيس الفنزويلي الراحل (هوغو تشافير) في فنزويلا، غير أن هذا البلد كان عصيا على كانفاس، لأن الرئيس الفنزويلي حذر شعبه من الثورات الملونة لمنظمات المجتمع المدني، واقتنع الشعب بذلك لأن (تشافيز) واجه الشعب بالبراهين والأدلة العقلية، وخاطبهم بالوعي واحترم فكرهم وعقولهم، ولذلك لم يتبعوا عملاء أوتبور وكانفاس ولم يقوموا بالثورة ضده، رغم اتفاق المعارضة الفنزويلية وأمريكا على إنشاء منظمة تشابه في محتواها ومضمونها رمز (قبضة اليد)، واتخذت رمز القبضة الملونة بألوان العلم الفنزويلي.

في عام ٢٠٠٣ تأسست (حركة كمارا) الجورجية، وهو العام الذي أعلنت فيه الولايات المتحدة مشروعها الهادف إلى نشر منظمات المجتمع المدني في العالم أو المنظمات غير الحكومية، والتي ستتلقى معونات من الولايات المتحدة، ثم تأسست (حركة كفاية المصرية) عام ٢٠٠٥، وضمت نشطاء انضموا فيما بعد لحركة (٦ أبريل) وتلقى بعضهم تدريبات اللاعنف في مركز كانفاس بصربيا، حسب اعترافات قادة الحركة المصريين، من بينهم أحمد ماهر مؤسس الحركة والناشطة إسراء عبد الفتاح، بينما تلقى تيار الإسلام السياسي هذه التدريبات في قطر عن طريق (أكاديمية التغيير)، التي تروج لأعمال ودراسات جين شارب وتقوم بتدريسها.

وخلال شهر كانون أول / ديسمبر ٢٠٠٨، سافر عدد من أعضاء حركة (٦ ابريل) إلى الولايات المتحدة، للمشاركة في ورشة عمل حول إنشاء تحالفات للحركات الشبابية النشطة على شبكة الإنترنت، ثم قاموا بزيارة إلى كانفاس فى صربيا، وبالتالي تم تقليد شعاراتها ورموزها وبشكل خاص (قبضة اليد) في كل أنشطة وفعاليات الحركة داخل مصر. وفى عام ٢٠٠٩ بدأت الاتصالات بين أعضاء الحركة وممثلي مكتب المعهد الجمهوري الأمريكي، وهو منظمة أمريكية غير حكومية لا تهدف للربح تأسست عام ١٩٨٣ ومقرها واشنطن. وترتبط منظمة كانفاس مع شبكات ومنظمات في أكثر من خمسين دولة حول العالم، وهي متورطة في تغيير النظام العالمي الذي يهدف إلى تطويق روسيا والصين.

ومن ضمن الحركات التي تستخدم شعار (قبضة اليد): حركة (كاخ) الصهيونية، حركة (أوتبور) صربيا، حركة (كمارا) جورجيا، حركة (بورا) أوكرانيا، حملة (دعم أوباما) أمريكا، ثورة (الأرز) لبنان، ثورة (الياسمين) تونس، حركة (٦ أبريل) مصر، لجان (التنسيق المحلية) سورية، حركة (قرفنا) السودان. والجدير بالذكر أن جميع هذه الحركات وغيرها، تم تدريبها من خلال منظمة كانفاس الصربية.

وكانت حركة (٦ أبريل) قد ظهرت إلى الوجود، بعد اجتماع عقد في الجامعة الأمريكية بالقاهرة في كانون ثاني / ينايرعام ٢٠٠٨ بين (جيمس جلاسمان)٣٣ وناشطون سياسيون مصريون، وكان جلاسمان في ذلك الوقت يشغل منصب وكيل وزارة الخارجية الأمريكية للدبلوماسية والشؤون العامة في الحكومة الأمريكية، بعد ذلك أقدم كل من جلاسمان (وجاريد كوهين (وهما يهوديان، بتأسيس تحالف مع شخصيات وشركات أمريكية عملاقة، تخضع للهيمنة الصهيونية العالمية، مثل (فيس بوك وجوجل وأم تي في وهاو كاست) برعاية وزارة الخارجية الأمريكية، وقاموا بإنشاء منظمة أطلق عليها تسمية (تحالف حركات الشباب. (وتحظى هذه

المنظمة برعاية ودعم وزاره الخارجية الأمريكية ووزارة الدفاع الأمريكية والمشاريع الصهيونية الضخمة في العالم مثل جوجل و فيسبوك و تويتر وبيبسي وجيل جديد ويوتيوب، وحينها أصدر جاريد كوهين وكان أصغر مستشار في وزراه الخارجية الأمريكية، وتولى إدارة منظمة موفمنتس وموقعها، تعليماته لبعض قادة حركة (٦أبريل) لحضور المؤتمر الأول الذي انعقد في نيويورك نهاية عام ٢٠٠٨ طبقا لإحدى وثائق ويكيليكس.

وقد كشف جلاسمان عن وجود علاقة وثيقة للأجهزة الأمريكية مع منظمات مجتمع مدني مصرية، تتلقى الدعم والرعاية من الحكومة الأمريكية منذ وقت طويل في سبيل التغيير، وهو ما أفصح عنه باراك أوباما نفسه في اجتماع مع (مدراء جوجل) في تشرين الثاني / نوفمبر ٢٠٠٧ حينما قال: أنتم ستساعدون في إحداث التغيير من الأسفل إلى الأعلى.

وكان جورج بوش الابن قد أسند عام ٢٠٠٩ مهمة إدارة مركزه البحثي (معهد جورج دبليو بوش) إلي جيمس جلاسمان، وهو معهد السياسة العامة المتعلقة بالقضايا والأفكار التي سعى بوش الابن إلى نشرها حينما كان رئيسا للولايات المتحدة. وخلال نيسان / أبريل ٢٠١٠ حضر جلاسمان مؤتمر (صناعة المعارضة) في معهد جورج بوش، لدعم الحرية للشعوب حول العالم برعاية فريدوم هاوس، وكان الهدف تجميع الشعوب والمجتمعات لنيل حريتها والحرب ضد الإرهاب، حيث اعتبرت فريدوم هاوس بعض الدول (غير حرة) وهي: الصين، كوبا، سوريا، وروسيا، و اعتبرت

دول مثل: فنزويلا وكولومبيا (حرة جزئياً)، في حين اعتبرت إسرائيل الدولة الوحيدة التي يحظى مواطنوها بالحرية في الشرق الأوسط وشمال أفريقيا! ودعي إلى هذا المؤتمر نشطاء من الصين وروسيا وإيران وفنزويلا وكوبا إضافة إلى مصر وسوريا، كما حضر المؤتمر خبراء من الحكومة الأمريكية وفريدوم هاوس، وذلك للتعاون في قيادة الشعوب نحو الحرية والديمقراطية والحرب ضد الإرهاب بمساعدة وسائل التكنولوجيا والاتصالات الحديثة، وحضر ذلك المؤتمر منظمات كبرى ومجموعة من الشخصيات نذكر منهم (بيتر أكرمان) رئيس المركز العالمي لدراسات اللاعنف، وهو واضع بعض برامج التدريب الخاصة بحرب اللاعنف والعصيان المدني وممول منظمة كانفاس، ونشر عدة دراسات حول فن الثورات الملونة والتكتيكات الملائمة لنجاحها، ولم يجد حرجا في توظيف الغوغاء والمأجورين، كما حدث في الساحة الحمراء في موسكو وفي كييف وتصويرهم كجمهور مدني.

وقد نشرت مجلة السياسات الخارجية الأمريكية (فورين بوليسى) قائمة بأسماء أفضل مائة شخصية عربية قدمت خدمات للسياسة الأمريكية خلال عام ٢٠١١، من بينهم: علاء الأسواني ومحمد البرادعي ووائل غنيم (من مصر)، علي فرزات (سوري، رسام كاريكاتير وحائز على جائزة ساخاروف)، رازان زيتونه (سوريه حقوقية، وهي أيضا حائزة على جائزة ساخاروف) ، راشد الغنوشى (رئيس حزب النهضة التونسي) ، خيرت الشاطر (نائب المرشد العام للإخوان المسلمين) ، توكل كرمان (صحفية يمنية حاصلة على جائزة نوبل)، وضاح خنفر (مدير قناة الجزيرة السابق والذي

كشف موقع ويكليكس عن علاقته بالمخابرات الأمريكية)، منال الشريف وإيمان الفنجان (سعوديتان وناشطتان حقوقيتان في حركة قيادة المرأة للسيارة بالسعودية)، فتحي تربل (محامي ليبي)، محمد العريان (خبير اقتصادي مصري أمريكي).

وأخيرا فإن المراد من هذه التدريبات هو نشر الفوضى وضرب استقرار الدول وتأجيج الخلافات بين الشعوب العربية، وإشعال نيران الفتن بين مسيحيين ومسلمين، علمانيين وإسلاميين، راديكاليين ومعتدلين، شيعة وسنة، وخلق نزاعات وخلل في المنطقة، و زعزعة استقرار وثوابت المجتمع، وهدم الثقافات العربية وتدميرها وابتداع ثقافات جديدة، وإفساد صورة الإسلام من خلال دعم الجماعات الإسلامية للوصول إلى السلطة، وتنفيذ مشروع الإسلام الديمقراطي الذي ينسجم مع المجتمع الدولي والرأسمالية العالمية، وضرب رسالة الإسلام العالمية الوسطية منهج الرسول الكريم صلى الله عليه وسلم، واستئصال فكرة معاداة العرب للصهيونية تمهيدا لإقامة المشروع الصهيوني في ظل إنهاك الدول بالإرهاب والحروب الطائفية وانهيار الاقتصاد، وغياب الأمن والنظام وهدم مؤسسات الدولة.

الـفـصـل الـتـاسـع

الاختـراق الناعم

يعتبر اصطلاح (القوة الناعمة) من المصطلحات التي ابتكرت حديثا في ميدان العلاقات الدولية، وهو محور أساسي من محاور دراسة القوة، خاصة أن القوة الناعمة هي المعيار والعمق الحقيقي الجديد لأي قوة صاعدة، بعد امتلاكها للقوة الصلبة المتمثلة في الجانب العسكري.

ويرى الأكاديمي الأمريكي المعروف (جوزيف ناي)[34] في كتابه (القوة الناعمة: وسائل النجاح في السياسة الدولية) أن القوة الناعمة لها نفس قيمة ومكانة القوة الصلبة، وكل قوة تعمل جنبا إلى جنب مع القوة الأخرى. والقوة الصلبة هي ضرورة أساسية للقوة الناعمة التي تزيد من جاذبية الدولة وقدرتها على التأثير، فهي سلاح مؤثر، ووجودها يوفر للقوة الصلبة غطاء الشرعية في

---

[34] شغل منصب مساعد وزير الدفاع لشؤون الأمن الدولي في عهد الرئيس الأمريكي الأسبق بل كلينتون، وكان رئيس مجلس الاستخبارات الوطني، ورئيس المعهد العالمي للبحوث الإستراتيجية، وأستاذا في جامعة هارفارد، وهو المنظر الأول لنظرية (القوة الناعمة)، وأحد أبرز المفكرين في علم العلاقات الدولية على مستوى العالم.

عيون الآخرين، ويحقق الأهداف عبر الجاذبية والإقناع بدل الإكراه أو دفع الأموال، مع الأخذ بعين الاعتبار توفر القوة الصلبة للدولة، لأنه من المستحيل لدولة ذات قدرة عسكرية واقتصادية متواضعة أن يكون لها جاذبية وتأثير على غيرها من الدول. ويؤكد (جوزيف ناي) أن حسم الصراعات عبر القوة العسكرية بات أمرا من الماضي، خاصة وأن الانفتاح وقوة وسائل الاتصال والبرمجيات قد تشكل عائقا كلما حاولت الولايات المتحدة شن حرب جديدة، ويدعو إلى اعتماد إستراتيجية القوة الناعمة لضمان حلفاء ليس من الحكام فقط بل من شعوب المناطق التي تسعى أمريكا لبسط هيمنتها عليها.

ولدى مراقبة الإستراتيجية العسكرية للولايات المتحدة في أفغانستان والعراق سواء أثناء الاحتلال أو ما بعده، يمكن القول أن تلك الإستراتيجية شملت القوة الصلبة والقوة الناعمة. ففي البداية لجأت الولايات المتحدة إلى القوة الصلبة، مستخدمة نظرية (الضربة الإستباقية) في العراق لجعله أول ساحة نموذجية لتطبيق الضربة الإستباقية وليصبح عظة للآخرين، لكن هذه الإستراتيجية لم تستمر طويلا، حيث أدرك صناع القرار الأمريكي حجم المعضلات الكبيرة التي نجمت عنها، واستحالة الاعتماد على سياسة القوة الغاشمة منفردة، مما دفع الإدارة الأمريكية إلى إعادة صياغة إستراتيجيتها في العراق منذ الولاية الثانية للرئيس جورج بوش الابن، فاتبعت ما يسمى عسكريا بتكتيك (الاقتراب غير المباشر) عبر استخدام ما يسمى بالقدرة المكتسبة (دول، أنظمة، منظمات، أفراد) ، إضافة إلى القوة الناعمة والذكية، حيث عمل

باراك أوباما خلال توليه الرئاسة على توطيد القوة الناعمة، لأن الاستخدام المفرط للقوة العسكرية أدى إلى عزل العديد من حلفاء وأصدقاء الولايات المتحدة.

والمقصود بالقوة الناعمة حسب (جوزيف ناي)، القدرة في الحصول على ما نريد من خلال الجذب بدلا من القسر أو الدفع، وهي أحد مصادر التأثير، وهي أيضا الإغراء والجذب. ويقول (ناي) إن القوة الصلبة، هي القوة السياسية والاقتصادية والعسكرية مجتمعة، بمعنى القوة في صورتها الخشنة التي تعني الحرب، والتي تعتمد على الجيوش. واستخدام هذه القوة يعني الدخول في مجازفات جسيمة، وعواقبها تكون كبيرة على الدولة، كما حصل في الحرب العالمية الثانية.

وأوضحت دراسات لعدد من الباحثين أن القوة الناعمة مفهوم جرى تداوله في مجال نظريات العلاقات الدولية، ويستند إلى استثمار القدرة السياسية من أجل الهيمنة على نشاط واهتمامات الأطراف الأخرى المستهدفة بوسائل فكرية، بمعنى الغزو الثقافي والأيديولوجي للاستيلاء على أمة أخرى أو التأثير عليها، من غير أن تظهر هوية الفاعل الحقيقي.

ولعل أبرز من أفصح عن الطموحات الأمريكية وموجبات تسابق قوتها هو (روبرت غيتس) الذي عمل وزيرا للدفاع ومديرا لوكالة الاستخبارات المركزية الأمريكية، والذي أكد أن مهمته لا تتعلق بموازنة الدفاع أو القوة العسكرية، إنما حول كيفية مواجهة الولايات المتحدة للتحديات الخارجية المحتملة في العقود القادمة. ويعتقد

(غيتس) أن على الولايات المتحدة ابتداع أشكال جديدة لقوتها القومية إذا أرادت أن تتصدى للمتغيرات الدولية، وهو يقر بأنه تولى وزارة الدفاع لتعزيز استخدام القوة الناعمة، لكي تغدو القوة الفاعلة الرديفة للقوة الصلبة.

بينما قدم جوزيف ناي في مؤلفاته، استراتيجيات كبيرة لتعظيم السياسة الخارجية الأمريكية، واضطلع على تكلفة الحروب في أفغانستان والعراق، ولاحظ تراجعا كبيرا لمكانة الولايات المتحدة على الصعيد الدولي٣٥، وتقهقر منزلتها وشأنها على المستوى الشعبي لاسيما في الدول الإسلامية. وتوصل إلى نتيجة مفادها أن الأمم والشعوب عرفت القوة الصلبة والقدرات العسكرية والاقتصادية للولايات المتحدة. وأدركوا كذلك أن استخدام القوة الخشنة والتهديدات المباشرة لا يمكن أن تحقق النتائج المطلوبة، في حين أن الاعتماد على الوجه الآخر للقوة سيجذب الآخرين ويرفع مستوى الإعجاب بالسياسة الأمريكية.

بناء على ذلك بدأت الولايات المتحدة الأمريكية والدول الاستعمارية بالعمل على استثمار منظمات المجتمع المدني في الوطن العربي، للولوج إلى داخل المجتمع واستهدافه من الخارج،

---

٣٥ أظهرت نتائج استطلاع للرأي العام في الولايات المتحدة، ارتفاع أعداد الأمريكيين الذين يعتقدون أن مكانة وتأثير بلادهم على المجتمع الدولي في تراجع، وبينت نتائج الاستطلاع الذي أجراه معهد (بيو للدراسات والأبحاث) وحمل عنوان: (أمريكا ومكانتها في العالم عام ٢٠١٣)، أن ما يزيد عن ثلثي المواطنين، يعتقدون بتراجع مكانة بلادهم على الصعيد العالمي، لكنهم يؤمنون بأهمية الاحتفاظ بقدراتها العسكرية العظمى.

واستخدام هذه المنظمات كرأس حربة في برامج تسويق النموذج الأمريكي. ومن أبرز الوسائل المعروفة لتحقيق ذلك هي عملية التمويل المالي بطريقة مباشرة أو من خلال أطراف أخرى، غالبا ما تكون ملوثة سياسيا، ويتم هذا التمويل تحت غطاء دعم التحول الديمقراطي وحقوق الإنسان، وقد شهدت السنوات الأخيرة تناميا كبيرا في حجم التمويل الخارجي، سواء كانت مصادر التمويل ممنوحة من الحكومة الأمريكية إلى منظمات المجتمع المدني، أو ممنوحة من مؤسسات غير حكومية أمريكية إلى أفراد أو مؤسسات غير حكومية لتحقيق أهداف ذات طبيعة سياسية أو اجتماعية أو ثقافية. وتتزايد الجدل حول اتساع دور وحجم التمويل في الدول العربية بعد ثورات الربيع العربي، و لعل ما شهدته مصر في الآونة الأخيرة من محاكمات النشطاء في المجتمع المدني والمتهمين بتمويل منظمات مدنية، يقرع جرس الإنذار في كل المنطقة العربية، ويلفت الانتباه إلى هذا الملف الخطير والذي انكشفت خيوطه في مصر وتونس.

وقد ثبت لصناع السياسة الأمريكية، أن استخدام القوة في تحقيق التحول الديمقراطي ونشر الحرية ودعم حقوق الإنسان، حملت مخاطر لا يستهان بها من جهة فقدان الكثير من القوات البشرية، زيادة على التكاليف المالية الضخمة التي قدرت بنحو تريليون دولار، كما أن تغيير الأنظمة في بعض البلدان العربية من خلال القوة العسكرية سينجم عنه تصدع وخلل في المصالح الأمريكية، وإرهاق كبير للإمكانات العسكرية والاقتصادية، ولهذا اتجهت الإدارة الأمريكية لدعم وتفعيل منظمات المجتمع المدني لكي تسهم في

مخطط التغيير لبعض الأنظمة العربية المطلوب تغييرها، استنادا إلى الرؤية الأمريكية من خلال تدخلها المباشر وغير المباشر، والذي من شأنه تحقيق المصالح العليا للولايات المتحدة، تحت ستار نشر القيم الديمقراطية في دول المنطقة.٣٦

وبناء على ذلك بدأت واشنطن بتقديم الدعم والتمويل للعديد من المنظمات الأمريكية غير الحكومية، مثل منظمة الصندوق الوطني للديمقراطية ((NED، ومنظمة فريدوم هاوس (Freedom House)، والمعهد الديمقراطي للشؤون الدولية(NDI) الذي يتبع للحزب الديمقراطي، والمعهد الجمهوري الدولي (IRI) التابع للحزب الجمهوري وغير ذلك من المنظمات والهيئات الأمريكية.

ولهذا بات مخطط الاختراق الناعم للدول والأقطار العربية عبر منظمات المجتمع المدني، أحد أبرز أسلحة السياسة الأمريكية التي لعبت دورا كبيرا وفعالا في ضرب الاستقرار ونشر الفوضى في البلدان المستهدفة، بل تمكنت من المساهمة في إسقاط بعض الأنظمة السياسية في دول الربيع العربي، مثل تونس ومصر وليبيا واليمن، ولازالت تمارس دورا خطيرا في منطقة الشرق

---

٣٦ رغم أن المساعي الرامية إلى دعم الديمقراطية في المنطقة العربية بقيت محدودة، بسبب مصالح الولايات المتحدة المتعلقة بالصراع العربي الإسرائيلي والنفط العربي، لكن أحداث الحادي عشر من سبتمبر أعادت النظر في الإستراتيجية الأمريكية نحو الشرق الأوسط والعالم العربي بشكل خاص، حيث قامت تلك الإستراتيجية في الأساس على دعم وتعزيز الاستقرار السياسي وإن كان علي حساب القيم الديمقراطية، فقد توصل صناع القرار الأمريكي إلى قناعة مفادها أن دعم الأنظمة الاستبدادية في الدول العربية هو السبب الرئيسي لظهور وامتداد التطرف على نحو واسع.

الأوسط والبلدان العربية، بأساليب ملتوية وخبيثة لتغيير الأنظمة السياسية عبر ما يسمى (حروب الجيل الرابع)، وتعمل هذه المنظمات من خلال معاهد ومؤسسات ديمقراطية متنوعة بأسماء مختلفة.

وعليه فإن استثمار السياسة الأمريكية لتلك المنظمات لم يكن بهدف ترسيخ التحول الديمقراطي في العالم، وإنما لبلورة إستراتيجية أمريكية جديدة، لاسيما بعد الخسائر البشرية والمادية الكبيرة التي تكبدتها خلال حروبها العسكرية في أفغانستان والعراق، ولذلك ارتأت الولايات المتحدة ضرورة إنشاء القوة المدنية الكبيرة والمتمثلة بمنظمات المجتمع المدني، لتصبح مماثلة للديناميكية والحيوية التي يتصف بها الجيش الأمريكي، لاسيما أن التعاطي مع الحكومات أصبح غير كافي في عصر المعلومات، حيث بات الرأي العام يحظى باهتمام كبير وأصبح للمؤسسات غير الحكومية الدور الأبرز في التأثير على مجريات الأحداث.

وسوف نتناول فيما يلي بعض منظمات المجتمع المدني الأمريكية للإطلاع على أهدافها وكيفية عملها:

الصندوق الوطني للديمقراطية

هو مؤسسة خاصة غير ربحية، تأسس من أجل تطوير دور المؤسسات الديمقراطية في جميع أنحاء العالم، ويقدم سنويا ألف منحة لدعم مشاريع الهيئات غير الحكومية خارج الولايات

المتحدة، والتي تعمل من أجل الأهداف الديمقراطية في أكثر من تسعين دولة، وتعتبر من أدوات الضغط الناعم للخارجية الأمريكية، ويتلقى الصندوق التمويل من الكونجرس الأمريكي وعدد من يهود الولايات المتحدة، ويمتد مجال عمل الصندوق إلى دعم الأحزاب السياسية، وتمويل بعض الأنشطة لأعضاء هذه الأحزاب لربطها بالسيادة الأمريكية.

تأسس الصندوق في عهد الرئيس الأمريكي رونالد ريجان عام ١٩٨٣، من أجل مساعدة الولايات المتحدة في كسر النفوذ الروسي العالمي، وأثيرت حوله اتهامات بأنه غطاء لأنشطة معادية ضد الدول المضيفة، وأصبح الصندوق الأمريكي مقربا من دوائر المحافظين الجدد، ويشرف على إدارته لجنة متوازنة من الحزبين الديمقراطي والجمهوري تحظى بدعم الكونغرس الأمريكي من مختلف الانتماءات السياسية.٣٧ ويقوم بنشر معلومات على موقعه حول كافة الأنشطة والمنح التي يقدمها، ويخضع للرقابة من قبل الكونغرس ووزارة الخارجية.

وقد جاء في (بيان المبادئ والأهداف) الصادر عن الصندوق عام ١٩٨٤ رؤيته للديمقراطية التي يرى أنها تنطوي على (حق الشعوب في أن تقرر مصيرها بحرية). وبالتالي تقتضي ممارسة هذا الحق

------

٣٧ من ضمن الذين أشرفوا على إدارة الصندوق الفيلسوف والسياسي الأمريكي (فرانسيس فوكوياما) صاحب نظرية نهاية التاريخ، والدبلوماسي الأمريكي (زلماي خليل زاد) أحد المخططين لغزو العراق. وكلاهما من أقطاب مشروع القرن الأمريكي.

وجود نظام يضمن حرية التعبير والاعتقاد والانتماء، والانتخابات الحرة والتنافسية، واحترام حقوق الأفراد (والأقليات) التي لا يجوز التصرف فيها، وحرية وسائل الاتصال وسيادة القانون، ولتحقيق أهدافه يعمل الصندوق على تعزيز نمو مجموعة واسعة من المؤسسات الديمقراطية في الخارج، بما في ذلك الأحزاب السياسية والنقابات ومنظمات المجتمع المدني.

وللصندوق تواجد في معظم الدول العربية، وقدم معونات مالية لعدد كبير من الجمعيات والمؤسسات في الجزائر والبحرين والكويت وسلطنة عمان ومصر والعراق والأردن ولبنان وليبيا والمغرب وسوريا وتونس وفلسطين واليمن. ويعتبر أحد مشاريع الإمبريالية الأمريكية تحت ستار نشر الديمقراطية والحرية، وذلك لتطبيق الهيمنة الأمريكية طبقا لمشروع القرن الأمريكي الجديد.

ومن المعروف أن الصندوق كان يمول عمليات الإطاحة بالحكومات الأجنبية بالتعاون مع جهاز المخابرات الأمريكية، وحينما افتضح أمره وكشف عن تمويله للحركات والمجلات والصحف الأجنبية، استمر في التمويل ولكن بصورة سرية تحت عنوان (تعزيز الديموقراطية). وقد قامت الحكومة الروسية بحظر أنشطة الصندوق الوطني للديمقراطية، وقالت إن الصندوق، الذي يقدم المال القادم من الكونجرس الأمريكي على الأفراد والمنظمات التي تروج للديمقراطية في جميع أنحاء العالم، ممنوع من العمل في روسيا أو إرسال أموال إلى البلاد وبالتالي فهو غير مرغوب فيه.

فريدوم هاوس (بيت الحرية)

بيت الحرية أو فريدوم هاوس ((Freedom House هي منظمة دولية غير حكومية مقرها واشنطن، ولها ارتباط وثيق بجهاز المخابرات الأمريكية، تأسست عام ١٩٤١ بدعم مباشر من الرئيس الثاني والثلاثين للولايات المتحدة (فرانكلين روزفلت)، وهو الذي احتضن المؤتمر الصهيوني في نيويورك عام ١٩٤٢ بحضور (ديفيد بن غوريون)، وتقرر فيه تنفيذ الوعد البلفوري. وتستخدم الإدارة الأمريكية لتنفيذ مشروعها الإمبراطوري الاستعماري في العالم مجموعة كبيرة من المنظمات العاملة في ميدان الديمقراطية وحقوق الإنسان، ومن أبرز هذه المنظمات (فريدوم هاوس) التي أنشأتها (آنا الينور) زوجة رئيس الولايات المتحدة الأسبق (فرانكلين روزفلت)، تحت شعار) أولوية الديمقراطية وحقوق الإنسان في تشكيل السياسة الأمريكية)، وساعدها في ذلك المحامي (ويندل ويلكي)، وهو مرشح سابق لرئاسة الولايات المتحدة عن الحزب الجمهوري، ومن أنصار وجود (عالم واحد) بلا حدود ولا تفرقة دينية أو اجتماعية أو سياسية وهو نفس فكر (النظام العالمي الجديد).

تقوم المنظمة بإجراء دراسات وبحوث حول الديمقراطية والحرية السياسية وحقوق الإنسان، ويصدر عنها كل عام تقريرا لتقييم مستوى الحريات الديمقراطية من حقوق مدنية وحرية الصحافة وغيرها في كافة بلدان العالم، وتسعى إلى تحقيق عدة أهداف رئيسية من بينها: مساندة الديمقراطية على مستوى العالم،

والدفاع عن سيادة القانون، وتشجيع مساءلة حكومات الدول من قبل مواطنيها، وتعزيز حرية التعبير والاعتقاد، والتأكيد على احترام حقوق الأقليات والمرأة.

ويؤدي جهاز المخابرات الأمريكية والمنظمات الصهيونية دور أساسي وكبير في إدارة وتوجيه منظمة (بيت الحرية)، ويكفي التذكير بأن غالبية قياداتها على علاقة وطيدة ومباشرة بجهاز المخابرات الأمريكية ومنهم الصهيوني (بيتر أكرمان) الذي سبق أن تولى رئاسة المنظمة، وأشرف بنفسه على التخطيط والتدبير لما يسمى بالثورة الوردية في جورجيا عام ٢٠٠٣ والثورة البرتقالية في أوكرانيا عام ٢٠٠٤، وهو صاحب اختراع لعبة فيديو شهيرة تعرف باسم (قوات أكثر نفوذ) أو (كيف تهزم الديكتاتور)، وهذه اللعبة وزعت على من يسمون بالثوار في جورجيا وصربيا وأوكرانيا!

ويعتبر اليهودي الصهيوني (جيمس وولسي) رئيس جهاز المخابرات الأمريكية السابق والذي قام بالتبرير الفكري لحرب احتلال العراق عام ٢٠٠٣ أحد أبرز رؤساء فريدوم هاوس، والتي انبثق عنها برنامج تنظيمي تدريبي تحت مسمى (برنامج جيل جديد)٣٨، وتتلقى المنظمة تمويلها من قبل الملياردير الصهيوني (جورج سوروس) وهو الذي قدم الدعم المالي للثورة في كل من

---

٣٨ برنامج يهتم بصناعة جيل جديد من الشباب، يتبنى ويدعم تغيير فكر الشباب في الدول المستهدفة، من ضمن التدريبات التي يتلقاها الشباب في هذا البرنامج تدريبات لتنمية المهارات الحربية واستخدام أسلحة القنص.

جوجيا وأكرانيا. وقد نجحت هذه المنظمة في تحقيق الكثير من الأهداف منها:

دعم مؤسسات المجتمع المدني في بولندا ولاسيما النقابات، حيث كان لها دورا بارزا في إسقاط النظام الشيوعي.

لعبت دورا واضحا في الثورة الوردية بجورجيا، نتج عنه إسقاط نظام إدوارد شيفارنادزه عام ٢٠٠٣، وإيصال نظام تابع للولايات المتحدة الأمريكية على رأسه ميخائيل ساكاشفيلي، ووصل الأمر إلى أن قدم الملياردير (جورج سوروس) تعهدا بدفع رواتب الحكومة الجديدة في جورجيا في حال تعثر ساكاشفيلي في إدارة شؤون الدولة.

الإشراف على تدريب عدد من الشباب في مصر وحصولهم على دورات تتعلق بالحشد الجماهيري، واستقطاب مجموعة من السباب المصريين ضمن (برنامج جيل جديد) والاسم الكامل للبرنامج هو (جيل جديد من النشطاء لا يعادي أمريكا وإسرائيل) .

كان للمنظمة دورا بارزا في الثورة البرتقالية وتشجيع ودعم الحشود الجماهيرية في أوكرانيا، وصرف الأموال للمعتصمين أمام مبنى البرلمان الأوكراني، والتي أشرف عليها إلهاما وتمويلا وتوجيها (بيتر أكرمان) الذي كان يشغل مدير (المركز الدولي للصراعات غير العنيفة) ومدير فريدوم هاوس، إضافة إلى جورج سوروس مالك مؤسسة سوروس التي تمول منظمات المجتمع المدني. وتجدر الإشارة إلى أن (الثوار) في أوكرانيا كانوا قد تلقوا دورات في (الحشد

الجماهيري) ممن أطلق عليهم خبراء في تعليم الديمقراطية والحشد عبر وسائل الإعلام الحديثة.

المعهد الديمقراطي للشؤون الدولية (NDI)

منظمة أو معهد أنشأته حكومة الولايات المتحدة الأمريكية عام ١٩٨٣ بواسطة الوقف الوطني للديمقراطية، بهدف دعم الديمقراطية في الدول النامية، ويرتبط بالحزب الديمقراطي. ويعتبر حسب المعلومات الواردة على موقعه الإلكتروني أنه منظمة غير حكومية يعمل من أجل دعم ونشر الديمقراطية في كافة أنحاء العالم، ويقدم الموارد المادية والاستشارات وورش التدريب على الوسائل العملية في المشاركة الديمقراطية، يقود المعهد قيادات يهودية معروفة بميولها الصهيونية[39]، وله فروع في عدد من الدول العربية كالجزائر والبحرين ومصر والعراق والأردن ولبنان والمغرب وفلسطين واليمن، وتعتبر هذه الفروع الإقليمية بمثابة القواعد التي تنطلق منها البرامج التي يديرها المعهد.

وقد باشر المعهد نشاطه في المنطقة العربية ولاسيما مصر منذ عام ٢٠٠٥، وتتركز معظم نشاطه على مساندة ونشر مفاهيم الديمقراطية وحقوق الإنسان، ويلخص وظائفه بنقاط جذابة ومدهشة لا تثير الشك، مثل تقديم المساعدات المالية والفنية

---

[39] يقود المعهد مجلس إدارة يتكون من ثمانية وعشرون عضوا، نصفهم من اليهود الأمريكان المتعصبين للصهيونية. وتولى قيادة المعهد مادلين أولبرايت وزيرة خارجية الولايات المتحدة في عهد الرئيس كلينتون

الهادفة إلى مشاركة المواطنين في العملية الديمقراطية القائمة في بلدانهم، وتطوير مؤسسات القطاع الخاص بما يناسب قيم الديمقراطية من شفافية وتمثيل وتعددية ومحاسبة، وتشجيع نزاهة العملية الانتخابية والسياسية القائمة على قوانين حقوق الإنسان، وتمكين المرأة في الميدان السياسي والحياة المدنية.

لكن الأهداف الخفية للمعهد الديمقراطي تظهر في جمع البيانات والمعلومات السرية التي تخدم المصالح الأمريكية، والتخطيط السري لزعزعة أمن واستقرار الدول، وتنفيذ مخطط لإفساد الحياة السياسية في مختلف الدول العربية، وتدريب الشباب على عمليات قلب أنظمة الحكم، وتقسيم الدول العربية اعتمادا على استغلال حالات الاستبداد والتسلط والقهر المنتشرة والسائدة في البلدان العربية.

ساهم المعهد في تدريب أعداد كبيرة من الشباب العرب، وبعض الأحزاب السياسية على تصميم المواقع الإلكترونية وإعداد قاعدة البيانات، واستثمار مواقع التواصل الاجتماعي من أجل تأجيج الفتن والكراهية بين أفراد المجتمع والحكومات في بعض الدول العربية، تنفيذا للدور السياسي الذي يؤديه في الدول التي يتواجد بها فروع للمعهد كما هو الحال في مصر، وبعض البلدان الأخرى، حيث كشف الواقع عن دور خطير يقوم به لإثارة القلاقل والاضطرابات الداخلية وتحريك الصراعات المجتمعية بين أبناء الدولة المستهدفة، من اجل تجزئة وحدة المجتمع وهدم كيان الدولة، وما يؤكد ذلك هو حجم التمويل والمنح السنوية التي

يقدمها الكونجرس الأمريكي لهذا المعهد، سواء بشكل مباشر أو عبر هيئات حكومية كالوكالة الأميركية للتنمية الدولية، والوقف الوطني للديمقراطية، ناهيك عن التمويل المستمر الذي تقدمه كل عام وزارة الخارجية الأمريكية باعتباره احد أدواتها بما يسند إليه من مهام متنوعة، ابتداء من رسم الخطط وإعداد التقارير السرية عن أوضاع الدول التي يعمل بها المعهد، مرورا بزعزعة استقرار تلك الدول تحت غطاء دعم الديمقراطية في نسختها الأمريكية التي تنحصر في قضايا محلية للدولة، لا تخرج عن دور وحقوق المرأة، أو حقوق المثليين، والاصطفاف خلف سياسات العم سام، وصولا إلى مرحلة التدخل في الشؤون الداخلية للدول من خلال استغلال وتوظيف شخصيات من الطابور الخامس لتنفيذ أجندات ضد الدولة المراد استهدافها.

المعهد الجمهوري الدولي(IRI)

تأسس من قبل الحكومة الأمريكية عام ١٩٨٣، ويتولى إدارة برامج سياسية دولية، تحمل في بعض الأحيان اسم برامج الدمقرطة، ويقدم هذا المعهد نفسه على أنه منظمة غير ربحية، وغير منتمية لأي حزب سياسي في الولايات المتحدة الأمريكية، يهدف إلى تنمية الديمقراطية والحرية وحكم الشعب وسيادة القانون. وتتضمن أنشطة المعهد تقديم الدعم والمساعدة للأحزاب السياسية، وتنمية التعليم والمجتمع المدني، ودعم دور المرأة والشباب، إضافة إلى الإصلاح الانتخابي ومراقبة العمليات الانتخابية، والتعبير السياسي في المجتمعات المغلقة. ويمارس نشاطه في مجموعة

من دول الشرق الأوسط مثل أفغانستان والعراق والأردن والمغرب وسلطنة عمان والضفة الغربية وغزة.

يرأس مجلس إدارة المعهد السيناتور (جون ماكين)، المرشح عن الحزب الجمهوري في انتخابات الرئاسة الأمريكية ٢٠٠٨، وماكين غني عن التعريف فقد شغل رئيس لجنة العلاقات الخارجية في مجلس النواب، وكان من أنصار ودعاة التدخل العسكري الأمريكي في ليبيا، ويعتبر من أشهر صقور الولايات المتحدة، كما تبين أنه كان أحد الأقطاب الفاعلين لما عرف بالربيع العربي، واجتمع عشية اندلاع الأحداث الدامية في سورية وليبيا مع مجموعات مختلفة من الإرهابيين. ويقول الكاتب الفرنسي الشهير تيري ميسان في إحدى دراساته: (إن تعداد ما ارتكبه جون ماكين من جرائم نيابة عن الخارجية الأميركية مثير، فقد ساهم في كافة الثورات الملونة التي حدثت خلال السنوات الماضية)، ويؤكد ميسان أن الاحتجاجات المناهضة للحكومة في دمشق وبنغازي اندلعت في شباط / فبراير عام ٢٠١١ بتوجيه من الولايات المتحدة، حيث أدت إلى إسقاط النظام في ليبيا، وإلى حرب شاملة في سوريا. وفي أواخر الشهر ذاته شوهد جون ماكين في ليبيا خلال لقائه أحد السياسيين الليبيين، وكلفه بتنظيم عمليات نقل الأسلحة إلى سورية لمحاربة نظام بشار الأسد، وحدد المدن السورية التي ستكون قاعدة لاستقبال المرتزقة.

ويستند الكاتب الفرنسي تيري ميسان في دراسته، إلى المعلومات التي حصل عليها من تقرير الاستخبارات الفرنسية، حيث ورد به أن

ماكين ترأس اجتماع (الناتو) الذي انعقد في القاهرة بتاريخ ٤ شباط / فبراير ٢٠١١، وتم خلاله إطلاق مخطّط (الربيع العربي في سورية وليبيا). ويضيف ميسان، أن (الناتو) قام بتجهيز خمسة آلاف جندي إلى ليبيا بتمويل من قطر، وحضر ذلك الاجتماع المفكر الفرنسي المعروف وعراب الربيع العربي (برنارد ليفي)٤٠، وممثلون عن الثورة الليبية، والليبي محمود جبريل.

وتجدر الإشارة إلى أن عضوية مجلس أمناء المعهد الجمهوري مزدحم بالعديد من رجال السلك الدبلوماسي وضباط البحرية الأمريكية، وبعض قيادات وكالة المخابرات المركزية السابقين، وشغل منصب مدير المعهد (لورن دبليو كرينر) وهو المساعد الأسبق لوزير الخارجية الأمريكي، وقد ألقى في أحد الأيام كلمة أمام لجنة الشؤون الخارجية قال فيها: (من المهم عندما يكون لنا علاقات مع حكومات مستبدة أن نخطط لليوم الذي قد يسقطون فيه عن السلطة، وأن نرعى ونغذي من يمكن أن يخلعوهم).

ويعمل المعهد الجمهوري كأداة لجهاز المخابرات لتقديم الدعم للمنظمات غير الحكومية التي تقدم له التقارير المطلوبة، وينفق

---

٤٠ فيلسوف وصحفي فرنسي مثير للجدل، يهودي الديانة ولد في الجزائر، عاد مع أسرته إلى فرنسا بعد مولده مباشرة، درس الفلسفة، وعرف كأحد (الفلاسفة الجدد)، وهم مجموعة عرفت بعدائها الشديد للاشتراكية، عرف بعراب (الربيع العربي)، وصل إلى ليبيا في آذار / مارس عام ٢٠١١، حيث شارك في المفاوضات مع (ثوار) بنغازي، وطالب المجتمع الدولي الاعتراف بالمجلس الوطني الانتقالي آنذاك، ساهم في إقناع الرئيس الفرنسي السابق نيكولا ساركوزي بشن غارات جوية داخل الأراضي الليبية، وهو من المطالبين بالتدخل العسكري في سوريا، ويأمل بتكرار الأحداث الليبية المروعة في سوريا.

بسخاء على استطلاعات للرأي، وأبحاث جامعية، وأحزاب سياسية، ونقابات وصحف وغير ذلك، ويتلقى تمويله من صندوق الوقف القومي للديمقراطية أي عبر الكونجرس الأمريكي. وساهم في شراء العديد من المثقفين والمنظمات المحلية في دول كثيرة من أجل تمرير السياسة الأمريكية، وهو الذي قدم الدعم لفيكتور يوشنكو في الانتخابات الأوكرانية، وساند الحركات الموالية لأمريكا في هايتي، وكان خلف الانقلاب العسكري الفاشل عام ٢٠٠٢ في فنزويلا للإطاحة بالرئيس الراحل هوجو تشافيز.

من الواضح أن الاختراق الناعم عبر منظمات التمويل الأمريكية لا يزال قائما، وتنفذ تلك المنظمات مخططاً لضرب الاستقرار في الدول العربية والإسلامية لنشر ثقافة الفوضى والعصيان المدني التي تنادي بها. ولم تفلح للأسف الجهود التي بذلت للتصدي لهذه المنظمات، لتعطيل وحظر تغلغلها داخل المجتمع العربي، وكانت (آن باترسون) سفيرة الولايات المتحدة سابقا لدى القاهرة، قد أعلنت خلال اجتماع لجنة العلاقات الخارجية بمجلس الشيوخ الأمريكي أن أمريكا قدمت منذ ثورة (٢٥ يناير) أربعين مليون دولار من أجل دعم الديمقراطية في مصر، وأكدت على أن ما يقرب من ستمائة منظمة مصرية تقدمت بطلبات للحصول علي منح مالية أمريكية لدعم المجتمع المدني.

هنالك واقع ينبغي إدراكه حول صفة وحقيقة المنظمات الأمريكية التي تزعم نشر الثقافة الديمقراطية والحرية، وتمكين المجتمع المدني للاضطلاع بدور تنموي، وهو أن تلك المنظمات تعمل على

تنفيذ مخططات مشبوهة بمعرفة دوائر صنع القرار في الولايات المتحدة، وترتبط بعلاقات وثيقة مع المؤسسات الرسمية الأمريكية كوزارة الخارجية والدفاع، ووكالة الاستخبارات المركزية، وبالتالي فهي ليست هيئات مستقلة، لاسيما وأن جزءا كبيرا من تمويل تلك المنظمات يأتي عبر القنوات الرسمية الأمريكية.

الـفـصـل الـعـاشـر

خزانات الفكر

أصاب الأديب والروائي الفرنسي فيكتور هوغو حينما قال: (أقوى شيء في الكون، بل أقوى من الجيوش وأقوى من القوة المجتمعة للعالم بأسره، هي فكرة آن أوان خروجها إلى النور). وصدق حكيم عندما قال: (الزمن القادم، ستصبح فيه قوة الفكرة أقوى من فكرة القوة). ولم يبتعد عن الواقع من قال: (كل التغييرات السياسية المهمة تبدأ بفكرة). بل قد يتغير شأن العالم وليس فقط السياسي فيه بفكرة. ألم يقل (أوغست كونت): (وحدها الأفكار تغير العالَم)؟ ولكن متى يحين أوان الفكرة فيكون لها هذا الدور الخطير؟

حينما تواصل دولة على إسناد شؤونها لمفكريها وعلمائها، فهذا بيان صريح بأنها ماضية على الدرب القويم. فلا تنهض الدولة بغير العلم، وما حمل العلم يوما أهلَه إلا إلى المجد والحضارة والسمو، ومتى كانت كوكبة العلماء ذات مكانة وحضور أساسي وجليل في منطق النسيج الاجتماعي والسياسي والاقتصادي، فهذا برهان قوي على أنها أوسع من الجهود والإمكانات المتواضعة أو اللقاءات

الشحيحة التي تتنازع هنا وهناك، وأكبر من القصور الفارهة التي زحفت بعيدا عن ضوضاء وقلق وهواجس الحياة وهموم الناس، وهي بهذا الحضور من ثوابت الحياة الديمقراطيّة. وحينما يتعاظم دورها وإمكانية تأثيرها في حياة المجتمع والسياسة والاقتصاد ضمن تلك الانطلاقة وبهذا الشعاع الباهر، يطلق عليها حينئذ: الثينك تانكس (Think tanks) أو مراكز التفكير أو خزانات الفكر.

من البديهي القول أن أي دولة لا يمكن أن تكون متكاملة القدرة والنفوذ والحظوة إن لم تبتدع لذاتها الوسائلَ والأدوات المطلوبة لذلك. وكلما تنوعت مظاهر صلابة وقوة الدولة اتسع لها المجال لبسط هيبتها ومكانتها، والاستئثار بالمفاصل الكبرى لنهج العالَم السياسي والاقتصادي والعسكري والثقافي، ولسنا بصدد الحديث عن مجمل مظاهر قوة الدولة لأن معظمها نار على علم ولا يستوجب الأمر الكشف عنها. ولكن شكلا منها لا زال في تقديرنا بعيدا عن التناول، على الرغم من أهمية وضرورة التقاطه من قبل رجال الفكر والرأي حتى تكتمل جوانب الإحاطة بفلسفة الدولة الصلبة. إننا نقصد على وجه التحديد مؤسسات الفكر أو مراكز البحث ووظيفتها في تكوين الوعي، ودورها في توجيه الرأي العام، وتوفير ما يحتاج إليه صناع القرار من إرشاد وتنوير ومعلومات ودراسات.

لا جدال في أن غالبية مراكز التفكير التي تشهد اليوم شيوعا واسعا في مختلف دول العالم قد ولدت ميتة. بل هي لا تعدو عن كونها جمعيات ثقافية وجعجعة بلا طحن، أو مراكز بحثية محدودة أو

هياكل منظمات غير أكاديمية، يجري توظيفها من قبل العديد من أنظمة الدول غير الديمقراطية، لتكون مطية لها بما تقدمه من مؤازرة سياسوية وأيديولوجية تنشط فقط على سطح الأحداث بعيدا عن جوهرها وغير منخرطة بها توجيها وتقويما، ويشمل هذا الأمر دول الديمقراطيات الغربية، التي راهنت على قدرتها في تكوين الرأي العام وابتكار ما تحتاجه من حلول لقضاياها الراهنة وتحقيق مشاريعها المستقبلية والإستراتيجية. ولعل الولايات المتحدة هي الدولة الوحيدة في العصر الحديث التي شهدت شكلا من مراكز البحث المنتظمة والقادرة على إنتاج الأفكار والمشاريع الضخمة للسياسات الدولية أو المحلية كالاقتصاد والتعليم والصحة وغيرها. لقد بات هذا النموذج من مؤسسات البحث الأمريكية بما صاغ لنفسه من معايير وخصائص ذاتية، شريكا رئيسيا في صناعة القرار، وربما لا نغالي إذا ما قلنا أنه تخطى تلك الشراكة بما يملكه من إمكانيات وقدرات ضخمة حتى أضحى عاملا أساسيا في تحديد رؤساء الولايات المتحدة.

لقد عبرت مراكز الفكر عن حضورها المثير منذ الوقت الذي دخل فيه إنتاجها الفكري حيز التنفيذ، لتقدم نفسها للعالم بصفة عامة ولصناع القرار الأمريكي على وجه التحديد على أنها مؤسسات فكر ودراسة وإمداد وتوجيه، مشيرة إلى الدور الإرشادي والتنويري الذي أخذت تمارسه وتضطلع به في كوكب ظاهره يدار بجبروت المال والسلاح، لكن باطنه تتولاه عقول تجيد هندسة الإدارة عن بعد، وامتلكت مفاتيح كثيرة مكنتها من طرح الأفكار وتهيئة المبررات التي تكفل للولايات المتحدة استمرارية نفوذها على العالم.

هنالك بعض الإشكاليات التي تعتري تعريف (الثينك تانكس) أو مراكز التفكير والبحث، لأن دقة تحديد هذا المفهوم لا يزال موضع خلاف، ذلك لأن معظم المراكز والمؤسسات المنتمية إلى مجال البحث، لا تعتبر نفسها من قطاع (الثينك تانكس) في وثائق تعريف الهوية الذاتية، بل تعلن عن نفسها كمنظمات غير حكومية أو غير ربحية، لذا يبقى هذا المفهوم واسع ويحتمل أكثر من تعريف بسبب كثرة التفاصيل والمعضلات التي تعتريه. وعلى الرغم من وجود تلك العقبات إلا أن الموسوعة المجانية المعروفة باسم (Wikipedia- Free Encyclopedia) عرفتها بأنها (أي منظمة أو مؤسسة تدعي أنها مركز للأبحاث والدراسات، أو مركز للتحليلات حول المسائل العامة والمهمة). وقال بعض الأكاديميين بأنها (أي منظمة تقوم بأنشطة بحثية سياسية تحت مظلة تثقيف وتنوير المجتمع المدني بشكل عام، وتقديم النصح لصناع القرار بشكل خاص)، وعرفها آخرون بأنها (تلك الجماعات أو المعاهد المنظمة بهدف إجراء بحوث مركزة ومكثفة، وتقدم الحلول والمقترحات للمشاكل بصورة عامة وخاصة في المجالات التكنولوجية والاجتماعية والسياسية والإستراتيجية أو ما يتعلق بالتسلح).

ويتفق الكثير من الأكاديميين الذين بحثوا في نشأة وتطّور مراكز التفكير والرأي الأميركية، على أن خصوصية النظام السياسي الأميركي والمنح المالية الضخمة التي تقدمها المؤسسات الخيرية في الولايات المتحدة، قد أسهمت بشكل واضح في تزايد وانتشار مراكز الفكر خلال القرن الماضي. غير أنهم متباينين حول تاريخ قيام أول مؤسسة فكر ورأي في الولايات المتحدة، ولذلك اقتنع

بعض هؤلاء الأكاديميين بتحديد الموجات أو الفترات الرئيسية لتطورها. لكن ينبغي الإشارة إلى أن مفهوم (مراكز الفكر والرأي) قد بدأ تداوله في الولايات المتحدة خلال الحرب العالمية الثانية، للإشارة إلى موقع أو مكان مناسب يلتقي فيه الخبراء والمخططون العسكريون من أجل مناقشة الخطط الإستراتيجية، غير أن هذا التحديد الضيق لذلك المفهوم قد اتسع منذ ذلك الحين ليكشف عن أكثر من ألفي منظمة تتخذ من الولايات المتحدة مركزا لها، وتنشط في مجال الشؤون الإستراتيجية، إضافة إلى ما يقرب من ثلاثة آلاف مؤسسة أخرى حول العالم.

وتلعب مراكز الفكر الأمريكية أو ما يطلق عليها بيوت الخبرة أو (خزانات الفكر)، دورا كبيرا وبارزا في السياسة الخارجية الأمريكية وطبيعة توجهاتها والأدوات التي تستخدمها في تنفيذها، ومعظم هذه المراكز والمؤسسات تتبنى تطلعات التيار المحافظ ونزعة المحافظين الجدد.

وفي هذا الصدد يرى (ريتشارد هاس)٤١ الذي يشغل موقع رئيس (مجلس العلاقات الخارجية الأمريكي) وهو أحد أبرز مراكز الأبحاث السياسية في الولايات المتحدة: أن مؤسسات الفكر والرأي توفر

---

٤١ رئيس مجلس العلاقات الخارجية منذ عام ٢٠٠٣، وكان قبل ذلك المساعد الخاص للرئيس الأمريكي الأسبق جورج بوش الأب، ثم مستشار لوزير الخارجية الأسبق كولن باول، ومدير تخطيط السياسات في وزارة الخارجية، وعمل منسقاً للسياسة الأمريكية فيما يخص مستقبل أفغانستان، حصل على ميدالية المواطنين الرئاسية نظرا لدوره في تطوير السياسة الأمريكية والتعبير عنها خلال الحرب على العراق.

من منظور صناع السياسة الأمريكية مجموعة من الأهداف الرئيسية، فهي تخلق تفكيرا جديدا لدى صانع القرار في الولايات المتحدة، وتعمل على رفد الحكومة والكونجرس بالخبراء، وتؤمن مساحة مناسبة لأصحاب القرار لاستحداث تناغم مشترك حول الخيارات السياسية المختلفة، وتثقف المواطنين الأمريكيين عن العالم، وتوفر إمكانية قيام فريق ثالث بالوساطة بين الأطراف المتنازعة.

وتطمح غالبية مراكز التفكير في استقطاب العدد الأكبر من السياسيين المتقاعدين بهدف استغلال خبراتهم وتنشيطهم في المجال الأكاديمي، ومن هذا المنطلق حصل الرئيس الأسبق بل كلينتون بعد انتهاء ولايته على عروض للتدريس في عدة جامعات، فيما أصبح نائبه آل غور أستاذا في كلية الصحافة بجامعة كولومبيا، وقام جيمس بيكر بتأسيس معهد للسياسة العامة في جامعة رايس في تكساس. ويعتبر هنري كيسنجر وزير الخارجية الأسبق إلى جانب كل من زبيغنيو بريجنسكي ومادلين أولبرايت وكوندا ليزا رايس، أبرز من تركوا بصماتهم على السياسة الخارجية من المؤسسات الأكاديمية. وهذه الحالة التي باتت معروفة باسم (حالة التداول الأكاديمي السياسي) تعتبر بالرغم من مزاجيتها من أشد سمات التشابك المجتمعي مع الدولة الأمريكية، وما يعزز مكانة هؤلاء الأكاديميين وفاعليتهم، أن المجتمع الأمريكي يطمئن لهم ويعتمد عليهم أكثر من أصحاب القرار، لإيمانه بأن الأكاديميين يطرحون أفكارهم بصورة موضوعية وحيادية، دون أي اعتبار للمصالح والأهداف الخاصة التي تحكم عمل السياسيين. ولهذا

فإن الكونجرس الأمريكي وقبل أن يفوض الرئيس بوش الابن حق استخدام القوة ضد العراق، قرر استدعاء مجموعة من أصحاب الرأي والخبرة لبيان المخاطر وفرص النجاح أمام أي عمل عسكري ضد العراق.

وكان من بين المدعوين للاستئناس برأيهم (كينث بولاك) الخبير في الشؤون السياسية والعسكرية لمنطقة الشرق الأوسط بمعهد (بروكنجز)، الذي خفف من مخاطر تعرض الأمريكيين لمقاومة في العراق، و(فؤاد عجمي)٤٢ الذي أكد للكونجرس أن العراقيين جاهزون لاستقبال القوات الأمريكية بالورود.

لقد أصبح لمراكز البحث والفكر في الولايات المتحدة دورا حيويا ومركزيا، وباتت المنبع الرئيسي للمعلومات والخبرات التي تقدم لصناع القرار، وهي ذات أجندات خفية، وأخذ نفوذها ينمو ويتزايد في الحياة السياسية الأمريكية. وسنلقي الضوء فيما يلي على أهم

---

٤٣ بروفيسور وكاتب أمريكي من أصول لبنانية، شيعي هاجر إلى الولايات المتحدة، متخصص في شؤون الشرق الأوسط، أكثر من نار على علم في الجامعات الأمريكية. رغم مساندته للتوجه العربي الناصري في بداية حياته السياسية، غير أنه لم يكن يبدي اهتماما للقضية الفلسطينية. برز اسمه بصورة كبيرة خلال حرب لبنان حينما استعان به الإعلام الأمريكي لتوضيح ما يجري في لبنان للشعب الأمريكي، وتبدلت مواقفه السياسية بعد أن التحق بشبكة cbs الإخبارية الأمريكية، وأصبح من المساندين لتيار المحافظين الجدد ومن أبرز المؤيدين لعملية غزو العراق، حيث قال حينما استعان به الكونغرس الأمريكي للاستئناس برأيه في غزو العراق: أن الشعب العراقي سوف يستقبل الجيش الأمريكي بالورود. وهو من أكثر الشخصيات شهرة في الولايات المتحدة، توفي عام ٢٠١٤ بعد صراع طويل مع المرض. له مجموعة من المؤلفات منها كتاب (محنة العرب).

وابرز مؤسسات ومراكز الفكر الأمريكية المعروفة على المستوى العالمي.

الوكالة الأمريكية للتنمية الدولية (USAID)

هيئة تابعة لحكومة الولايات المتحدة الأمريكية ومسؤولة عن تقديم معونات أجنبية، وتمارس سياستها ونشاطها استنادا إلى توجيهات وزارة الخارجية الأمريكية، من أجل مساعدة الدول والشعوب للحياة في دول حرة وديمقراطية، وقدم (جورج شولتز) وزير الخارجية الأميركية الأسبق وصفا دقيقا لبرنامج المعونات الأميركية حينما قال أنه عبارة عن (أداة رئيسية من أدوات السياسة الخارجية، ويرتبط ارتباطاً مباشراً بالأمن القومي للولايات المتحدة) . ويتضح من خلال هذا الوصف ارتباط المساعدات الخارجية الأميركية بدوافع سياسية واقتصادية، من دعم لأنظمة معينة أو استثمار المساعدات لفرض سياسات محددة على بعض الدول، من خلال شروط وإن لم تكن معلنة، كالتدخل في نظام الدولة، وتغيير السياسات والأولويات الوطنية، وخلق تداعيات ثقافية تشجع القيم الغربية، واختراق النخب السياسية والفكرية لخلق طبقة من المنتفعين، توظفها الإدارة الأمريكية في مخططاتها لإعادة هندسة مجتمعات ودول العالم بما يخدم مصالحها.

ويمكن تحديد طبيعة عمل الوكالة في ممارسة نشاطاتها الخفية، في إطار ما يمكن تسميته (الاختراق عبر الواجهات)، بمعنى أن حالات الاختراق تقع تحت مسميات وواجهات تنموية بهدف الوصول إلى معلومات مطلوبة وهامة. و ظهرت هذه الوكالة في خمسينات

القرن الماضي كواحدة من أذرع خطة مارشال لإعمار أوروبا، حيث أعلنت الولايات المتحدة أن الهدف من إنشائها هو تقديم المساعدات الإنسانية للدول والشعوب الفقيرة أو المنكوبة، ودعم السياسات الأمريكية الخارجية من خلال الترويج للديمقراطية والتجارة الحرة. وتزعم الولايات المتحدة أن هذه الوكالة منظمة مستقلة ومسؤولة في المقام الأول عن إدارة المساعدات الخارجية المقدمة للمدنيين، لكنها في الحقيقة منظمة حكومية ترتبط بوزارة الخارجية الأمريكية، وتنسق أعمالها معها من أجل دعم المصالح الأمريكية في العالم، وتخصص الحكومة الأمريكية نحو ٠٫٠٠٥ % من ميزانيتها لهذه الوكالة.

وعادة ما يجري توظيف المعونات التي تقدمها الوكالة كوسيلة ضغط لسلب إرادة الجهة المستفيدة من المساعدات، وتعتبر الدول العربية والإفريقية، ودول أوروبا الشرقية، نموذجا مكشوفا لطبيعة العلاقة وأهداف المساعدات المقدمة من الوكالة الأميركية، في التآمر على سيادة واستقلال الدول والانتقاص منها، والاستغلال المشروط للمساعدات لإملاء سياسات واشنطن، بجعل استمرار المساعدات مرهوناً بمدى تجاوب هذه الدولة أو تلك مع الرغبات والمطالب الأمريكية، وإفساح المجال لمنظمات المجتمع المحلي المنضوية في البرامج الأمريكية للعمل بحرية ومنحها امتيازات وتسهيلات خاصة.

لقد عملت الوكالة منذ قيامها كذراع للاستخبارات المركزية الأميركية، وقد أفصح عن ذلك الكاتب الأميركي والضابط السابق

في الاستخبارات الأميركية (فيليب آجي)، الذي كشف عن الأساليب المشبوهة التي تؤديها الوكالة الأمريكية للتنمية الدولية، حينما أكد أنها تستخدم أنماطا متعددة لاختراق منظمات المجتمع المحلي في بلدان العالم، مثل التجنيد الإستخباراتي لعدد من الشخصيات السياسية للدولة المستهدفة، وتمويلهم لاصطناع واجهات منظمات مجتمع مدني ترفع شعارات التغيير السياسي والدفاع عن الحريات وحقوق الإنسان وحماية الأقليات الدينية والعرقية، وتمكين المرأة والشفافية وغير ذلك، بإلهام من التطلعات السياسية الأميركية والأوروبية والترويج لها. وكذلك دعم وتمويل منظمات قائمة بالفعل، والتأثير عليها لاتخاذ مواقف تخدم السياسات الأميركية وتتماشى معها. إلى جانب تقديم الدعم المعنوي للمنظمات التي ترفع شعارات حقوق الإنسان في بلدان العالم، عن طريق إقامة مؤتمرات دولية وإشراكها فيها، وتوظيف القائمين على تلك المنظمات كمستشارين وأكاديميين في مؤسسات أميركية ودولية، بهدف إعطائهم مواقع مؤثرة في الرأي العام داخل دولهم، وتوجيههم بشكل غير مباشر في خدمة المصالح الأميركية، عبر تحويلهم إلى طابور خامس ضد مجتمعاتهم وأوطانهم، باستغلال قناعاتهم الشخصية الممزوجة بمصالحهم الخاصة.

وتعمل الوكالة على استقطاب النخب، لاسيما في المجتمعات التي تعصف بها أزمات سياسية واقتصادية وأمنية وثقافية، ويتم استغلال هذه النخب وتوظيفها لخلق إطار لتيار سياسي ونشر ثقافة العولمة، والترويج للدول الغربية كمجموعة مناصرة للتطور

والتنمية والإنسانية، وعزل تلك النخب عن القوى المعادية من خلال خلق بدائل اجتماعية وإعلامية ومادية لها، والتوظيف المباشر من خلال تجنيدها.

لقد نجحت الوكالة الأميركية للتنمية الدولية في استقطاب الكثير من منظمات المجتمع المحلي في بلدان العالم، وأنشأت واجهات لمنظمات في الدول التي لا يتواجد بها منظمات مجتمع محلي وتحولت في العديد من البلدان إلى حكومات ظل، تسعى للاستحواذ على برامج التحولات السياسية والاقتصادية والاجتماعية. كما تولت الوكالة تمويل العديد من الأنشطة في العراق بعد احتلاله عام ٢٠٠٣، تدعو إلى تقسيمه إلى دويلات طائفية وإثنية، وتشجيع النزعات الانفصالية، كما مولت مؤتمرات لتقسيم سورية، قبل اندلاع الأزمة فيها. وقد تنبهت روسيا للمخاطر الإستراتيجية لأنشطة الوكالة، واستغلالها لمنظمات المجتمع المدني الروسية المستفيدة من التمويل، واتخذت قرارا بوقف أنشطة الوكالة.

مجموعة الأزمات الدولية

تقدم هذه المجموعة نفسها على أنها منظمة غير حكومية متعددة الجنسيات، يعمل بها ١٤٥ موظف في خمس قارات، تتلخص مهمتها في تسوية النزاعات الدموية حول العالم ومنع وقوعها، وأنها المصدر العالمي الأول المستقل والحيادي للتحليلات والمشورة التي تقدمها إلى الحكومات والمنظمات الدولية كالأمم

المتحدة والاتحاد الأوروبي والبنك الدولي، فيما يتعلق بمنع ظهور النزاعات الخطيرة وتسويتها حال ظهورها. تأسست تلك المنظمة عام ١٩٩٥ بمبادرة من قبل عدد من الشخصيات المعروفة على ضفتي الأطلسي ممن أدركوا فشل المجتمع الدولي في توقع المآسي التي حدثت في مطلع التسعينيات في كل من الصومال ورواندا والبوسنة.

تعتقد هذه المجموعة أن ما يميزها عن غيرها من المنظمات التي تعمل في نفس المجال، هو الجمع بين التحليل المستند إلى العمل الميداني، والتوصيات الحصيفة بشأن السياسات والمستوى الرفيع من الدعوة وتعبئة المواقف، حيث يقوم فريق إداري رفيع المستوى ذو خبرة كبيرة في العمل الحكومي و(مجلس أمناء) شديد النشاط بأداء هذه الأدوار على نحو غير متداول في عمل المنظمات الأخرى. وتضيف المجموعة بأن لديها مجموعات من المحللين في سبعة عشر مكتبا ميدانيا حول العالم، متواجدون في المناطق المعرضة لاندلاع أو تصعيد أو تجدد للصراع، واستنادا إلى المعلومات التي جمعتها هذه المجموعات، فإنها تعمل على إصدار تقارير تحليلية تتضمن توصيات لقادة العالم والمنظمات الدولية.٤٣

---

٤٣ من بين التوصيات والتقارير التي صدرت عن مجموعة الأزمات الدولية، تقريرا خطيرا تحت عنوان (التحدي الطائفي في البحرين)، حيث أعلنت فيه بأن تلك الدولة تواجه تحديات جسيمة من عدم الاستقرار إن لم يتم وبشكل عاجل اتخاذ خطوات لمعالجة معاناة الطائفة الشيعية (المهمشة) التي تشكل ٧٠% من المواطنين.

حينما ظهر نشاط مجموعة الأزمات الدولية، كانت خارج إطار التشكيك بدورها كمنظمة حيادية مهمتها تنحصر فقط في تقديم المشورة، بهدف الحيلولة دون اندلاع صراعات دموية أو احتوائها وتسويتها حال وقوعها، وعندما كانت تعلن عن بياناتها ونتائج أعمالها في وسائل الإعلام خلال الفترة ما بين غزو أفغانستان ٢٠٠١ وغزو العراق ٢٠٠٣، لم نكن ندرك الدور الفعلي لهذه المجموعة لاسيما قبيل وأثناء غزو العراق، فقد كان الكثير ينظر إليها باعتبارها منظمة هامشية، ربما لأننا في ذلك الوقت لم نكن في قلب هذا العالم الافتراضي المسمى (وسائل التواصل الاجتماعي)، ولم نكن ندرك كذلك حقيقة الضخ الإعلامي الهائل الذي يغرقنا يوميا، لكنه في الوقت نفسه يدفعنا إلى البحث والتفتيش في أصل وفصل الكوارث التي تنهال علينا لنكتشف أن مجموعة الأزمات الدولية هي المنظمة الأخطر على الإطلاق في مخطط تقسيم البلدان العربية، وفق مخطط (الإسلام المحدث) على الطريقة الأمريكية وبمعنى أدق إسلام الإخوان.

يقع المقر الرئيسي للمجموعة في العاصمة البلجيكية بروكسل، وأبرز قادتها الملياردير اليهودي المعروف (جورج سورس) الذي أشرف على منظمات قامت بتدريب مجموعات شبابية من الدول العربية لتشكيل امتدادات شعبية للمخططات المشبوهة، وكان لها دورا بارزا في فصل جنوب السودان، وهي التي خلقت موضوع الإبادة في دارفور، وتقود حملة إعلامية وسياسية أخرى لتفكيك شمال السودان، ولعبت دورا محوريا في طرح الفيدرالية في العراق، وتؤدي نفس الدور الشيطاني في اليمن لفصل الجنوب، ودورها

التآمري واضح في القضية الفلسطينية، فتقاريرها تحريضية ضد الفلسطينيين وانحيازها للاحتلال الإسرائيلي مكشوف.

يشارك في مجلس أمناء المجموعة الدكتور (محمد البرادعي) الذي علق عضويته بها في كانون ثاني / يناير ٢٠١١ قبل (الربيع العربي) في مصر، بمعنى أنه كان على علم برحيل الرئيس المصري الأسبق محمد حسني مبارك، وأن أمامه دور لتنفيذه في مصر، وكيف لا يعرف وصديقه (جورج سوروس) الصهيوني هو مهندس الثورات الملونة في العالم. ومن أبرز أعضاء تلك المجموعة الى جانب البرادعي٤٤، السياسي البريطاني السابق (كريستوفر باتن)، والمفوض الأوروبي للشؤون الخارجية (توماس بيكرينج)، و(شيمون بريز)، و(ستانلي فيشر) الرئيس السابق للبنك المركزي الإسرائيلي، و(شلومو بن عامي) وزير خارجية إسرائيل سابقا، و(ناحوم بارنيه) من كبار كتاب صحيفة (يديعوت أحرونوت) وغيرهم.

تبلغ ميزانيتها السنوية أكثر من خمسة عشر مليون دولار، وتتلقى التمويل المالي بشكل رئيسي من الحكومات الغربية٤٥، بالإضافة إلى الجمعيات الخيرية والشركات والمتبرعين. ومن أبرز الأفراد الممولين للمجموعة الملياردير الكرواتي ناتل سيموفيتش و

---

٤٤ من الأردن السيد عدنان أبو عودة، رئيس الديوان الملكي سابقا ووزير الثقافة والإعلام الأسبق.

٤٥ في عام ٢٠٠٦ كان ما نسبته ٤٠ ٪ من أموالها من خلال ٢٢ حكومة مختلفة، ٣٢ ٪ من ١٥ منظمة خيرية، ٢٨ ٪ من أفراد ومؤسسات خاصة.

الملياردير اليهودي المعروف جورج سوروس، كما يعتبر معهد (كارنيجي) أحد المؤسسات المانحة لمجموعة الأزمات الدولية.

مما سبق يتضح أن تلك المجموعة هي الذراع الرئيسي لحلف الناتو، وأهدافها الفعلية هي (صناعة الأزمات) وليس (حل الأزمات) كما قد يوحي الاسم أو كما توحي أدبيات المجموعة المعلنة.

معهد كارنيغي للسلام

مؤسسة خاصة غير ربحية حسب ما هو وارد على موقعها الرسمي، تلعب دورا في تنمية العلاقة بين الدول وتحسين موقف الولايات المتحدة في الساحة الدولية. أسسها (أندرو كارنيغي)46 عام ١٩١٠، ولديها فروع في كل من واشنطن وموسكو وبروكسل وبيروت. وقد كان لتلك المؤسسة صولات وجولات فيما عرف بعملية التحول الديمقراطي في الشرق الأوسط، ودور مكشوف في أفغانستان والعراق ما بعد الاحتلال الأمريكي، ولكارنيغي مركز في منطقة الشرق الأوسط تأسس عام ٢٠٠٢ يعمل على إعداد الأبحاث والدراسات، واستنباط واستيعاب شامل لكيفية حدوث التحولات السياسية، وإدراك واسع للتأثير على عملية التطور السياسي في

---

46 أمريكي من أصول اسكتلندية، من أسرة فقيرة جدا لكنه أصبح أحد أبرز رجال صناعة الفولاذ ومن أكثر الشخصيات ثراء في العالم خلال عصره، استخدم ثروته في إنشاء المكتبات والمؤسسات التعليمية والثقافية، تبرع بأكثر من نصف ثروته للأعمال الخيرية، قبل وفاته تفرغ للكتابة وأصدر مجموعة من الكتب منها الديمقراطية المنتصرة، وإمبراطورية الأعمال. وهو من المؤمنين في وضع كل البيض في سلة واحدة.

العالم العربي. ويقوم المركز بتقديم التوصيات إلى صناع القرار والجهات المعنية، عبر إعداد الدراسات الشاملة، وكذلك من خلال وضع مقاربات جديدة للتحديات التي تتعرض لها الدول العربية التي عرفت مراحل انتقالية.

وفي دراسة أُجريت على عدد كبير من مراكز الأبحاث في العالم، احتل مركز كارنيغي للشرق الأوسط المرتبة الأولى من بين أكثر من ألفين وخمسمائة مركز في الشرق الأوسط وشمال إفريقيا لعام ٢٠٠٩، كما اعتبر كذلك من بين أفضل خمسة مراكز أبحاث جديدة في العالم. وأشادت تلك الدراسة في إنجاز الشبكة العالمية لمؤسسة كارنيغي للسلام الدولي، فاحتل مركز كارنيغي في موسكو المرتبة الأولى من بين أكثر من خمسة آلاف مركز أبحاث في أوروبا الشرقية والوسطى، كما احتلّت مؤسسة كارنيغي في واشنطن المرتبة الثانية من بين ما يزيد عن ألف مركز أبحاث في الولايات المتحدة .

تتسم أبحاث ودراسات كارنيجي بالبعد عن الحياد إزاء دول عربية مثل سوريا والجزائر، ومصر ما بعد عزل الرئيس (محمد مرسي)، وتنشر أكاذيب وادعاءات حول غياب الديمقراطية وانتهاكات حقوق الإنسان، وفي نفس الوقت تتجاهل اختفاء الحريات العامة والديمقراطية في دول إقليمية أخرى. وتعتبر واحدة من المؤسسات المانحة لمجموعة الأزمات الدولية، والتي كان محمد البرادعي، وجورج سورس الملياردير الصهيوني، صاحب الدور البارز في (هندسة دول الشرق الأوسط على الطريقة الأمريكية) من أبرز

أعضائها. وتتلقى مؤسسة كارنيجي التمويل عبر أموال وقفية عن طريق منظمة بيت الحرية فريدوم هاوس (Freedom house) التي ترتبط بصلة وثيقة مع جهاز المخابرات الأمريكية.

تعمل كارنيجي للسلام على سياسة الاحتواء التي ورثتها من ربيبتها منظمة فريدوم هاوس، فقد ساندت مشروع مارشال الذي تبنته الولايات المتحدة لتعويض البلدان الأوربية التي تضررت خلال الحرب العالمية الثانية، لكن عقب أحداث الحادي عشر من سبتمبر اتجهت إلى دراسة تيارات الإسلام السياسي، على غرار مؤسسة (راند)، التي سبق أن وجهت الإدارة الأمريكية منذ منتصف العقد الماضي إلى أهمية بناء علاقات قوية مع التيارات الإسلامية (المعتدلة) وعلى رأسها جماعة الإخوان المسلمين.

مؤسسة راند

هي أضخم مركز بحثي فكري في العالم، يقع مقرها الرئيسي في ولاية كاليفورنيا الأمريكية، وتعمل (راند) الذي اشتق اسمها من اختصار كلمتي (Research and Development) (البحث والتطوير) على جمع أكبر قدر من المعلومات، ومن ثم تحليلها وإعداد التقارير والأبحاث التي تهتم بشؤون الأمن القومي الأمريكي، يعمل بها ما يزيد عن ألف وستمائة موظف وباحث يحمل غالبيتهم شهادات أكاديمية عليا، وتبلغ ميزانيتها السنوية ما يقرب من مائة وخمسون مليون دولار أمريكي. وتعتبر راند إحدى أهم المؤسسات الأمريكية المؤثرة على صناعة القرار في الإدارة الأمريكية لاسيما

حينما يتعلق الأمر في الوطن العربي، وهي تساند سياسات التيار المتشدد في وزارة الدفاع، وتتولى المؤسسة العسكرية الأمريكية تقديم الدعم والتمويل للعديد من مشروعاتها، وترتبط بعلاقات ومشروعات بحثية مع وكالة المخابرات المركزية، وقد ساهمت راند في رسم إستراتيجية الحرب على الإرهاب، وتتميز عن غيرها من المؤسسات الدراسية والبحثية الأمريكية بوجود فرع نشيط لها في العاصمة القطرية (الدوحة)، الأمر الذي يوفر لها من وجهة نظر صانع القرار الأمريكي مصداقية كبيرة من الثقة في محتوى ما تقدمه من توصيات ومقترحات. وقد شهدت السنوات المنصرمة تبني الكثير من التوصيات التي صدرت في تقارير راند وتحولها إلى خطط وسياسات عملية اتخذتها الإدارة الأمريكية في التعاطي مع قضايا أمتنا العربية.

بداية ظهور هذه المؤسسة يعود إلى فترة ما بعد الحرب العالمية الثانية، وتحديدا عام ١٩٤٦، وكان ذلك بإشراف سلاح الجو الأمريكي تحت اسم معهد راند (RAND Institute)، وتولى سلاح الجو الأمريكي رعاية المعهد نظرا لمساهمته في طرح الحلول المناسبة للكثير من المعضلات التي واجهت صناع القرار في القوات الجوية.

لكن بعد التقدم الذي أحرزه في خدمة صناع القرار في سلاح الجو الأمريكي ارتأت الإدارة الأمريكية توسيع نشاطه ليشمل مختلف فروع القوات المسلحة، ومن ثم كافة أجهزة الدولة، فتغير الاسم ليصبح مؤسسة راند (RAND Corporation). وجهت راند اهتمامها

إلى الإسلام، وما أسمته بالخطر الإسلامي، وذلك منذ عام ١٩٩٩ أي قبل أحداث الحادي عشر من أيلول / سبتمبر بعامين، حينما أصدرت كتابا بعنوان (مواجهة الإرهاب الجديد)، وهو من إعداد مجموعة من الخبراء الأمريكيين، حاول الكتاب أن يجيب عن سؤال فيما إذا كان (الإرهاب الجديد) يشكل خطرا إستراتيجيا على الولايات المتحدة أم لا؟ وأشار الكتاب إلى أن خطر الإرهاب الجديد سيتركز في منطقة الشرق الأوسط، وسيهدد مصالح كل من الولايات المتحدة الأمريكية والكيان الصهيوني.

وفي عام ٢٠٠٤ قدمت مؤسسة راند كتابا بعنوان (العالم المسلم بعد ١١ /٩) احتوى على أكثر من ٥٠٠ صفحة، لبحث التفاعلات والديناميات المؤدية إلى حدوث التغيرات (الدينية - السياسية) السائدة في الساحة الإسلامية، من أجل تزويد صناع السياسة الأمريكية برؤية شاملة حول الوقائع والأحداث التي يشهدها العالم الإسلامي.

يقدم الكتاب خريطة شاملة للتوجهات الأيديولوجية في المناطق المختلفة من العالم الإسلامي، موضحا أن المسلمين لا يختلفون فقط في الرؤى الدينية، بل يختلفون كذلك في الرؤى السياسية والاجتماعية، مثل الحكومة والقانون وحقوق الإنسان وحقوق المرأة والتعليم. وتناول الخلافات القائمة فيما بين المسلمين، مع تركيزه على خلافين أساسيين هما (الخلاف السني - الشيعي) و(الخلاف العربي - غير العربي)، ويدعو الولايات المتحدة إلى إظهار قربها للشيعة العراقية بهدف صد المد الشيعي الإيراني رغم

صعوبة ذلك، ويشير الكتاب إلى أن مركز ثقل الإسلام سيتحول بالتأكيد نحو (الأطراف غير العربية) التي تمتاز بطبيعة ديناميكية، وكذلك بطبيعة أكثر ديمقراطية علمانية مقارنة بالدول العربية، التي تشهد أدنى مستويات التقدم والتحضر مقارنة بالمناطق النامية الأخرى. وحصر الكتاب الأحداث الجوهرية الدافعة في: الثورة الإيرانية، الحرب الأفغانية، حرب الخليج ١٩٩١، الحرب على الإرهاب، غزو العراق ٢٠٠٣.

والغريب أنه لم يدرج الصراع العربي الإسرائيلي ضمن الأحداث الجوهرية الدافعة، بل أدرجه في إطار (العمليات) التي شكلت الحوار السياسي في الشرق الأوسط، وعطلت النضج السياسي في العالم العربي نتيجة لانصرافه عن الأزمات والإشكاليات الداخلية. ويطرح الكتاب مجموعة من المقترحات من بينها: إيجاد شبكات إسلامية معتدلة، تشجيع إصلاح المدارس الدينية والمساجد، دعم الإسلام المدني، إضافة إلى إدماج الجماعات الإسلامية في السياسة، وذلك من خلال انخراط جماعة الإخوان المسلمين في داخل العملية الديمقراطية، فذلك هو خير ضامن لإنهاء حالات العنف المنتشرة وسط الإسلاميين، كما يرى الكتاب.

خلاصة القول: إن هذا الكتاب يقدم إستراتيجية للإدارة الأمريكية للتعامل مع الإسلام، تقوم على استخدام القوة الناعمة من خلال دعم الإسلاميين المعتدلين وإحداث العديد من التغييرات الثقافية والسياسية عبر دعم المجتمع المدني المسلم، وتوسيع الفرص الاقتصادية والاتجاه نحو الديمقراطية. والملفت للانتباه أنه بعد

صدور هذا الكتاب لوحظ نوع من الانفتاح الأمريكي علي بعض الحركات الإسلامية في العالم العربي مثل الإخوان المسلمين، وما تردد عن سعي أمريكا وأوروبا لتدشين قنوات معهم، وتأكيد الإدارة الأمريكية أن واشنطن ليس لديها مشكلة في حالة إجراء انتخابات حرة تصل بموجبها حركات إسلامية للحكم!

معهد بروكينجز

مؤسسة فكرية أمريكية مقرها في واشنطن، تعتبر من أقدم مؤسسات الفكر والرأي، وتقوم بإعداد الدراسات والأبحاث في مجال العلوم الاجتماعية، لكنها تهتم بشكل أساسي في مجال الاقتصاد والتنمية في العالم، والحكم والسياسة الخارجية. وحسب تقرير لجامعة بنسلفانيا عام 2012 فقد حازت المرتبة الأكثر تأثيرا من الناحية الفكرية في العالم، ولها عدة فروع منها مركز (بروكنيجز الدوحة)، ومركز (سابان لسياسة الشرق الأوسط) الذي أنشأه (حاييم سابان)[47] بكلفة ثلاثة عشر مليون دولار، ويحتوي مركز سابان على مجموعة كبيرة من الخبراء اليهود، من أبرزهم (مارتن إنديك)، الذي عمل سابقا سفيرا للولايات المتحدة في إسرائيل، ومساعدا لوزير الخارجية لشؤون الشرق الأدنى، إضافة إلى (جابي

---

[47] يهودي مصري، إسرائيلي الجنسية، من الداعمين لسياسة إسرائيل الاستيطانية، أدى دورا كبيرا في تعزيز العلاقات الخارجية لمصلحة إسرائيل، كان مهتما في تنظيم مؤتمر دولي كل عام، يدعو إليه عددا كبيرا من المؤسسات السياسية والعسكرية الإسرائيلية ومن مختلف دول العالم، وذلك لبحث العلاقات المشتركة بين واشنطن وتل أبيب.

أشكنازي)، وهو رئيس أركان سابق لجيش الاحتلال الإسرائيلي، إضافة إلى بعض العرب واليهود.

وكان مركز سابان قد وجه دعوى في حزيران / يونيو عام ٢٠١٣ إلى الشيخ (راشد الغنوشي) زعيم حركة النهضة التونسية، وألقى كلمة في المركز وسط ترحيب كبير من الحضور لاسيما (مارتن انديك)، أحد قادة الحركة الصهيونية!. وفي نفس العام أقام مركز سابان لسياسات الشرق الأوسط التابع لمعهد بروكنجز حفلا تكريميا في واشنطن احتفاء برئيس الوزراء القطري السابق حمد بن جاسم، بمناسبة مرور عشرة أعوام على عضويته في معهد بروكنجنز!. ويعتبر سابان" من أقوى الداعمين لسياسة إسرائيل الاستيطانية والعسكرية.

يعتبر معهد بروكنجز أحد أبرز مراكز الفكر تأثيرا في دوائر صنع القرار الأمريكية، تأسس عام ١٩٢٧ كمؤسسة غير ربحية، متخصصة في مجالات البحث والتعليم وصناعة القرار في الاقتصاد والحكومات وفي السياسات الخارجية، وهو معهد يقوم بالتحليل والنقد وينشر نتائج بحوثه للعامة، إضافة إلى انه من خلال المؤتمرات والندوات التي ينظمها يشكل حلقة وصل بين البحث العلمي والسياسة العامة من اجل تقديم معرفة جديدة لصانعي القرار، ويوفر للباحثين فهما أفضل للسياسات العامة. ويرتبط بروكينجز بعلاقات وثيقة مع المخابرات الأمريكية، وهو واحد من أقدم مؤسسات الفكر والرأي، والأكثر اقتباسا في الإعلام الأمريكي والأكثر تأثيرا في السياسات الأمريكية، تتجه توجهاته نحو الليبرالية،

ومعظم تبرعات العاملين به منذ ٢٠٠٣ حتى ٢٠١٠ ذهبت إلى الحزب الديمقراطي. تتجه دراسات وأبحاث بروكنجز نحو تحقيق سلام يقبل به جميع الأطراف، وقد تبدو بعض هذه الدراسات محايدة، غير أنها نادرا ما تنتقد إسرائيل. وهي ترى في معظم الخطوات الإسرائيلية شأنا طبيعيا قد يحتاج إلى بعض التعديلات هنا وهناك. ويحبذ أعضاء معهد بروكنجز وباحثوه إطلاق تسمية (الدولة اليهودية) على إسرائيل، وهو أمر يعبر عن سياسة تحيز مسبقة وعنصرية فاضحة. ولا يوجد تسليط ضوء حقيقي على معاناة الشعب الفلسطيني في الداخل والخارج، فنلاحظ أن إصدارات بروكنجز تتحدث عن الانقسام وإعلان الدولة والسلام مع إسرائيل ودعم السلطة، ولا تشير إلى المخيمات والاعتقالات والأسرى وهدم البيوت والتشريد والقتل.

وقد انبثق معهد بروكنجز عن مؤسسة الأبحاث الحكومية، وخصص ميزانية سنوية تبلغ أربعين مليون دولار كمنح للباحثين مثل مركز تعليم السياسة العامة التابع للمعهد، ودار للطباعة والنشر تقوم بنشر العديد من الكتب والدوريات السياسية كل عام. ويتلقى المعهد المساعدات والتبرعات من منظمات وشركات وأفراد، وهناك العائد المادي لمعهد بروكينجز للصحافة والذي يقوم بنشر عشرات الكتب كل عام، وكان له دور بارز في تطوير مشروع مارشال، والسياسة الأمريكية إزاء روسيا بعد انهيار الاتحاد السوفيتي، وسياسات ما بعد الحرب الباردة، والتحضير لشكل العلاقة بين الغرب والعالم الإسلامي وقضية الصراع الفلسطيني ـ الإسرائيلي.

مجلس العلاقات الخارجية

هو منظمة أو خلية تفكير أمريكية، تأسست عام ١٩٢١، مقرها الرئيسي في نيويورك ولها فرع في واشنطن، ويبلغ عدد أعضائها ما يقرب من خمسة آلاف عضو من مختلف الشخصيات المرموقة، الذين يتولون مواقع متقدمة في المؤسسات الرسمية والأحزاب السياسية، والبنوك والقطاع الخاص، والمعروف أن (مجلس العلاقات الخارجية) ذو تأثير واسع في السياسة الخارجية، ويقوم بإصدار مجلة الشؤون الخارجية (Foreign Affairs)، ويسيطر على مختلف وسائل الإعلام الرئيسية من تلفاز وإذاعة وصحافة، ويهتم بتحليل السياسة الخارجية للولايات المتحدة والأوضاع السياسية العالمية.

ويعتبر المجلس مرجعا هاما لأعضائه من كبار المسؤولين الحكوميين والصحفيين، والقيادات المدنية والدينية، من أجل مساعدتهم على فهم أفضل للعالم ولخيارات السياسة الخارجية التي تواجه الولايات المتحدة والبلدان الأخرى، ويعمل على تعزيز العولمة والتجارة الخارجية، وعلى التخفيف من القيود الإلتزامات المالية المفروضة على الشركات متعددة الجنسيات، والاندماج الاقتصادي مع التكتلات الإقليمية مثل النافتا والاتحاد الأوروبي.

وقد أسس المجلس كل من (جون روكفلر) و(جون مورغان)، وهما من كبار رجال الأعمال والاقتصاد، وزاول (روكفلر) تأثيره السياسي الكبير من خلال مجلس العلاقات الخارجية، الذي وجد ليكون أداة

اتصال سرية من قبل المصالح البنكية لمجموعة روكفلر -
مورغان، وقدم المدير المالي لشركة النفط العملاقة (ستاندرد
أويل) العائدة لعائلة روكفلر مبنى في نيويورك، ليكون المقر
الرئيسي للمجلس الذي قام بتأسيس مجموعة كبيرة من
المنظمات الحليفة، والتي من ضمنها المعهد الملكي للشؤون
الدولية في لندن، ومجموعة من الفروع الأخرى في عدة دول مثل
استراليا وهولندا وكندا والسويد والهند واليابان، وعملت مجموعة
روكفلر ومورغان على صياغة التشريع الذي أفضى إلى خلق نظام
الاحتياط الفيدرالي وبالتالي السيطرة على القطاع المصرفي داخل
الولايات المتحدة، والتحكم بالنظام المالي والعالمي في عصر
العولمة، وأصبح لروكفلر ومجلس العلاقات الخارجية التأثير
الواضح في السياسة الأميركية.

الملفت للانتباه أن الذين تولوا قيادة أكبر بنك مركزي في العالم
وهو الاحتياط الفيدرالي في مرحلة ما قبل الحروب كانوا جميعا
أعضاء في مجلس العلاقات الخارجية، ومن أبرز أعضائه كذلك
الملياردير الصهيوني (جورج سورس) الممول الرئيسي لمجموعة
الأزمات الدولية، ومادلين أولبريت وزيرة الخارجية الأمريكية سابقا
ذات الجذور اليهودية، وكولن باول وزير الخارجية الأمريكية منذ عام
٢٠٠١ وحتى ٢٠٠٥، وهو أحد مهندسي الحرب على العراق، وديك
تشيني نائب الرئيس الأمريكي الأسبق جورج بوش، وجيمي كارتر،
وكوندا ليزا رايس، وهنري كيسنجر. هذا بالإضافة إلى عضوية العديد
من الشركات الكبرى مثل (بيبسي، كوكا كولا، جوجل، موتورولا،
ماستر كارد، فيزا) التي تتولى جانبا كبيرا من تمويل المجلس.

ولا يزال مجلس العلاقات الخارجية يسيطر على الحكومة الأميركية والأحزاب والمؤسسات المصرفية، وتجدر الإشارة إلى أن اختيار أعضائه يتم من قبل لجنة خاصة نظرا لمبررات تتعلق بولاء الأعضاء للمخططات السرية العالمية.

إن نجاح السياسة الأمريكية لا يتوقف على السياسيين والأحزاب فحسب، لأن الدور البارز في رسم سياسة الولايات المتحدة تجاه القضايا الداخلية والخارجية غالبا ما ينحصر في صناديق الفكر أو خزانات الفكر (Think tanks)، التي يصدر عنها حجما هائلا من الدراسات والأبحاث، وهي بذلك تقدم قاعدة معلوماتية إستراتيجية لصانع القرار الأمريكي. ويتضح مما سبق أن لمراكز التفكير الأمريكية، أو ما تعرف بخزانات الفكر، دور كبير وواضح في السياسة الخارجية الأمريكية وطبيعة توجهاتها ووسائل تحقيقها.

وقد تعاظم دور تلك المؤسسات الفكرية في العصر الراهن، حتى أصبحت في مقدمة مراكز القوى الأمريكية، وباتت هي صاحبة القرار، والرؤساء ليسوا أكثر من واجهة لهم. وتجدر الإشارة إلى أن العديد من قادة مراكز التفكير يرتبطون بصلة وثيقة مع كبار السياسيين، ومتصلين بالسياسة الأمريكية بصفة عامة، فهم إما رجال سياسة سابقين أو قادمين. لأن تقاليد السياسة الأمريكية تقتضي قيام الرئيس الجديد بتعيين حوالي (٤٠٠٠) شخص في مواقع سياسية وإدارية وقضائية بارزة، من بينهم (٦٠٠) شخص كوزراء ومستشارين ونواب وزراء ومساعدي وزراء وموظفين في البيت الأبيض وحوالي (١٠٠٠) شخص كسفراء وقضاة وحوالي

(٢٢٠٠) شخص كمستشارين وأعضاء في اللجان المختلفة التي يتم تشكيلها لمتابعة القضايا المختلفة والهامة. وغالبا ما يكون معظمهم من مراكز التفكير والأبحاث .

إزاء هذا الواقع الهزيل الذي لم نساهم في صياغته، فإننا نحتاج إلى التخلص من أوهام اليأس والجمود والانتقال من حالة ردة الفعل إلى الفعل والحركة، وذلك بالعلم والمعرفة والتفكير، ومغادرة ركب التبعية، وتحصين كافة الثغرات التي يمكن أن تشكل مدخل إلى جسم المجتمع، واستخدامنا لنفس الأدوات التي يتم مواجهتنا بها.

الفصل الحادي عشر

نظرية الدولة الفاشلة

ماذا لو أن جسم الإنسان لم يؤدي الوظائف المطلوبة منه؟ وما هو حال الدولة التي لم تؤدي الواجبات المنوطة بها إزاء مواطنيها، لاسيما الوظيفة الأمنية بحالتها التقليدية والمستحدثة؟ إن الإجابة على هذين السؤالين يضعنا أمام مفهوم الدولة الفاشلة.

بعد الغزو الأمريكي للعراق عام ٢٠٠٣، والخسائر الباهظة التي تكبدتها الولايات المتحدة، سعت واشنطن إلى اعتماد خطط وتكتيكات عسكرية جديدة لجهة مضاعفة الخطط والجهود الإستخباراتية والعسكرية غير المباشرة، وأسست لمعالجة ما أطلق عليه الخبراء (الأهداف الإستراتيجية الكبرى) انطلاقا من رؤية مختلفة لطبيعة وحجم المخاطر ومصادرها، واستخدام الخطط المناسبة لمواجهتها، فيما أُطلق عليه (حروب الجيل الرابع)، التي تتحارب فيه عدة قوى نيابة عن الجيوش الأمريكية التي لن تتكلف عناء إطلاق رصاصة واحدة، ومن ثم العمل على خلق الدول الفاشلة من خلال اللعب على التناقضات المذهبية والعرقية والقومية، وتحريك عوامل التقسيم والتفتيت وخلق دوافع الفتن

والاقتتال الداخلي، والإيحاء بأن أسبابا داخلية في الدولة ذاتها هي التي أدت إلى هذا الفشل، الذي سيفتح الباب واسعا للتدخل من قبل القوى الكبرى لفرض سياستها ورؤيتها للحلول بما ينسجم مع أغراضها وغاياتها، ويحقق مصلحتها ويجعل الدولة الفاشلة رهينة بيدها.

حينما تكون الدولة كيان سياسي وقانوني منظم للمجتمع، وإطار متكامل لوحدته، وتظهر إرادة الدولة فوق إرادة الجماعات والأفراد من خلال استئثارها بالسلطة وانفرادها بالسيادة واحتكار وسائل الإكراه الشرعي، وترعى مجموعة من الوظائف وتسهر على الأمن والنظام وتحقيق المصلحة العليا. فإن الدولة الفاشلة هي التي تتحمل حالات الفراغ المؤسسي، لتغدو غير قادرة على تأمين المتطلبات الأساسية لمواطنيها، وعاجزة عن توفير الأمن والنظام، وتأدية دورها في خلق الاندماج السياسي والاجتماعي والاقتصادي.

يعتقد البعض أن مصطلح الدولة الفاشلة ظهر منذ نهاية السبعينات من القرن الماضي، رغم أن هذا المفهوم لم يكن متداولا في الدراسات العلمية وعلى مستوى العلاقات الدولية، نتيجة لانشغال الدول والقوى الكبرى بالحرب الباردة، حيث كان اهتمام المجتمع الدولي في تلك الحقبة منصبا على الأمن بـالمفهوم الصلب. لكن مع انتهاء الحرب الباردة وظهور فواعل جديدة في العلاقات الدولية، وتفشي الصراعات الداخلية في عدد من الدول حديثة الاستقلال في أفريقيا والبلقان، أخذ مصطلح الدولة الفاشلة ينشأ وينمو، وبات هذا المفهوم محط اهتمام مراكز البحث

والتفكير والإعلام في المجتمع الغربي، واستحوذ على تفكير أصحاب القرار في الولايات المتحدة حتى أصبح من بين أجندات السياسة الخارجية الأمريكية.

غير أن مفهوم الدولة الفاشلة جرى استخدامه من الناحية العملية للمرة الأولى في عهد الرئيس الأمريكي (بل كلينتون)، وقد برز هذا المصطلح في البداية ليصف دولة الصومال، التي أصبحت نموذجا للدولة الفاشلة بسبب انتشار الفوضى وانعدام الاستقرار، وباتت تهدد الأمن والسلم الدوليين حسب الدول الغربية، ومن هذا المنطلق بدأت الدراسات المعنية بالدولة الفاشلة تظهر وتنتشر، وربما كان أبرزها تلك التي تصدر عن مجلة (فورين بوليسي) (foreign policy) و(مؤسسة دعم السلام)٤٨.

وعلى هذا الأساس فإن الدولة الفاشلة، هي التي لا تملك السيطرة على وسائل العنف الخارج عن الإطار القانوني، وباتت عاجزة عن تحقيق الأمن والاستقرار لشعوبها، وفرض السيطرة الكاملة على إقليمها، وضمان النمو الاقتصادي والاجتماعي، وغالبا ما تتسم بانعدام المساواة الاقتصادية، وغير قادرة على المحافظة على نفسها بوصفها التجسيد القانوني لوحدة الوطن والأمة، نتيجة

____

٤٨ مؤسسة غير ربحية تأسست عام ١٩٥٧ في واشنطن، تسعى للحيلولة دون وقوع الأزمات السياسية الخطيرة، ودعم الأمن والتنمية في الدول الفاشلة من خلال إعداد الدراسات التي تلقي الضوء على التهديدات الإقليمية، وتعمل سنويا على إصدار مؤشر الدول الهشة لاستخدامه من قبل الحكومات والباحثين.

للأزمات الداخلية التي تهدد وحدتها، وتشكل تحديات كبيرة على النظام السياسي.

وهناك من يستند في تعريف الدولة الفاشلة على ضوء المؤشرات التي تتسم بها، ومن أبرزها: تنامي العنف السياسي والاجتماعي، فقدان السيطرة على الحدود، تصاعد حالات الخصومة بين مكونات المجتمع الطائفية والعرقية والدينية، الصراعات الداخلية، العنف والإرهاب، ضعف المؤسسات وتراجع دورها، ضعف وهشاشة البنى التحتية، شيوع الفساد السياسي والإداري، عجز النظام الصحي، زيادة معدل الوفيات عند الأطفال، انخفاض متوسط عمر الفرد، تدني مستوى الناتج المحلي الإجمالي للفرد، ارتفاع نسبة التضخم الاقتصادي.

وفي ظل الأبحاث والدراسات التي تهتم بمستقبل الدولة الفاشلة، التي تناولتها مراكز البحث الدولية المختصة، فإن فشل الدولة يمكن أن يشكل عاملا كبيرا في انهيارها فيما إذا تأثرت بعوامل خارجية دولية وإقليمية، وأخرى داخلية مثل فشل النظام السياسي في السيطرة على العنف وتحقيق الأمن والاستقرار.

وبناء على تلك المؤشرات فإن الدولة تصبح فاشلة، حينما تفقد القدرة في السيطرة على إقليمها وتلجأ إلى القوة، وتصبح غير قادرة على فرض وتنفيذ السياسات المؤثرة، بالإضافة إلى إخفاقها في توفير الخدمات لمواطنيها، إضافة إلى فشلها في التفاعل مع المجتمع الدولي، ناهيك عن ارتفاع معدلات الفساد والجريمة. وقد

اعتادت مجلة (فورين بوليسي) الأميركية على اعتماد معايير لتحديد حجم تردي أوضاع دول العالم المختلفة، من ضمنها شرعية الدولة، واحترام حقوق الإنسان، وسيادة حكم القانون، ومظالم المجموعات، والتنمية غير المتوازنة.

وتشمل المؤشرات الاجتماعية التي تشير إلى فشل الدولة، تنامي الضغوط الديموغرافية والحركة السلبية والعشوائية للاجئين. أما المؤشرات الاقتصادية فهي تتضمن انعدام التنمية الاقتصادية لدى الجماعات المتباينة، وتدني مؤشرات الدخل القومي وسعر الصرف والميزان التجاري. وتحتوي المؤشرات السياسية، فقدان شرعية الدولة، نتيجة فساد النخب الحاكمة وغياب الشفافية والرقابة والمحاسبة وتلاشي الثقة في مؤسسات الدولة، إلى جانب عدم التطبيق العادل للقانون وانتهاكات حقوق الإنسان وغياب الأمن.

واستنادا لمؤشرات أكثر الدول فشلا، فقد جاءت الصومال والسودان والعراق والكونغو وسيراليون وتشاد واليمن وأفريقيا الوسطى وليبيريا وساحل العاج وهاييتي ضمن المراتب العشر الأولى، بينما جاءت مصر والسعودية وغالبية الدول العربية والإسلامية ضمن الخمسين دولة الأولى في تحقيق أعلى مستويات فشل في العالم.

غير أن المؤسسات المعنية التي اعتمدت معايير الدول الفاشلة، تناست معيار سطوة الدول الاستعمارية وتأثيرها على تلك الدول من النواحي السياسية والثقافية والاقتصادية، وتغاضت عن دور الاستعمار في خلق الظروف السياسية الحرجة في الدول التي

اعتبرت فاشلة، إذ أن الفشل هو نتاج طبيعي للاستعمار الذي ما زال يرقد على تلك الدول، وبمعنى آخر فإن أحوال تلك الدول المستعصية هي من صنع الولايات المتحدة والدول الاستعمارية، بالتعاون مع حكام الدول الفاشلة المتعاونين مع الدول الغربية، وهذا المعيار الذي تم تجاهله بشكل مقصود، يعتبر من أبرز المؤشرات التي يتحتم اعتمادها، بل هو الأشد تأثيرا في دفع الدول نحو الفشل.

وينبغي علينا أن ندرك أمرين هما في غاية الأهمية لاستيعاب الواقع العربي ودوافع الفشل، التي تغلغلت في محتوى كل نظام سياسي عربي. الأمر الأول: يتضمن المبررات الداخلية للفشل في الدولة العربية الواحدة، حسب لائحة الدول الفاشلة ومؤشراتها التي وردت في مجلة (فورين بولسي) الأمريكية، وتؤكد أن خطر تفكك وانهيار الدولة يعود إلى أسباب داخلية، ومن ثم لابد من البحث عن حلول تضمن وحدة واستقرار كل دولة عربية. والأمر الثاني: يؤكد على أن فشل الدولة يعود إلى أسباب خارجية، خاصة أن هنالك وثائق كثيرة تؤكد حقيقة الدور الأمريكي والدور الإسرائيلي في ضرب الوحدة العربية في السابق، كما توجد حاليا الكثير من الوثائق والمعلومات التي تفضح جدية المساعي الأمريكية والإسرائيلية لإفشال الدولة الوطنية العربية وتفكيكها وإعادة تقسيمها.

والحقيقة أن مصطلح الدولة الفاشلة والإطار النظري له، ما هو إلا إستراتيجية جديدة من قبل الولايات المتحدة للتدخل في الشؤون

الداخلية للدول وفرض الهيمنة عليها، وتبرير وشرعنة تدخلها في العديد من البلدان التي ينطبق عليها وصف الدولة الفاشلة تحت ذريعة حماية الأمن والسلم الدوليين، ولعل الصومال وأفغانستان والعراق نماذج بارزة على ذلك، والتدخل الأمريكي في تلك الدول الذي لم تكن غايته الحفاظ على الأمن والسلم العالميين، أو حقوق الإنسان، وإنما لفرض سيطرتها وبسط نفوذها وحماية مصالحها.

والذي يعزز هذا الرأي هو (مايكل مازار) أستاذ إستراتيجية الأمن القومي في كلية الحرب الوطنية الأمريكية، في مقال نشر في مجلة (فورين أفيرز) (Foreign Affairs) بداية عام ٢٠١٤ بعنوان (صعود وأفول مقياس الدولة الفاشلة) حيث يشير إلى أن خبراء الأمن القومي الأمريكي وبعد انتهاء الحرب الباردة، أصبحوا يؤمنون بأن أكبر مصادر التهديد تكمن في هشاشة وفشل الدول التي تعتبر المغذي الرئيسي للعنف والتطرف والفوضى، وهو ما جعل الإدارة الأمريكية في عهد الرئيس (كلينتون) تشدد على إدارة النزاعات في المناطق التي تشهد حروبا أهلية، وقد أكدت أحداث الحادي عشر من أيلول / سبتمبر هذه السياسة، حينما بدأ الحديث داخل الإدارة الأمريكية عن ضرورة التدخل عسكريا في تلك الدول باعتبارها مصدرا للإرهاب.

مما سبق يتبين أن الهدف من وراء إنتاج هذا المفهوم من قبل الولايات المتحدة، جاء لتبرير تدخلها في الشؤون الداخلية للعديد من الدول، وبسط هيمنتها العالمية، على اعتبار أن الدولة الفاشلة تشكل خطرا على مصالح الدول الكبرى وعلى السلام العالمي.

ومع بداية الألفية الجديدة شاع مفهوم الدولة الفاشلة بشكل غير مسبوق، وبكيفية جعلت الأمن والسلم الدوليين في حدود الخطر، سواء في آسيا أو أفريقيا، حيث تفجرت مناطق صراع وتوتر كبيرة، وعجزت دول عديدة عن فرض سلطتها وتأكيد سيادتها على كافة أراضيها، ليتسع بذلك المجال أمام أمراء الحرب والجريمة المنظمة من أجل بسط نفوذهم وترويع المواطنين.

وإذا كان المجتمع الدولي قد ألف انتشار تلك الظاهرة في دول لا تملك القدرة والإمكانيات المطلوبة التي تمكنها من السيطرة على مساحتها الإقليمية الكبيرة، إلا أنها باتت تشكل تهديدا خطيرا لدول مرموقة بدأت تخطو خطوات سريعة نحو الفشل المؤسسي مثل بلجيكا، التي جعل منها الاستقطاب الداخلي والصراع العصبي ما بين الفلامان والفرانكفونيين منطقة ملاذ آمن للمتطرفين في أوروبا.

هذا الواقع الجيوسياسي المستحدث جعل الخبراء والمهتمين، يندفعون نحو تصنيف الدول حسب مؤشر الدول الفاشلة، وأدى هذا التصنيف إلى إدراج الدول العربية كاملة إما إلى دول فاشلة كما هو الحال في العراق وسوريا وليبيا واليمن، أو إلى دول في طريقها إلى الفشل، نتيجة للمخاطر الأمنية والتحديات الكبيرة التي تواجهها بسبب الأزمات والصراعات الداخلية، إضافة إلى المشاكل الاقتصادية التي تعتري الدول العربية نظرا للتحول الجديد الذي فرضته السياسات الدولية، والمتصل بنظام العولمة، إلى جانب الضغوطات الهائلة التي تداهمها من أجل تنويع اقتصاداتها

وتقليص اعتمادها على عوائد صادرات الموارد الطبيعية ولاسيما النفط.

ويعتقد العديد من الخبراء أن المجتمع الدولي، ومنذ انتهاء الحرب العالمية الثانية، بدأ يدرك هذه التبعات المتصلة بانتشار هذه الظاهرة الجديدة، حيث أخذت الحروب التقليدية بين الدول تنكمش إلى حد كبير، وبدأت تتمدد في مقابل ذلك الصراعات والحروب الداخلية، وقد ساعد انهيار الاتحاد السوفييتي إلى حد كبير في تسارع تفكك العديد من الدول بسبب التحولات الدراماتيكية التي نتج عنها تقهقر سلطة الدولة المركزية، وبروز الهويات الفرعية التي حرصت على إعادة رسم خريطة الدول الوطنية التي نشأت معظمها خلال النصف الأول من القرن المنصرم. ويمكن القول إن هذا التحول المأساوي الذي شهدته العديد من الدول الوطنية، والذي بات يوصف في الكثير من الكتابات السياسية بحالة الصوملة، هو نتاج ضعف وتراجع دور مؤسسات الدولة المركزية، ومرتبط في ذات الوقت بإخفاق النخب السياسية التي فشلت في إنتاج مشروع سياسي ومجتمعي جامع لمكونات المجتمع بكافة أطيافه.

ولعل الضعف الكبير الذي تتسم به الدولة الفاشلة، يتصل حسب بعض الخبراء السياسيين بطبيعة الوظائف الرئيسة للدولة، حيث أن الدولة الحديثة تستحوذ على وظيفتين أساسيتين: وتهتم الأولى بنشر السلم في العلاقات السياسية، على اعتبار أن وجود الأشخاص هي حالة غير دائمة في حين أن الدولة مستمرة ودائمة،

مما يجعل الولوج إلى السلطة وممارستها مستندا على قواعد دستورية ملزمة لكافة الأطراف. فيما ترتكز الوظيفة الثانية على بث حالة السلم في العلاقات الاجتماعية، إذ أن احتكار الدولة لسلطة الإكراه الشرعي، يلزم الأطراف بالاستجابة لفكرة التخلي عن استخدام العنف، ويتبلور هذا السلوك من خلال وجود وسائل تتعلق بعملية الإكراه الذاتي تتناغم مع القيم والمعايير المشتركة للمجتمع.

ويمكن القول في سياق متصل إن النزوع الاستبدادي للسلطة في الدول الفاشلة، كثيرا ما يكون عاملا رئيسيا في عدم انخراط المجتمع من أجل الدفاع عن كيان دولته. وينبغي الإشارة إلى أن حالات اضطراب الدول الوطنية واختلال قوتها ودخولها في إطار الفشل المؤسسي، يعزز من فرص ظهور كيانات إرهابية، تسعى إلى استغلال واستثمار الغياب الذي نتج عن انهيار مؤسسات الدولة. غير أن الأسباب الداخلية التي أشرنا إليها، ورغم خطورتها في التأثير على تماسك الدول، إلا أنها لا تقلل من جسامة مسؤولية الدول الغربية والدور الذي تقوم به، وعلى رأسها الولايات المتحدة في تحويل دول معينة إلى دول فاشلة، ولعل الدور الذي قامت به الولايات المتحدة في العراق لدليل على ذلك.

ومثلما ولد المفهوم في واشنطن، فإن هدم الدول وتفكيك مؤسساتها إلى كانتونات عرقية وطائفية وتحويلها إلى دول فاشلة، سواء في منطقتنا أم خارجها، يتم تدبيره أيضا في واشنطن بمساعدة أعوانها الذين جاءت بهم على ظهر دباباتها إلى الحكم، لتبدأ عملية

إنتاج الدولة الفاشلة كصناعة أمريكية، وحينما نضطلع على حالة دولة فاشلة ينبغي علينا أن نفتش بداية عن أمريكا وأعوانها في كل حالة.

ومنذ أواخر القرن الماضي وحتى عام ٢٠١٠، احتل موضوع الدولة الفاشلة حيزا واسعا في السياسات الخارجية للولايات المتحدة وإستراتيجية الأمن القومي الأمريكي، تمثل في التأكيد على أن الدول الضعيفة والفاشلة تشكل مصدرا خصبا للإرهاب والجريمة والأمراض والكوارث البيئية، ولمواجهة تلك المخاطر، بدأت الولايات المتحدة تتدخل بقوة تحت عنوان خلق الاستقرار في الدول المضطربة، وذلك بالمشاركة في بناء تلك الدول استنادا للمفهوم الأمريكي للبناء. وكان التدخل سافرا خلال الإغارة على أفغانستان والعراق.

وبعد انتهاء الحرب الباردة، انشغل خبراء الأمن القومي الأمريكي في دراسة أشد المصادر خطورة على الأمن القومي، والمصالح الأمريكية المنتشرة في العالم، وتوصلوا إلى أن أكثر تلك المصادر جسامة تكمن في هشاشة الدول التي تنتج حالات من العنف والفوضى. وقد جاءت الأوضاع في الصومال وهاييتي ويوغوسلافيا في منتصف تسعينيات القرن الماضي لتؤكد هذا الرأي. الأمر الذي جعل المخابرات الأمريكية منذ عام ١٩٩٤ تتجه نحو تدعيم قوات تنحصر مهامها في التعامل مع مسألة الدول الفاشلة.

وفي عام ١٩٩٧، أصدرت الإدارة الأمريكية في عهد الرئيس (كلينتون) قرارا رئاسيا حول (إدارة عمليات الطوارئ المعقدة)، الذي تضمن

توجيه جهود السياسة الأمريكية نحو الصراعات الإقليمية المتنامية، والصراعات العرقية المسلحة، والحروب الأهلية التي أصبحت تشكل تهديدا للأمن والسلم الدوليين. إلا أن الإدارة الأمريكية واجهت معارضة شديدة، ومجموعة من الانتقادات حول جهود إعادة بناء الدول الفاشلة، بل وصف هذا القرار بالخطأ الإستراتيجي الأحمق. مما دعا جورج بوش خلال حملته الرئاسية عام ٢٠٠٠ إلى توجيه انتقادات لسياسة كلينتون، والتوجه نحو تخفيض الوجود العسكري الأمريكي في الخارج، والتشكيك في فاعلية عمليات إعادة البناء. لكن أحداث أيلول / سبتمبر ٢٠٠١ شكلت نقطة تحول هامة في خطة إدارة بوش للأمن القومي، حيث بدأت الأصوات ترتفع في أروقة الإدارة الأمريكية والأوساط الفكرية، حول الدول الفاشلة وخطورتها على الأمن القومي الأمريكي، ودور هذه الدول في توفير ملاذ آمن للإرهابيين، واحتضان الجريمة المنظمة، وتقويض الجهود العالمية في السيطرة على التهديدات البيئية.

وقد تناول (مايكل مازار) ثلاث حالات مختلفة أسهمت في تنامي القلق من الدولة الفاشلة، حيث تشير الأولى إلى انعكاس واقع الصراعات العنيفة التي تعاني منها الدول النامية على مصالح وأولويات الأمن القومي الأمريكي. أما الثانية فهي تؤكد على أن مقياس الدولة الفاشلة هو (بدعة فكرية) حظيت بقبول واسع في الأوساط الصحفية والفكرية. ويشير في الحالة الثالثة إلى أن مقياس الدولة الفاشلة، ربما يكون قد وجد ليضع حدا للقلق الذي سيطر على صناع القرار في السياسة الأمريكية، حول انكماش النفوذ الأمريكي على الساحة الدولية بعد انتهاء الحرب الباردة، حيث إن

خطر الدول الفاشلة ساهم في تجديد حجم النفوذ الأمريكي على الساحة الدولية، من خلال قيادتها لتحالفات دولية تسعى للتصدي لخطر الدول الفاشلة، وتضمن استمرار سيادتها العالمية.

ويعتقد مازار أن على الولايات المتحدة التخلي عن فكرة استعراض القوة خارجيا، والعمل على تركيز الجهود في تدعيم إمكانيات الحماية الذاتية في الداخل، من حيث تطوير وتأمين شبكات المعلومات والطاقة، وتحسين الاستجابة للطوارئ، بالإضافة إلى تطوير القدرات الاقتصادية للحد من آثار الصدمات والأزمات المالية المتوقعة. ويضيف أن على الولايات المتحدة أن تستبدل جهود إعادة البناء والاستقرار، بعلاقات ذات طبيعة جديدة مع تلك الدول الفاشلة، تقوم على أساس التقدم التدريجي في العلاقات، وتقديم المساعدات طويلة الأجل، وذلك في مختلف المجالات السياسية والاقتصادية والعسكرية والتنموية وغيرها. وهذا ما يؤكد بأن المساعدات التي تقدمها الولايات المتحدة للجماعات والعصابات الإجرامية، ما هو إلا من أجل إنهاك بعض الدول، وإدخالها ضمن مفهوم الدولة الفاشلة، وذلك بعد أن تفقد الدول قدرتها في الحفاظ على أمنها وإقليمها، وتوريطها بمواقف من خلال الطابور الخامس في كل دولة، إلى الانزلاق نحو ممارسة القمع والاعتقال والقتل، ومن ثم تهيئتها للاحتلال والتقسيم.

ولعل المثير للاهتمام في تعبير الدولة الفاشلة، هو ما تحدث عنه (نعوم تشومسكي)٤٩ في كتابه: الدولة الفاشلة (إساءة استعمال القوة والتعدي على الديمقراطية)، حيث يرى أن الدولة الفاشلة، هي العاجزة أو غير الراغبة في حماية شعبها من العنف، وربما من الدمار والفوضى، وهي أيضا الدولة التي تعتبر نفسها فوق القوانين، سواء كانت محلية أو دولية، ولأن تشومسكي من أبرز معارضي السياسة الخارجية للولايات المتحدة، فهو يرى أن سعيها إلى عسكرة كوكبنا، هو الطريق الحتمي لحروب تهدد بالإبادة، كما أن سياستها وإستراتيجيتها إزاء دول العالم، تدفعها إلى توريط هذه الدول بمواقف سرعان ما تتحول إلى أعباء على المستوى المحلي، إضافة إلى إرباكها على المستوى الدولي.

ولعل القوائم التي تصدر بصفة رسمية عن الدول الفاشلة تحتاج إلى البعد الذي يتحدث عنه مفكر كبير مثل تشومسكي، فالفشل له جوانب متعددة، وليس اقتصاديا أو عسكريا فقط، ولهذا لا توجد حواسيب ذكية ودقيقة لقياس منسوب هذا الفشل بمعناه التاريخي العميق، فمثلا هناك تقارير من البنك الدولي تطرقت لبعض الدول، شهدت لها بالتقدم في معدلات النمو، منها تونس

---

٤٩ مفكر وسياسي أمريكي، لمع اسمه على نطاق واسع جدا، أستاذ جامعي في اللغويات، عرف بنقده ومعارضته للسياسة الأمريكية وخاصة حرب فيتنام، فهو منظر للجناح اليساري في السياسة الأمريكية، كشف في كتابه (قراصنة وأباطرة) دعابة الإرهاب الدولي، شخصية ثقافية بارزة، له من المؤلفات ما يزيد عن مئة كتاب.

ومصر قبيل اندلاع ما عرف بالربيع العربي، مع أن الزيادة في معدلات النمو بقيت مجرد أرقام، ولم تترجم إلى واقع ملموس.

ويشير تشومسكي إلى شروط ودلالات الدول الفاشلة، مثل عدم القدرة على حماية مواطنيها وغياب الديمقراطية فيها، وممارسة العنف والعدوان وتهديد الأمن الدولي، حتى وإن كانت نموذجا للديمقراطية في العالم، ليثبت أن تلك الدلالات تتوفر في الولايات المتحدة الأمريكية.

ويستحضر رأي للمنظر والسياسي الفرنسي (ألكسي دو توكفيل) عن الولايات المتحدة، التي تمكنت من (إبادة العرق الهندي دون أن تنتهك مبدأ من مبادئ الأخلاق في نظر العالم). كما يستشهد بالكثير من الوقائع والانتهاكات التي مارستها الولايات المتحدة على مجموعة من الدول، وتدخلها في شؤونها الداخلية، تحت مسميات مثل الحرب على الإرهاب وعلى الأنظمة الاستبدادية. ويذكر تشومسكي بالمعيار الأوحد الذي تبناه واشنطن، وهو (إرهابهم ضدنا و ضد من يوالينا هو الشر المطلق، لكن إرهابنا ضدهم غير موجود، وفي حال ما إذا وجد فهو ملائم).

وهو ما برر الحرب الإرهابية على نيكاراغوا وهاييتي وصربيا وغواتيمالا والعراق وغيرهم. وهذا ما أطلق عليه آدم سميث (بالمبدأ الخسيس الذي يحكم سلوكيات أسياد البشرية... كل شيء لنا و لا شيء لغيرنا).

كما أشار أيضا في عدة مناسبات، إلى المبررات التي تتخذها الولايات المتحدة في غزوها للدول التي تعتقد أنها تهدد مصالحها، وفرض عقوبات على الأنظمة التي تعارضها، في الوقت الذي تشهد فيه الدولة ومؤسساتها الديمقراطية أزمة خطيرة، وتدفع العالم نتيجة سياساتها وممارساتها الخرقاء إلى حافة كارثة نووية. لكنه يرى أن الصين لازالت تحاول الحفاظ على الفضاء الخارجي واستخدامه للأغراض السلمية، على عكس الولايات المتحدة وإسرائيل اللتان تعيقان كل ما من شأنه الحد من سباق التسلح في الفضاء. وفي حديثه عن خصائص الدولة الفاشلة، يصف تشومسكي الولايات المتحدة بالدولة التي لا تحترم القانون الدولي والمعاهدات الدولية، فهي تحرص على حماية التجاوزات الإسرائيلية ضد الفلسطينيين. وفي الوقت الذي تتظاهر فيه حماية العالم من انتشار الأسلحة النووية فهي تؤكد عزمها على اختبار وتطوير أسلحة جديدة، وهي بذلك تنتهك معاهدة حظر الانتشار النووي.

لقد أكدت الولايات المتحدة في عدة مناسبات، على حقها في التدخل العسكري ضد الدول الفاشلة في أي مكان من العالم، على الرغم من أنها تحتوي على العديد من سمات وخصائص الدولة الفاشلة حسب تشومسكي، وبذلك فهي تشكل خطرا كبيرا على العالم بما فيه الشعب الأمريكي، من خلال سياساتها التي تسهم في الدفع نحو قيام حرب نووية. ويفصح عن تداعيات احتلال العراق، الذي أثار غضب العالم وسخطه على الولايات المتحدة، وتجاوزها لكافة المعايير الدولية بما في ذلك ميثاق الأمم المتحدة،

واتفاقيات جنيف، وأسس القانون الدولي المعاصر، وبروتوكول كيوتو، وتبرير غزو الدول التي ترى أنها تهدد مصالحها، وفرض عقوبات على الأنظمة التي تعارضها، كل ذلك في الوقت الذي تعيش فيه هي ومؤسساتها الديمقراطية أزمة خطيرة، وتدفع العالم من خلال سياساتها نحو كارثة نووية وبيئية. وهي بسلوكها الحالي تصنع حرب هارمجدون (حرب نهاية العالم) بيديها، وذلك نتيجة للغطرسة الانفرادية الرامية إلى تحقيق الأمن المطلق لأميركا على حساب أمن واستقرار دول أخرى كثيرة، مما سيدفع تلك الدول لاتخاذ خطوات كبيرة لحماية نفسها، عبر زيادة التسلح والسعي لامتلاك أسلحة الدمار الشامل، وهذا سيقود العالم تدريجيا إلى مواجهة نووية بصورة مفتعلة أو عن طريق الخطأ.

ولكن من الذي يقف خلف مخطط إفشال الدول؟ من المؤكد أن الولايات المتحدة باتت منتجة للدول الفاشلة وعلى مستوى واسع. وتتضمن خطة إنتاج الدول الفاشلة الإدعاء بأن الدول المستهدفة تمارس عمليات التصفية الجسدية ضد المعارضة، وهنا تنطلق عملية تحريك المنظمات الدولية التي تعمل في مجال الديمقراطية وحقوق الإنسان لإدانة تلك الجرائم، من أجل خلق مبرر لتدخل عسكري خارجي، كما حصل في حروب تفكيك يوغسلافيا وليبيا والعراق. وعلى الرغم من استمرار الولايات المتحدة بالتحذير من خطورة تلك الدول على السلم والأمن الدوليين، إلا أن الإدارة الأمريكية متورطة في هدم مجموعة من الدول. فالسياسة الخارجية الأمريكية ترفع شعار نشر الديمقراطية، وفي ذات الوقت تتدخل في شؤون الدول الأخرى باستخدام القوة الصلبة والأدوات

الإستخبارية، مما أدى إلى إشاعة الفوضى، وضرب الوحدة الوطنية لدول ذات سيادة، وخلق البؤر النشطة للجريمة المنظمة وإشعال الصراعات والحروب الأهلية، وذلك من خلال النشاط السري لأجهزة المخابرات الأمريكية. ومخطط هدم الدول هو مشروع إمبريالي يهدف إلى فرض السيطرة الأمريكية على العالم، لاسيما أن الولايات المتحدة لديها ما يزيد عن سبعمائة وثلاثون قاعدة عسكرية خارج حدودها. وتؤكد بعض التقارير أن تتحول خمسة عشر دولة في آسيا وأفريقيا والشرق الأوسط إلي دول فاشلة بحلول عام ٢٠٣٠ بسبب الصراعات.

وقد بدأت الولايات المتحدة منذ سبعينات القرن المنصرم بالعمل على توفير الدعم السري للجماعات الدينية المتطرفة، من أجل خلق النزاعات وزعزعة استقرار العديد من الدول. وبعض الدول الفاشلة مثل يوغسلافيا والصومال لم تصل إلى حالها بسبب الانقسامات الاجتماعية الداخلية، بل الأمر ناتج عن مخطط أمريكي تم تنفيذه بواسطة العمليات السرية والعسكرية. وفي هذا الشأن يصف تشومسكي نشر الديمقراطية بأنها شعارات كاذبة تحملها أمريكا، وإن القيم الديمقراطية التي تتحدث عنها تتوقف عند حدود المصالح الأمريكية، ويستشهد بما جرى للعراق، حيث تبنت الولايات المتحدة هذه الشعارات بعد أن فشلت في العثور على أسلحة الدمار الشامل، التي من أجلها أعلنت الحرب على هذا البلد. ويقول إن التلفيق الأمريكي تجلى بشكل واضح في العراق الذي تحول إلي دولة فاشلة وأصبح يشكل خطرا أمنيا كبيرا أوجدته

واشنطن بنفسها، لذلك فهي تمثل خطرا على الأمن والسلم الدوليين أكثر من الدول الفاشلة التي أوجدتها.

وتهتم (مؤسسة السلام الدولية) في واشنطن بتحقيق الأمن والتنمية في الدول الفاشلة، وتسعى إلى إصدار مؤشر تلك الدول معتمدة على تقييم المخاطر، وقد وضعت ثلاثة وثلاثين دولة ضمن قائمة الدول الفاشلة، واعتبرتها تشكل ملاذا آمنا للإرهابيين المرتبطين بالقاعدة، غير أن مجمل التقارير الصادرة عن المؤسسة لا تتحدث عن تنظيم القاعدة بوصفها أداة استخباراتية أمريكية، ولا إلى دورها في خلق النزاعات والاضطرابات في مناطق متعددة من العالم.

وصناعة الدولة الفاشلة يكمن في استخدام القوة الناعمة، والاعتماد على أجهزة الاستخبارات، من أجل تحطيم مجمل ما حققته الدولة من منجزات منذ استقلالها، بخلخلة قواها الداخلية الثابتة والمترابطة، وتفكيك مؤسساتها، وتفتيت عوامل قوتها وجعل التدخل الدولي في الشأن الداخلي للدول أمرا واقعا، تمهيدا لفرض الوصاية عليها، ووضعها تحت إدارة قوات الناتو، أو القوات الدولية للأمم المتحدة، في إعادة وتطوير لما حصل للعراق في مخطط النفط مقابل الغذاء، وما جرى كذلك للدول التي أصبحت تحت الوصاية والانتداب خلال مرحلة الحرب العالمية الأولى، إذ ما أن تصل الدول إلى حالة الفشل، فلا يكون هناك قوة لمقاومة الاستيلاء على خيراتها.

لكن ما الذي يجعل الدول العربية دائمة الحضور ضمن لائحة الفشل، على الرغم من امتلاكها لإمكانيات تؤهلها لأن تكون في مقدمة وطليعة العالم، وما الذي يجعلها في وضع لا يتناسب مع الحضارة العريقة المتتالية عبر التاريخ، والتي علمت العالم وأخرجت أوروبا من غياهب الجهل والتخلف، وحتى الولايات المتحدة التي قامت على أنقاض تدمير السكان الأصليين. الحقيقة أن فشل الدولة العربية يعود إلى عوامل كثيرة منها اختفاء الإرادة الوطنية، إضافة إلى التدخل الغربي في المنطقة، والدور الكبير الذي تمارسه إسرائيل في إضعافها. والدولة العربية التي قامت بعد اتفاقية سايكس بيكو، لم تستند في نشأتها على مؤسسات وتجربة وخبرات علمية، مما جعلها هزيلة وخاضعة، فضلا عن أن الاستعمار حطم البنى الداخلية لتلك الدول، ولم يفسح المجال للنخب السياسية لكي تؤدي دورها بشكل ايجابي. كما أن تفتيت الدول و تفريق الشعوب وسلب الموارد وتشويه الثقافة، جعل هذه الدول تنزف منذ قيامها، وكلما حاولت توحيد الجهود واستثمار إمكانياتها وقدراتها المشتركة كان هناك من يسعى للحيلولة دون ذلك.

وبناء على ما سبق فإن صناعة الدولة الفاشلة، العاجزة عن تأمين الحماية لمواطنيها وأداء وظيفتها، وتسليط الضوء على ضعفها في تحمل مسؤولياتها الإقليمية والدولية، وخاصة على مستوى الأمن والاستقرار، إنما هو لتبرير التدخل في الشأن الداخلي لتلك الدول، مما يؤدي إلى استنزافها كمقدمة لانهيارها الحتمي.

خاتمة

حجم المأزق الذي لفّ العالم العربي منذ انطلاق (الجحيم العربي)، وما تخلله من تدمير الهوية الوطنية والقيم الأخلاقية، وهدم مؤسسات الدولة والتعليم، وإسقاط دور المعلم، والانتقاص من مكانته في المجتمع، والإطاحة بالرموز والعلماء والتشكيك بهم، واستغلال القدرات التدميرية لدى تيارات التأسلم الراديكالي لممارسة الإرهاب والقتل، وإيقاظ الفتنة والتطرف ونشر العنف في البلدان العربية، والتظاهر بالسعي لإرساء قواعد الديمقراطية والحرية والعدالة، كل ذلك يؤكد بما لا يدع مجالاً للشك، على أن الدول العربية مجتمعة أو فرادى لا تملك رؤية سياسية مشتركة، وتفتقد لأية تطلعات مستقبلية، بل حتى أولئك الذين ملئوا الصالونات والساحات ضجيجا، للتحذير من المشاريع الجهنمية التي تستهدف المنطقة، يقومون بذلك دون الاستناد إلى مرتكزات العلم والمعرفة. لذلك لا يجد الكيان الصهيوني حرجاً في الإعلان عن مشاريعه ومخططاته المستقبلية، دون أدنى قلق من ردود فعل الحكومات العربية.

يبدو أن مبلغ العرب من الماء إلى الماء، وشقائهم وسوء طالعهم، سيبقيهم باستمرار في بحر هائج، تتقاذفهم أمواج الفتن والفوضى والصراعات من كل حدب وصوب. فتاريخ هذه المنطقة الملتبس وجغرافيتها المضطربة، جعلت منها ساحة كبيرة للكثير من الاصطفافات والانقسامات والتجاذبات. ولم تشهد هذه المنطقة المستهدفة منذ عقود من الزمن الأمن والاستقرار، ولم تتنفس صعداء الحرية والسلام، ولم تحظ بمظاهر الطمأنينة والأمان، بل إن الأزمات والنكبات والاضطرابات التي لا تنتهي، أعاقت المجتمعات والشعوب عن تحقيق أحلامها وتطلعاتها.

وشهدت هذه المنطقة عبر تاريخها الطويل الكثير من الأزمات والصراعات، ولكن يبدو أن المرحلة الراهنة التي تعيشها، تكاد تكون الأشد خطورة والأكثر تهديداً لمستقبلها، نتيجة ظاهرة التطرف والعنف المذهبي الخطيرة، التي أخذت تتسبب في تصدع بنية هذه المجتمعات، وبدأت تبرز بشكل كثيف في الكثير من التفاصيل الصغيرة والكبيرة، وقد تشعل فتيل حرب قد يعرف البعض متى تبدأ، لكن لا يمكن لأحد أن يعلم متى تنتهي. ويقود هذه الحرب أرباب اللحى والعمائم، وتقف خلفها أجندات قوى دولية وإقليمية توظف الصراع وفقا لأهدافها ومصالحها، وتكتب بدماء المسلمين الفصل الأخير في حياة بعض دول المنطقة.

بعد اندلاع الحرب العراقية الإيرانية عام 1980، أعلن زبيغنيو بريجنسكي مستشار الأمن القومي الأميركي في عهد الرئيس جيمي كارتر (إن المعضلة التي ستعاني منها الولايات المتحدة، هي

كيف يمكن تنشيط حرب خليجية ثانية تقوم على هامش حرب الخليج الأولى، تستطيع أميركا من خلالها تصحيح حدود سايكس - بيكو)، ومنذ ذلك الوقت، بدأ (برنارد لويس) وبتكليف من وزارة الدفاع الأميركية، في صياغة مشروعه الخبيث الخاص بتفكيك الوحدة الدستورية لمجموعة الدول العربية والإسلامية.

وفي كل صراع أو حرب في المنطقة فتش عن إسرائيل، التي تنشط لتأجيج هذا الصراع وتوظيفه لخدمة أطماعها، وإحلال صراع جديد في المنطقة محل الصراع العربي الإسرائيلي، وجعل فلسطين قضية غير مركزية وثانوية، نتيجة إشغال العرب في حروب داخلية أخرى.

مؤتمر هرتسيليا السنوي، الذي يعتبر بمثابة (مؤتمر المناعة والأمن القومي لإسرائيل) ويسمى أحيانا (عقل إسرائيل)، حيث تشارك فيه كافة النخب الإسرائيلية، للحوار حول أبرز القضايا التي تواجه إسرائيل، وطرح رؤى للتعامل معها ومواجهتها، وترتيب أولويات إسرائيل لمدة عام كامل، كان قد أوصى في المؤتمر الثالث عشر، الذي انعقد عام ٢٠١٣ الحكومة الإسرائيلية بضرورة تكريس الصراع السني- الشيعي في المنطقة، لإعادة تشكيلها مرة أخرى وتقسيمها إلى دويلات على أساس طائفي، وضرورة لعب دور في تشكيل خريطة الشرق الأوسط الجديد.

معظم التوقعات تشير إلى أن الشرق الأوسط، سيدخل مرحلة حروب دينية وطائفية قد تطول أكثر من الحروب الدينية في أوروبا التي استمرت لثلاثة عقود، والضرورة تتطلب الانتباه وحشد الجهود السياسية والاجتماعية والفقهية، للمؤسسات الدينية في العالم

الإسلامي، لنزع فتيل المذهبية عن هذا الصراع، وقطع الطريق على إسرائيل وإيران والقوى الغربية التي تتمسك بالمذهبية كعنوان للصراع، من أن تقفز فوق هذه الحرب وتجعل منها وقودا لاحتقان ديني قد يستحيل السيطرة على مجرياته، حتى لا نسمح للقاصي والداني التكالب على القصعة العربية.

المراجع

اريك لوران، حرب آل بوش، ترجمة عمر الخطيب، دار الخيال: بيروت.

تيري ميسان، الخديعة الكبرى، ترجمة سوزان قازان و مايا سلمان، دار كنعان للدراسات والنشر: دمشق.

جريس هاسل، يد الله: لماذا تضحي الولايات المتحدة بمصالحها من اجل إسرائيل، ترجمة محمد السماك، دار الشروق: القاهرة.

جوزيف ناي، القوة الناعمة وسيلة النجاح في السياسة الدولية، ترجمة محمد توفيق البجيرمي، مكتبة العبيكان: الرياض.

جوزيف ناي، مفارقة القوة الأمريكية، ترجمة محمد توفيق البجيرمي، مكتبة العبيكان: الرياض.

حسن محمد الزين، الربيع العربي آخر عمليات الشرق الأوسط الكبير، دار القلم الجديد: بيروت.

د. شاهر إسماعيل الشاهر: أولويات السياسة الخارجية الأمريكية بعد أحداث ١١ أيلول ٢٠١١، الهيئة العامة السورية للكتاب: دمشق.

رمزي المنياوي، الفوضى الخلاقة – السيناريو الأمريكي لتفتيت الشرق الأوسط، دار الكتاب العربي: دمشق.

زبيغنيو بريجنسكي، الاختيار: السيطرة على العالم أم قيادة العالم، ترجمة عمر الأيوبي، دار الكتاب العربي: بيروت.

زبيغنيو بريجنسكي، أمريكا بين عصرين، ترجمة محجوب عمر، دار الطليعة: بيروت.

زبيغنيو بريجنسكي، رقعة الشطرنج الكبرى: السيطرة الأمريكية وما يترتب عليها جيواستراتيجيا، ترجمة أمل الشرقي، الدار الأهلية للنشر: عمان.

زبيغينو بريجينسكي، الفوضى: الاضطراب العالمي على مشارف القرن الحادي والعشرين، ترجمة مالك عباس، الأهلية للنشر والتوزيع: عمان.

شريف عبد العليم، رؤية جديدة لشرق أوسط جديد، مكتبة مدبولي: القاهرة.

شيمون بيريز، الشرق الأوسط الجديد، دار الجليل للنشر والدراسات: عمان.

صامويل هنتنغتون، صدام الحضارات إعادة صنع النظام العالمي، ترجمة طلعت الشايب، سطور للنشر والتوزيع: القاهرة.

عبد القادر رزيق المخادمي، مشروع الشرق الأوسط الكبير الحقائق والأهداف والتداعيات، الدار العربية للعلوم: الجزائر.

فايز سارة، العرب وتحديات القرن: مطالع الثورة ومقدمات الربيع العربي، دار الكتب: القاهرة.

فرانسيس فوكوياما، نهاية التاريخ والإنسان الأخير، مجموعة مترجمين، مركز الإنماء القومي: بيروت.

فؤاد شعبان، من أجل صهيون: التراث اليهودي المسيحي في الثقافة الأمريكية، دار الفكر: دمشق.

مارك كيرتس، التواطؤ البريطاني مع الإسلام السياسي، ترجمة كمال السيد، المركز القومي للترجمة: القاهرة.

مايكل كولينز بايبر: كهنة الحرب الكبار، ترجمة عبد اللطيف أبو البصل، مكتبة العبيكان: الرياض.

محمد الحولي، الشرق الأوسط الكبير، دار الهلال: القاهرة.

محمد حسنين هيكل، الإمبراطورية الأمريكية والإغارة على العراق، دار الشروق: القاهرة.

نعوم تشومسكي، الدولة الفاشلة إساءة استعمال القوة والتعدي على الديمقراطية، ترجمة سامي الكعكي، دار الكتاب العربي: بيروت.

هاني الهندي، حول الصهيونية وإسرائيل، دار الطليعة: بيروت.

وليم غاي كار، أحجار على رقعة الشطرنج، دراسة وتقديم د. الحسيني الحسيني معدي، دار الحرم للتراث: القاهرة.

يحيى أحمد الكعكي، الشرق الأوسط وصراع العولمة، دار النهضة العربية: بيروت.

نبذة عن المؤلف

د. ماهر عربيات

كاتب وباحث

مستشار قانوني وإعلامي

الأمين العام المساعد لاتحاد الإعلاميين العرب

عضو منتدى الفكر العربي

عمان – الأردن